Gestaltung des EU-Wettbewerbsrechts im digitalen Zeitalter

Schriftenreihe zum deutschen und europäischen Gesellschafts- und Wirtschaftsrecht

Herausgegeben von Christoph Teichmann und Florian Bien

Begründet von Günter Christian Schwarz †

Band 24

PETER LANG

Anselm Küsters

Gestaltung des EU-Wettbewerbsrechts im digitalen Zeitalter

Ein quantitativer und qualitativer Vergleich von Konsultationsverfahren, Expertenbericht und jüngsten Reformvorhaben

PETER LANG

Bibliografische Information der Deutschen Nationalbibliothek
Die Deutsche Nationalbibliothek verzeichnet diese Publikation in der Deutschen Nationalbibliografie; detaillierte bibliografische Daten sind im Internet über http://dnb.d-nb.de abrufbar.

ISSN 1614-239X
ISBN 978-3-631-87072-3 (Print)
E-ISBN 978-3-631-87193-5 (E-PDF)
E-ISBN 978-3-631-87194-2 (EPUB)
DOI 10.3726/b19350

Peter Lang – Berlin · Bern · Bruxelles · New York ·
Oxford · Warszawa · Wien

Diese Publikation wurde begutachtet.

www.peterlang.com

Vorwort

Bei der vorliegenden Arbeit handelt es sich um die erweiterte und aktualisierte Version einer rechtswissenschaftlichen Abschlussarbeit zur Erlangung des LL.M.Eur., die der Verfasser unter dem Titel „Partizipatives Kartellrecht als bessere Rechtsetzung? Eine quantitative und qualitative Analyse des Konsultationsverfahrens der Europäischen Kommission zur Reform des EU-Wettbewerbsrechts im digitalen Zeitalter" im Mai 2020 am Lehrstuhl für globales Wirtschaftsrecht, internationale Schiedsgerichtsbarkeit und Bürgerliches Recht an der Juristischen Fakultät der Julius-Maximilians Universität Würzburg bei Prof. Dr. Florian Bien erfolgreich vorgelegt hat. Die Aktualisierung trägt insbesondere dem Abschluss der 10. GWB-Novelle und der Publikation des DMA-Entwurfs der Europäischen Kommission Rechnung, die seit dem ursprünglichen Abfassen der Arbeit bekannt wurden. Der Verfasser bedankt sich bei Prof. Bien für die Betreuung der Abschlussarbeit, Ermunterung zu deren Publikation und Unterstützung bei der Überarbeitung sowie bei Prof. Stefan Vogenauer, Thorben Klünder, Sarah Zimmermann, Grigorij Tschernjawskyj, Justin Völkel und Maria Eskelinen für hilfreiche Kommentare. Einige der hier erarbeiteten Ergebnisse werden, in gekürzter und modifizierter Form, in dem englischsprachigen Beitrag „EU Competition Law in the Digital Age: Substantive Challenges and Methodological Innovations Using the Example of the European Commission's Consultation Procedure" diskutiert, der in einem von dem German-Southeast Asian Center of Excellence for Public Policy and Good Governance (CPG) zusammengestellten Sammelband zum Thema Prozessrecht in vergleichender Perspektive erscheinen wird.

Frankfurt am Main, 26. August 2021 *Anselm Küsters*

Inhaltsverzeichnis

Abkürzungsverzeichnis

AEC	As efficient competitor
AEUV	Vertrag über die Arbeitsweise der Europäischen Union
API	Application Programming Interface („Programmierschnittstelle”)
BR	Bessere Rechtsetzung
DMA	Digital Markets Act
DMA-E	Entwurf für einen Digital Markets Act (mit Stand vom 15.12.2020)
DSA	Digital Services Act
DSGVO	Datenschutz-Grundverordnung
ECN	European Competition Network
EMRK	Europäische Menschenrechtskonvention
EU	Europäische Union
EUV	Vertrag über die Europäische Union
FKVO	EG- Fusionskontrollverordnung
FRAND	Fair, Reasonable and Non-Discriminatory
GAFAM	Google, Apple, Facebook, Amazon, Microsoft
GD COMP	Generaldirektion Wettbewerb
GWB	Gesetz gegen Wettbewerbsbeschränkungen
KI	Künstliche Intelligenz
KMU	Kleine und mittlere Unternehmen
MEA	More Economic Approach
MFN	Most-Favored-Nation
NGO	Nichtregierungsorganisation
OCR	Optical Character Recognition
PK	Partizipatives Kartellrecht
SIEC	Significant Impediment to Effective Competition
SSNDQ	Small but Significant Non-transitory Increase in Quality
SSNIC	Small but Significant Non-transitory Increase in Costs
SSNIP	Small but Significant Non-transitory Increase in Price
STM	Structural Topic Model
VO	Verordnung

A. Einleitung: Digitalisierung, Reformen und Lobbyismus

„[W]hoever possesses the rules of tomorrow possesses the markets of the day after tomorrow."[1]

Die Digitalisierung zahlreicher Lebens- und Wirtschaftsbereiche hat in wenigen Jahren die strategischen Prioritäten von Nationalstaaten und der Europäischen Union („EU") verändert, hohe Investitionen in Künstliche Intelligenz („KI") herbeigeführt und augenscheinlich immense Wohlfahrtssteigerungen für Konsumenten ermöglicht.[2] Gleichwohl wirft die Digitalisierung zahlreiche Herausforderungen auf,[3] nicht zuletzt für das Recht.[4] Diese Arbeit beschäftigt sich mit den Implikationen des digitalen Zeitalters für das europäische Wettbewerbsrecht, die jüngst von einer Reihe an Expertenstudien behandelt wurden[5] und in ersten gesetzgeberischen Impulsen resultierten.[6] Wenngleich sich diese Studien und Reformvorhaben in Fokus, Umfang und Methodik unterscheiden, stimmen sie darin überein, dass wettbewerbsrechtliche Reformen für eine bessere Regulierung digitaler Märkte, und insbesondere dominanter Plattformen, notwendig sind.

Die Wettbewerbsbehörde der Europäischen Kommission („Kommission"), Generaldirektion Wettbewerb („GD COMP"), hat unter dem Stichwort einer „Wettbewerbspolitik für das digitale Zeitalter" diesen Reformprozess vorangetrieben. So stieß sie jüngst eine Überarbeitung der Horizontalleitlinien, der vertikalen Gruppenfreistellungsverordnung sowie der Bekanntmachung über die

---

1 *Van den Abeele*, ETUI 2015, S. 1, 75.

2 *Havenstein*, Computerworld 2005, S. 28.

3 Beispielsweise für die Sicherheitspolitik: *Schneier*; für den Umweltschutz: *Shelley*; für den Sozialstaat: *O'Neil*; für demokratische Wahlen: *Singer/Brooking*.

4 Für einen ersten Überblick über die zahlreichen Problemkreise, mit einem Schwerpunkt auf dem Zivilrecht: *Faust/Schäfer*.

5 *Furman/Coyle/Fletcher/McAuley/Marsden* ("Furman-Report"); *Stigler Center* ("Stigler-Report"); *Crémer/de Montjoye/Schweitzer* ("Expertenbericht"); *ACCC*; *Japanese Ministry of Economy, Trade and Industry*; *Bundesministerium für Wirtschaft und Energie* ("Deutscher Bericht"); *Schweitzer/Haucap/Kerber/Welker*, *Autorité de la Concurrence*; *BRICS Competition Authorities*.

6 Hier ist insbesondere an die 10. GWB-Novelle und den DMA-Entwurf der Kommission zu denken, die am Ende dieser Arbeit im Sinne eines Ausblicks in die Betrachtung eingeschlossen werden.

Marktdefinition an.[7] Dabei, betont Wettbewerbskommissarin *Vestager*, sei es notwendig, sich „auf Ideen und Erfahrungen zu stützen, die aus vielen verschiedenen Blickwinkeln kommen – von Behörden und Verbrauchergruppen, Unternehmen und Einzelpersonen."[8] Dieser Fokus auf die Einbindung von betroffenen Akteuren erwächst aus der Notwendigkeit, verschiedene Anliegen gegeneinander abzuwägen,[9] aus dem Mangel an relevanten Statistiken sowie aus der raschen technologischen Entwicklung, die zusammen die legislative Ideenfindung im „digitalen Zeitalter" erschweren.[10]

Diese von der Kommission initiierte Konsultation von Stakeholdern, die an der Digitalisierung der Wirtschaft beteiligt oder von ihr betroffen sind,[11] bilden den hauptsächlichen Untersuchungsgegenstand dieser Arbeit. Ende 2018 bat GD COMP um schriftliche Stellungnahmen zu den Auswirkungen der Digitalisierung, woraufhin insgesamt 108 Beiträge eingereicht wurden. Angesichts eines Gesamtvolumens von über 900 Seiten greift die vorliegende Arbeit an verschiedenen Stellen auf computergestützte Methoden der quantitativen Rechtswissenschaft zurück.[12] Auf Grundlage der eingereichten Beiträge organisierte die Kommission dann Anfang 2019 eine Konferenz zur Gestaltung der Wettbewerbspolitik und beauftragte *Schweitzer/Crémer/de Montjoye* mit einem „Bericht über das Wettbewerbsrecht im Digitalzeitalter" („Expertenbericht"), der im Lauf des Jahres publiziert wurde.[13] Auch wenn nach Ansicht dieser drei unabhängigen Sonderberater der grundlegende Rahmen des EU-Wettbewerbsrechts nicht ersetzt werden muss, liefert ihr Bericht analytische Grundlagen für eine mögliche Anpassung der Ziele und Methoden.

Der Expertenbericht, an dem sich die von der Kommission angestrengte Neuausrichtung der Wettbewerbsnormen orientieren soll, wurde in der Literatur als

---

7 *Völcker/Benditz*, EuZW 2020, S. 259, 269.

8 *Vestager*, Chillin' Competition Conference 2019 (eigene Übersetzung).

9 *WEF*, Competition Policy, S. 5.

10 *UNCTAD*, S. xviii.

11 Der Begriff Stakeholder umfasst Gruppen (teilweise Individuen), die die Erreichung der Ziele einer Organisation beeinflussen können oder von dieser betroffen sind. *Freeman*, S. 46. Im Deutschen wird Stakeholder oft mit „Interessengruppe" übersetzt und kann daher synonym verwendet werden. *Savary*, S. 80, Fn. 546.

12 Für eine Übersicht der verschiedenen „Text Mining" Methoden, die hierunter zusammengefasst werden: *Grimmer/Stewart*, Political Analysis 2013, S. 267; *Silge/Robinson*. Für ihren rechtswissenschaftlichen Anwendungsbereich, siehe: *Coupette/Fleckner*, JZ 2018, S. 379; *Vogel/Hamann/Gauer*, Law & Social Inquiry 2018, S. 1340. Für Beispiele, siehe: *Kalbheim*, ZVglRWiss 2016, S. 431; *Siems*, RabelsZ 2008, S. 354.

13 Expertenbericht.

„sehr sinnvolle Initiative“[14] gelobt und beeinflusst bereits die Arbeit öffentlicher Behörden.[15] Nach Auswertung des Konsultationsverfahrens und Abschluss des Expertenberichts hat die Kommission im Dezember 2020 den Entwurf für einen sogenannten Digital Markets Act (DMA) veröffentlicht. Die darin vorgesehenen Instrumente und neuen Befugnisse sollen es ihr erleichtern, sogenannten Gatekeepern bestimmte Verhaltensweisen zu untersagen und andere zu gebieten; ein Vorhaben, das im Kern auch von der jüngst vom Bundesgesetzgeber verabschiedeten verabschiedeten 10. GWB-Novelle geteilt wird. Angesichts der gezielten Einbindung von Stakeholdern in den europäischen Reformprozess ist allerdings fraglich, inwieweit Lobbyismus die geplanten Überlegungen, konkreten Maßnahmen und getroffenen Prioritäten beeinflusst hat.[16] Schon 1993 wurde auf dem 59. Deutschen Juristentag festgehalten, dass bei der Vorbereitung europäischer Rechtsakte „vielfältige Einflüsse“ auf die Kommission einwirken würden, insbesondere „die der zahlreichen, zumeist in Brüssel vertretenen Interessengruppen“ und „deren Stellungnahmen“.[17] Angesichts der globalen Reichweite des Europarechts hat sich daran bis heute nichts geändert.[18]

Die Einflüsse von Lobbyisten sind bei der wettbewerbsrechtlichen Regulierung digitaler Märkte von besonderer Relevanz,[19] nicht zuletzt, weil der komplexe Beurteilungsprozess von Big Data und Algorithmen das Risiko verzerrter Expertenaussagen erhöht,[20] und müssen daher im Rahmen dieser Arbeit angesprochen werden. So weisen Beobachter zunehmend auf die Bemühungen der

---

14 *De Pablo*, CPI Antitrust Chronicle 2019, S. 1, 2 (eigene Übersetzung). Ebenfalls positiv: *Podszun*, D-Kart Blog 2019.

15 So berichtet *Polk* zur jüngsten GWB-Novelle: „Ebenfalls sehr schön waren die vielfältigen Bezüge zu den verschiedenen Studien, die aufmerksam in der öffentlichen Verwaltung studiert werden. [...] Verschiedene Vorträge nahmen Bezug zu den Reports bspw. aus dem Hause Furman oder Crémer/de Montjoye/Schweitzer.“ Online abrufbar unter: https://www.d-kart.de/blog/2020/03/13/conference-debriefing-19-ag-wettbewerb-des-vereins-fuer-socialpolitik/ (letzter Abruf: 15.05.2020).

16 *Speth/Zimmer*, insb. S. 31–52; *Hillman*; und *Grossman/Helpman* bieten Überblicke zu der Thematik und den verschiedenen Lobbying-Ansätze. *Potters/Sloof*, Eur. J. Polit. Econ. 1996, S. 403, bieten einen empirischen Überblick. Zum Lobbying aus rechtlicher Sicht: *Brouwer*, CCZ 2019, S. 2; *Pischel/Kopp*. Instruktiv auch die Literatur zu politischer Korruption: *Pritzl/Schneider*, in: Korff, Wirtschaftsethik, S. 310–33; *Tollison*, Kyklos 1982, S. 575.

17 *Rabe*, NJW 1993, S. 1, 4.

18 *Bradford*, Nw. U. L. Rev. 2012, S. 1, 54.

19 *Zuboff*, S. 124, und die dort zitierte Literatur. Siehe auch: *Foroohar*.

20 *Patterson*, William & Mary L. Rev. 1999, S. 1313.

unter dem Akronym „GAFAM“[21] zusammengefassten US-amerikanischen Digitalkonzerne hin, das Wettbewerbsrecht zu ihren Gunsten zu verändern.[22] Nach Zahlen des Transparenzregisters der EU gibt die Technologielobby insgesamt etwa 20 Mio. Euro pro Jahr in Brüssel aus.[23] Neben der politischen Einflussnahme[24] erstreckt sich dieser Lobbyismus auch auf den akademischen Diskurs, wie das widersprüchliche Schrifttum zur *Google Search* Entscheidung veranschaulicht,[25] das einen von Google in Auftrag gegebenen Artikel beinhaltet.[26] Bereits seit 2009 finanziert Google Universitätsprofessoren bei der Erstellung von Publikationen, die Googles wettbewerbsrechtliche Positionen unterstützen.[27] Alleine in den letzten fünf Jahren haben sechs führende akademische Institute in der EU zweistellige Millionenbeträge von Google, Facebook, Amazon und Microsoft erhalten, um Fragen im Zusammenhang mit ihren Geschäftsmodellen und dem digitalen Wettbewerb zu erforschen.[28]

Gleichzeitig wachsen auch die Lobbyismus-Bemühungen von anderen Arten von Stakeholdern wie beispielsweise Nichtregierungsorganisationen (NGOs), die eine strengere wettbewerbsrechtliche Behandlung von Technologieunternehmen fordern und damit zunehmend in den Fokus der medialen

---

21 GAFAM steht für die fünf dominanten amerikanischen Technologieunternehmen: Google; Apple; Facebook; Amazon; Microsoft.

22 *D'Souza*, Investopedia 2019.

23 https://ec.europa.eu/transparencyregister/public/homePage.do (letzter Abruf: 15.05.2020).

24 Z.B. das Google-Transparenzprojekt: https://www.techtransparencyproject.org/googles-revolving-door-explorer-us (letzter Abruf: 15.05.2020).

25 Einige identifizierten Suchmaschinen als konzentrierten Markt: *Lianos/Motchenkova*, J Competition L & Econ 2013, S. 419; *Argenton/Prufer*, J Competition L & Econ 2011, S. 73. Andere kritisierten bereits die ökonomischen Annahmen der Kommission oder hinterfragten, ob die angeblichen Missbräuche tatsächlich in deren Zuständigkeit fielen: *Manne/Wright*, Harvard J L Public Policy 2011, S. 171; *Crane*, J Competition L & Econ 2012, S. 459; *Verhaert*, Eur Competition L Rev 2014, S. 265; *Luchetta*, J Competition L & Econ 2013, S. 185; *Soames/Rawnsley/Camesasca*, Global Competition Rev 2013, S. 35.

26 Dieser übernimmt Googles Argumentation: *Bork/Sidak*, J Competition L & Econ 2011, S. 663. Auch die Argumente der Beschwerdeführer schlugen sich in Form eines akademischen Artikels nieder. *Hoppner*, J Media L 2013, S. 14.

27 *Mullins/Nicas*, The Wall Street Journal 2017. *Zuboff*, S. 125f. verweist beispielsweise auf eine von Google finanzierte akademische Konferenzreihe, die Regulatoren einlud, die später im Rahmen der kartellrechtlichen Untersuchung der FTC zu Googles Android zu entscheiden hatten. Siehe auch: *Hamburger/Gold*, Washington Post 2014.

28 *Clarke/Williams/Swindells*, New Statesman 2021.

Berichterstattung rücken.[29] *Podszun* kommentiert: „Die Nichtregierungsorganisationen haben in den vergangenen Jahren erst das Thema Kartellrecht entdeckt, so scheint mir. [...] Hier kommt Druck von links, der das Meinungsspektrum in der Wettbewerbspolitik erweitert."[30] Durch eine Klassifizierung, Zusammenfassung und Bewertung der von diversen Stakeholdern im Rahmen des europäischen Konsultationsprozesses eingereichten Beiträge bietet die vorliegende Arbeit eine Vermessung dieses „Meinungsspektrums" an. Durch die Ausweitung der Analyse auf den Fußnotenapparat und die dort erwähnten finanziellen Unterstützungen wird die beschriebene Lobbyismus-Dimension reflektiert.[31] Es zeigt sich, dass die Grenze zwischen Lobbyismus und akademischer Auseinandersetzung in diesem Bereich zunehmend schwieriger zu ziehen ist.

Zugleich wird an dieser Stelle deutlich, dass die Frage nach dem Wettbewerbsrecht im digitalen Zeitalter nicht nur den Inhalt, sondern auch die Art der Regulierung betrifft[32] und damit grundlegende Aspekte der „Besseren Rechtsetzung" (BR)-Agenda betrifft. Das Spektrum reicht von klassischen Ansätzen wie der Datenschutz-Grundverordnung (DSGVO) bis hin zu einer Ausweitung der Ko- und Selbstregulierung[33] oder einem Digitalen Kodex.[34] Diese Debatte ist insbesondere für das Europarecht von großer Bedeutung, da hier Ko- und Selbstregulierung als Teil der „Digitalen Agenda für Europa" behandelt,[35] im Rahmen des Europäischen Wirtschafts- und Sozialausschusses diskutiert und durch Art. 40 DSGVO konkreter als bislang geregelt wurden.[36] Mit ihrem Fokus auf das breite Spektrum der Stakeholder in der Digitalwirtschaft und deren Einfluss im Rahmen der Konsultation steht die vorliegende Arbeit insbesondere mit einer für das Wettbewerbsrecht vorgeschlagenen Form der Koregulierung, dem von *Tirole* popularisierten Ansatz des „Partizipativen Kartellrechts" (PK),[37] in Verbindung. Dieser Ansatz postuliert, dass eine engere Zusammenarbeit

---

29 Z.B. Oxfam, Konzernmacht beschränken, UnternehmerGrün, oder digitalcourage.

30 *Podszun*, D-Kart Blog 2020.

31 *Hamann*, ReWiss 2014, S. 501; *Eckert*, FAZ 2020; *Schmidt*, JuristenZeitung 1990, S. 1121.

32 *Spindler/Thorun*, MMR-Beil. 2016, S. 1.

33 *SRIW*.

34 *DIVSI*.

35 *Kommission*, Mitteilung, Eine Digitale Agenda für Europa v. 19.05.2010, KOM (2010) 245 endg., Rn. 2.3, 2.7.3.

36 *Spindler/Thorun*, MMR-Beil. 2016, S. 1, 4.

37 *Schrager*, CPI 2018; *Tirole*. Der Ansatz wurde von Googles Kartellrechtsexperten aufgegriffen: *Bethell/Baird/Waksman*, Journal of Antitrust Enforcement 2020, S. 30.

zwischen Regierungen, Wettbewerbsbehörden und Industrie zu einem besseren Verständnis des digitalen Sektors und somit letztlich zu besseren Regeln für die Erhaltung des Wettbewerbs im digitalen Zeitalter führen wird.[38] Durch den hier angestrebten inhaltlichen Vergleich zwischen den eingereichten Stakeholder-Beiträgen, dem Expertenbericht und dem aktuellen DMA-Entwurf kann diese Annahme exemplarisch überprüft werden. Zudem können mithilfe der breiten theoretischen und empirischen Literatur zu BR und PK drei relevante (wenngleich nicht rechtlich verbindliche) Kriterien – Repräsentativität, Wirksamkeit und Transparenz – für eben jenen Vergleich abgeleitet werden. Durch den Vorschlag eines „Regulierungsdialogs" im DMA-Entwurf der Kommission haben diese zunächst theoretischen Verbindungen aktuelle praktische Relevanz gewonnen.

Im Ergebnis strebt der gewählte Forschungsansatz einen dreifachen rechtswissenschaftlichen Erkenntnisgewinn an. Zunächst erfolgt eine umfassende Aufarbeitung der Konsultation zur Reform des EU-Wettbewerbsrechts im digitalen Zeitalter, die mit Ausnahme des Expertenberichts noch nicht stattgefunden hat.[39] Durch eine Bewertung des Einflusses der eingereichten Stakeholder-Beiträge auf die Argumentation des Expertenberichts können zudem die Bemühungen der Kommission um eine „Bessere Rechtsetzung" und das Potenzial von *Tirole*s „Partizipativem Kartellrecht" exemplarisch bewertet werden.[40] Insbesondere ist zu fragen, in welchem Maße Argumente

---

38 *Schrager*, CPI 2018; *Tirole*; *Bethell/Baird/Waksman*, Journal of Antitrust Enforcement 2020, S. 30.

39 Es gibt bislang nur wenige, beiläufige Verweise auf die Konferenz zur „Gestaltung des Wettbewerbsrechts im digitalen Zeitalter". *Völcker/Benditz*, EuZW 2020, S. 259, 268; *Podszun*, D-Kart Blog 2019; *Murray*, Kluwer Competition Law Blog 2019; *Gassler*, Oxford Competition Law 2019. V.a. die Stakeholder-Beiträge wurden nicht ausgewertet.

40 Bislang hat sich die Literatur zur Besseren Rechtsetzung auf eine statistische Auswertung konzentriert, d.h. wie viele Folgenabschätzungen, Bewertungen und Konsultationen durchgeführt wurden. *Kommission*, Overview of the Efforts to Simplify and Reduce Regulatory Burdens v. 24.10.2017, KOM (2017) 651 endg.; *Kommission*, Delivering Better Results for a Stronger Union v. 14.9.2016, KOM (2016) 615 endg. *Arndt et al.*, OECD Regulatory Policy Working Paper 2015, weisen darauf hin, dass die verwendeten Indikatoren Qualität, Nutzung oder Auswirkungen der Agenda nicht erfassen können. Es gibt nur wenige Untersuchungen, die analysieren, ob Ziele wie die angestrebte bessere Einbindung von Interessengruppen vermehrt erreicht wurden. *Fritsch/Kamkhaji/Radaelli*, Regulation and Governance 2017, S. 325, weisen darauf hin, dass sich diese überwiegend auf simple Compliance-Tests beschränken.

und Prioritäten bestimmter Arten von Stakeholdern von dem Expertenbericht und späteren Reformvorhaben aufgenommen wurden und ob es sich hierbei um eine produktive Einbeziehung von Stakeholdern handelte – oder ob die bestehende „cacophony of polarisation“[41] durch Lobbyismus weiter verstärkt wurde. Schließlich versteht sich diese Arbeit als anwendungsorientierten Beitrag zu der aktuellen methodischen Debatte, inwieweit die Hinzunahme von Methoden aus den quantitativen Rechtswissenschaften einen tatsächlichen Erkenntnisgewinn bietet.[42]

Die Arbeit ist wie folgt gegliedert. Zunächst sind die aus der Digitalisierung entstehenden wettbewerbsrechtlichen Problemkreise in Bezug auf Daten, Algorithmen und Plattformen vorzustellen, die den akademischen Diskurs bis zum Zeitpunkt des hier im Vordergrund stehenden Konsultationsverfahrens maßgeblich geprägt haben (Teil B). Auf dieser Grundlage werden die 108 im Rahmen der Konsultation eingesandten Stakeholder-Beiträge quantitativ und qualitativ eingeordnet und bewertet (Teil C). Es ist zu fragen, welche der im akademischen Diskurs behandelten Problemkreise von den Stakeholdern aufgegriffen wurden und inwieweit sich unterschiedliche Arten von Stakeholdern in ihrer Auswahl von wettbewerbsrechtlichen Herausforderungen oder Vorschlägen unterscheiden. Anschließend wird auf den vorgeschlagenen Ansatz eines „Partizipativen Kartellrechts“ rekurriert und dieser in den größeren europäischen Trend einer „Besseren Rechtsetzung“ eingeordnet, um die hier untersuchte Konsultation von Stakeholdern konzeptionell zu erfassen und auf Basis der entsprechenden Literatur theoretische Kriterien für deren angemessene Rolle im Expertenbericht abzuleiten (Teil D). Ziel der anschließenden Untersuchung ist es, herauszuarbeiten, in welchem Maße bestimmte Vorschläge der Interessengruppen von den Sonderberatern der Kommission reflektiert wurden, wobei erneut quantitative Methoden komplementär verwendet

---

Eine jüngste Ausnahme ist die Promotionsarbeit von *Mödinger*, der das Konzept zudem theoretisch fundiert.

41 *Colomo*, Chillin' Competition Blog 2020 (27.03.). Auch: *Shapiro*, Int'l J Indus Org 2018, S. 714.

42 Die angestrebte methodische Kombination von traditioneller rechtswissenschaftlicher Untersuchung mit quantitativeren, digitalen Auswertungsmethoden ist bislang nur in der spezialisierten Literatur zu finden, z.B., *Coupette*. Für einen Überblick: *Coupette/Fleckner*, JZ 2018, S. 379; *Vogel/Hamann/Gauer*, Law & Social Inquiry 2018, S. 1340. Diese Methoden werden hier als methodisches Komplement (nicht Substitut) eingesetzt, um der hohen Zahl an Stellungnahmen der Stakeholder gerecht zu werden.

werden (Teil E). Zudem werden in diesem Kapitel der Innovationsgrad und die Umsetzbarkeit der Vorschläge vor dem Hintergrund der in Teil B vorgestellten Literatur sowie der Rechtsprechung bewertet und eine eigene Stellungnahme erarbeitet. Schließlich werden diese Ergebnisse mit den jüngst verfolgten deutschen und europäischen Reformvorhaben in Verbindung gesetzt, namentlich der 10. GWB-Novelle und dem DMA-Entwurf, die beide ebenfalls einer quantitativen und qualitativen Analyse unterzogen werden (Teil F). Der zusammenfassende Schlussteil reflektiert das Ausmaß an Lobbyismus im Zeitalter der Digitalisierung und den durch den Einsatz von digitalen Methoden erzielten Erkenntnisgewinn (Teil G).

B. Wettbewerbsrechtliche Problemkreise im digitalen Zeitalter

In den letzten Jahren hat der technische Fortschritt die Entwicklung zahlreicher Schumpeterianischer Märkte ermöglicht,[43] die zusammenfassend als digitale Märkte oder New Economy bezeichnet werden.[44] Die Analyse der hier zu besprechenden Reformvorschläge für das Wettbewerbsrecht im Zeitalter der Digitalisierung setzt voraus, dass man die ökonomischen Besonderheiten dieses „digitalen Zeitalters" benennen und ihre wettbewerbsrechtlichen Auswirkungen analysieren kann, um auf dieser Grundlage wettbewerbsrechtliche Reformvorschläge zu evaluieren. Ziel dieses Teils ist somit, die wesentlichen ökonomischen Konzepte und rechtswissenschaftlichen Problemkreise vorzustellen, die den akademischen Diskurs bis zum Abhalten des Konsultationsverfahrens und dem Verfassen des Expertenberichts maßgeblich bestimmt haben.[45] Nur vor diesem Hintergrund lässt sich angemessen beurteilen, inwieweit einzelne Stakeholder-Gruppen oder die Sonderberater der Kommission selektiv vorgegangen und rechtspolitische Prioritäten gesetzt haben.

Das digitale Zeitalter fußt auf der Synergie von Mathematik, Computerleistung und Internet. Zusammen ermöglichen die in den letzten Jahrzehnten erzielten Fortschritte in diesen drei Bereichen die Sammlung großer Datenmengen, deren Muster algorithmisch ausgewertet werden können, um den resultierenden Erkenntnisgewinn in einen monetären Gewinn zu übersetzen.[46] Die grundlegenden Kategorien des digitalen Zeitalters lassen sich daher durch eine betriebswirtschaftliche Perspektive[47] gewinnen: auf der einen Seite stehen die zentralen „Inputs"

---

43 Schumpeterianische Märkte sind dynamische, hoch innovative Märkte, die dazu neigen, alte Märkte zu stören. *Robertson*, CompLRev 2017, S. 131, 132.

44 Diese digitalen Märkte umfassen insb. kommerzielle Aktivitäten wie Internet-Suchmaschinen, Apps, Online-Werbung, Online-Verkäufe (E-Commerce) und soziale Netzwerke.

45 Daher wird in diesem Teil nur auf ausgewählte, besonders relevant erscheinende einschlägige Regelungen in der 10. GWB-Novelle und dem DMA verwiesen, da beide, chronologisch betrachtet, erst nach dem Konsultationsverfahren diskutiert und veröffentlicht wurden. Ihre Verbindung zu den hier dargestellten Problemkreisen wird ausführlich in Teil F evaluiert.

46 *Mehra*, Minnesota Law Review 2016, S. 1323, 1331. Das bekannteste Beispiel ist wohl Googles „PageRank" Algorithmus, siehe hierfür: *Langville/Meyer*, S. 31–45.

47 Die folgende simplifizierende Aufschlüsselung in Daten, Algorithmen und darauf basierenden Plattformen orientiert sich an der detaillierten Beschreibung des

der digitalen Unternehmen, nämlich große Datensätze (I) und auf ihnen trainierte Algorithmen (II).[48] Auf der anderen Seite bezieht der Konsument bestimmte „Outputs“ über digitale Plattformen, für die er einen bestimmten, aber nicht immer monetären, Preis zu entrichten hat (III). Diese Kategorien können später auch verwendet werden, um die Konzeptionierung der Expertenberichte und Reformvorhaben aufzugliedern.

I. Input I: Daten

Daten, die zunehmend als „Öl“ der digitalen Wirtschaft wahrgenommen werden,[49] fungieren als zentrale Ressource der digitalen, zunehmend auch der traditionellen, Industrien, indem sie neue Geschäftsmodelle ermöglichen, wettbewerbsrelevante Informationen ermitteln und den Zugang zu bestimmten Informationen monopolisieren.[50] Dies hat nicht nur die Aufmerksamkeit der Öffentlichkeit,[51] sondern ebenso die der Kommission auf sich gezogen.[52] Für eine adäquate wettbewerbsrechtliche Bewertung (3) ist neben einer grundlegenden Definition von Daten (1) eine Differenzierung nach ihrer Erhebungsart angebracht (2).

---

digitalen Ökosystems durch *Zuboff*, S. 63–97. Aussagen führender Datenwissenschaftler legen eine gleiche Einteilung nahe: „Whoever has the best algorithms and the most data wins.“ *Domingos*, S. 12–13.

48 Neben Daten und Algorithmen gibt es weitere Inputs wie Rechenleistung, Software und qualifizierte Informatiker. Aus wettbewerbspolitischer Sicht ist es wichtig zu verstehen, ob einige oder alle dieser Einsatzstoffe den Eintritt in Märkte behindern. Nimmt man den bisherigen Schwerpunkt der Debatte als Indikator, geht eine solche Gefahr vor allem von Daten und Algorithmen aus, was eine Beschränkung auf diese zwei essentiellen Inputs rechtfertigt. Für eine Diskussion zu talentierten Informatikern als Engpass: *Zubuff*, S. 186–89.

49 *Toonders*, Wired 2014; *Cukier*, The Economist 2010.

50 *Graef*; *Telle*, WRP 2016, S. 814; *Louven*, NZKart 2018, S. 217; *Louven*, K&R 2018, S. 230.

51 Im medialen Fokus standen insbesondere Suchmaschinen, soziale Netzwerke (wie Facebook) und E-Commerce (Amazon).

52 Neben den vieldiskutierten Google-Entscheidungen hat die Kommission u.a. eine Mitteilung veröffentlicht, die Vorschläge für rechtliche Rahmenbedingungen im Zusammenhang mit der europäischen Datenwirtschaft präsentiert. *Kommission*, Mitteilung, Building a European Data Economy v. 10.1.2017, KOM (2017) 9 endg.

1. Definition

In einem weiten Sinne sind alle Informationen letztlich „Daten". Angesichts der im Schrifttum viel diskutierten Frage, ob Daten als „roh" oder als „gemacht" zu bewerten sind,[53] wird die Erkenntnis, dass Daten stets theoriegeleitet gewonnen werden, oftmals vergessen.[54] Insbesondere nicht-bereinigte Daten aus sozialen Netzwerken sind von zweifelhafter Qualität.[55] Setzt man Daten einheitlich mit „Informationen" gleich, unterschätzt man die Bedeutung von Interpretation und Konstruktion, die notwendige Selektivität der Daten sowie deren zeitliche Indexierung.[56] So gibt es Unterschiede zwischen Bestands-, Transaktions- und Benutzerdaten; persönlichen und nicht-persönlichen Daten; individualisierten und anonymisierten Daten; neuen und alten Daten; freiwillig zur Verfügung gestellten oder automatisch gesammelten Daten.[57]

2. Differenzierung nach Erhebungsart

In der Literatur hat es sich etabliert, zu analytischen Zwecken vier Sorten von Daten anhand der Art und Weise ihrer Erhebung zu unterscheiden,[58] wobei es sich um eine rein konzeptionelle, also nicht legale, Differenzierung handelt: (1) zur Verfügung gestellte Daten aus direkten Handlungen des Einzelnen; (2) Beobachtungsdaten, die von Dritten gewonnen und digital aufgezeichnet wurden; (3) abgeleitete Daten, die durch logische Operationen aus anderen Daten produziert werden können; sowie (4) erschlossene Daten, die das Produkt von wahrscheinlichkeitsbasierten Analyseprozessen sind und in der Industrie benutzt werden, um Verhaltensvorhersagen zu erstellen. Da sich Big Data-Technologien vor allem auf die Kategorien (3) und (4) stützen,[59] während datenschutzrechtliche Anforderungen vor allem Daten der Kategorien (1) und (2) betreffen, wird diese Differenzierung als ein nützlicher Ansatz gesehen, um die individuellen und gesellschaftlichen Auswirkungen der Datenökonomie besser analysieren und Regulierungsanforderungen bestimmen zu können.[60]

---

53 Für diese Diskussion, siehe: *Gitelman*.

54 Für dieses Argument: *Ritschel/Müller*, Berliner Debatte Initial 2016, S. 4, 7.

55 *Venturini/Latour/Meunier*, in: Süssenguth, Eine unerwartete Reise, S. 17–39.

56 *Matzner*, Surveillance & Society 2016, S. 197. Siehe auch: *Boellstorff/Maurer*.

57 *Monopolkommission*, Wettbewerbspolitik: Herausforderung digitale Märkte, Sondergutachten 2015, Rn. 74ff.

58 Dies geschieht i.d.R. unter Bezugnahme auf einen OECD bzw. ICO Bericht von 2014. *OECD Working Party on Privacy and Security in the Digital Economy*, S. 5; *ICO*, S. 35.

59 Siehe hierfür konzeptionell: *Fischbach*, Berliner Debatte Initial 2002, S. 136, 142ff.

60 *Broemel/Trute*, Berliner Debatte Initial 2016, S. 50, 52.

3. Relevanz für das Wettbewerbsrecht

Es ist fraglich, ob der Zugang zu Daten einen Wettbewerbsvorteil darstellt, der zu einer Marktbeherrschung etablierter Betreiber führen kann.[61] Der Wert der Datensammlung ergibt sich durch ein hohes Volumen, eine hohe Geschwindigkeit und eine hohe Vielfalt, die eine optimale Umwandlung der Daten in monetarisierbare Muster ermöglichen.[62] Ob Daten einen Wettbewerbsvorteil darstellen, hängt somit von ihrer Substituierbarkeit, Komplementarität und nicht zuletzt Größenordnung ab. Für Unternehmen stellt es deshalb eine durchaus rationale Strategie dar, zunächst Daten zu gewinnen und zu aggregieren, um anschließend zu bewerten, welche Anhaltspunkte sich für neue Geschäftsmodelle ergeben.[63] Das erschwert die kontrafaktische Prognose von Wettbewerbsbehörden, wie sie beispielsweise bei der Zusammenschlusskontrolle getroffen werden muss (vgl. B.III.3.b.4). Durch datenbasiertes Wissen kann zudem Marktmacht perpetuiert werden: Etablierte Unternehmen, die durch Kundenbeziehungen umfangreiche Daten zu Nutzerverhalten und Nutzerpräferenzen extrahieren, können nicht nur das zukünftige Kaufverhalten einer Person genauer einschätzen, sondern auch Präferenzen von bislang unbekannten Nutzern leichter als Konkurrenten prognostizieren.[64] Für den Fall, dass sich aus der Datensammlung ein wettbewerbsrechtlicher Verstoß ergibt, werden zwei regulatorische Lösungen diskutiert: a) Datenzugang über Art. 102 AEUV; oder b) erhöhte Datenmobilität.

a) Datenzugang

Die meisten Empfehlungen konzentrieren sich auf die gemeinsame Nutzung von Daten, um die Eintrittsbarrieren zu verringern.[65] Dabei wird im Rahmen des europäischen Rechts auf die Essential-Facility-Doktrin verwiesen,[66] einen

---

61 *Furman-Report*, S. 33.

62 *Stucke/Grunes*, S. 26; *Han et al.*, IEEE Access 2014, S. 652.

63 *Ezrachi/Stucke*.

64 *Monopolkommission*, Sondergutachten 2015, Rn. 67ff.; *Bundeskartellamt*, Arbeitspapier Marktmacht, S. 91ff.; *Autorité de la concurrence/Bundeskartellamt*, Competition Law and Data, S. 11–25.; *Podszun/Leber*, Kölner Zeitschrift zum Wirtschaftsrecht 2015, S. 316.

65 *Deutscher Bericht*, S. 150, 156.

66 Die Essential-Facility-Theorie geht auf den 1912 verhandelten Fall *Terminal Railroad Ass'n* in den USA zurück. *United States v. Terminal Railroad Ass'n* 224 US 383 (1912). In der EU ist die Frage der „wesentlichen Einrichtungen" seit *Commercial Solvents* in die Kategorie „Lieferverweigerung" integriert. EuGH, Rs. 6 und 7–73,

in der Rechtsprechung entwickelten Tatbestand der missbräuchlichen Ausnutzung einer marktbeherrschenden Stellung (Art. 102 Abs. 1 AEUV).[67] Für eine solche missbräuchliche Geschäftsverweigerung bezüglich der für den Zutritt zu vor- oder nachgelagerten Märkten wesentlichen Einrichtungen legt der in *Magill*, *Bronner*, *IMS Health* und *Microsoft* entwickelte Test kumulative Anforderungen fest.[68] Ein missbräuchliches Verhalten liegt vor, wenn der Zugang unerlässlich ist,[69] zu einem Ausschluss jeglichen Wettbewerbs auf dem nachgelagerten Markt führt,[70] und sich nicht objektiv rechtfertigen lässt.[71] Wenn es sich um ein geistiges Eigentumsrecht handelt, muss die Verweigerung des Zugangs zudem den technischen Fortschritt einschränken.[72] Für die wettbewerbsrechtliche Bewertung eines Datenzugangs im Sinne der Essential-Facility-Doktrin ist entscheidend, ob ein bestimmter Datensatz eine „wesentliche Einrichtung" darstellt und ob der entsprechende Zugang „unverzichtbar" ist.[73] Als wesentliche Einrichtung kommt grundsätzlich jedes Wirtschaftsgut und damit sowohl physische Infrastruktureinrichtungen, bewegliche materielle Güter sowie Immaterialgüter in Betracht.[74] Daten sind selten ein unverzichtbarer Input, da die meisten Daten allgemein verfügbar und nicht-rivaler Natur sind.[75]

ECLI:EU:C:1974:18 – *Commercial Solvents*; *Jones/Sufrin*, EU Competition Law, 2014, S. 496.

67 *Eilmansberger/Bien*, in: Säcker/Meier-Beck/Bien/Montag, MüKo-EUWettbR, Art. 102 AEUV, Rn. 316–413; *Emmerich/Lange*, KartellR, § 10.

68 EuGH, Rs. C-241/91 P und C-242/91 P, ECLI:EU:C:1995:98 – *Magill*, Rn. 56; EuGH, Rs. C-7/97, ECLI:EU:C:1998:569 – *Bronner*; EuGH, Rs. C-418/01, ECLI:EU:C:2004:257 – *IMS Health*; EuGH, Rs. T-201/04, ECLI:EU:T:2007:289 – *Microsoft*. Für eine Diskussion des Tests in Bezug auf Datenzugang: *Bruc*, European Competition Journal 2019, S. 177, 182–86.

69 EuGH, Rs. C-7/97, ECLI:EU:C:1998:569 – *Bronner*, Rn. 41ff.

70 EuGH, Rs. C-7/97, ECLI:EU:C:1998:569 – *Bronner*, Rn. 41.

71 EuGH, Rs. C-418/01, ECLI:EU:C:2004:257 – *IMS Health*, Rn. 38, 51.

72 EuGH, Rs. C-241/91 P und C-242/91 P, ECLI:EU:C:1995:98 – *Magill*, Rn. 54; EuGH, Rs. C-418/01, ECLI:EU:C:2004:257 – *IMS Health*, Rn. 38.

73 *Graef*.

74 *Eilmansberger/Bien*, in: Säcker/Meier-Beck/Bien/Montag, MüKo-EUWettbR, Art. 102 AEUV, Rn. 343ff.

75 Die Kommission evaluierte in mehreren Fällen, ob Daten ein echtes Hindernis für den Markteintritt darstellen, und kam stets zu dem Schluss, dass es je nach Art der Daten viele alternative Datenquellen auf dem Markt gebe, die die Nachfrage bedienen könnten: Kommission v. 11.3.2008, M.4731 – *Google/DoubleClick*, Rn. 269, 364; Kommission v. 3.10.2014, M.7217 – *Facebook/WhatsApp*, Rn. 188; Kommission

Außerdem sind je nach Erhebungsart der Daten unterschiedliche Auswirkungen auf unternehmerische Innovationsanreize zu beachten,[76] die im Rahmen der objektiven Rechtfertigung vorgebracht werden können und dann eine Abwägung erfordern.[77] Wenn nur zur Verfügung gestellte Daten (Kategorie 1) oder aus routinemäßigen Benutzerinteraktionen abgeleitete Daten (Kategorie 2) verlangt werden, könnten unbeabsichtigte negative Folgen auf die Innovationsanreize der Unternehmen begrenzt werden, wobei Kollisionen mit den Anforderungen an Privatsphäre und Datenschutz berücksichtigt werden müssen.[78] Der Zugang zu abgeleiteten oder erschlossenen Daten (Kategorien 3 und 4) wäre für potentielle Wettbewerber nützlicher, könnte aber negative Folgen für die technologische Entwicklung haben, da mutmaßlich Geschäftsgeheimnisse aufgedeckt werden. Ferner besitzt Art. 102 AEUV keinen Vorrang vor dem Grundrecht auf Privatsphäre (Art. 8 EU-Grundrechtscharta).[79] Schließlich wäre Gewährung eines Datenzugriffs technisch kompliziert[80] und erfordert die Bestimmung von FRAND-Raten für die Vergütung.[81]

Bei dem Anspruch auf Datenzugang handelt es sich somit um eine rechtlich umstrittene Frage, die, wie noch zu zeigen sein wird, sowohl von den Stakeholdern (vgl. C.IV) als auch den Experten der Kommission (vgl. E.I.1.b) im Detail angesprochen wird. Dies hat sich auch auf die jüngsten Reformvorhaben ausgewirkt. Hier ist zum einen die einschlägige Neufassung von § 19 Abs. 2 Nr. 4 GWB zu nennen, die im Anschluss an den Expertenbericht auf Ebene des deutschen Bundesgesetzgebers entwickelt wurde (vgl. F.I) und erstmalig explizit normierte, dass ein Missbrauch von Marktmacht darin liegen kann, dass der Zugang zu Daten, Schnittstellen oder Netzen verweigert wird.[82] Zum anderen ist an den DMA-Entwurf der Kommission zu denken (vgl. F.II), der spezielle Bestimmungen über den Datenzugang beinhaltet und beispielweise Gatekeeper

v. 6.12.2016, M.8124 – *Microsoft/LinkedIn*, Rn. 253-64; Kommission v. 07.10.2011, M.6281 - *Microsoft/Skype*, Rn. 121–31.

76 *Graf/Mostyn*, GCR 2019.

77 Zu dieser Abwägung: *Bethell/Baird/Waksman*, Journal of Antitrust Enforcement 2020, S. 41.

78 *WEF*, Competition Policy, S. 11.

79 Charta der Grundrechte der Europäischen Union, ABl. C 326 v. 26.10.2012, S. 391–407. Für dieses Argument, siehe: *Costa-Cabral/Lynskey*, CMLRev 2017, S. 11.

80 Insbesondere wenn ein kontinuierlicher Zugriff auf Datenströme notwendig ist.

81 *Dolmans/Pesch*, CLPD 2019, S. 1, 7.

82 *Podszun/Brauckmann*, GWR 2019, S. 436, 437.

dazu verpflichtet, den Suchmaschinen Dritter Zugang zu Ranking-, Abfrage-, Klick- und Ansichtsdaten unter FRAND-Bedingungen zu gewähren.[83]

b) Datenmobilität

Mangelnde Übertragbarkeit von Daten ist eine Barriere für Kunden, die ihren Anbieter wechseln möchten,[84] und wird von marktmächtigen Digitalunternehmen gezielt zur Marktabschottung eingesetzt.[85] Diese Markteintrittsschranken zwischen der Plattform und anderen Konkurrenten können durch Portabilität und Interoperabilität reduziert werden.[86] Während Portabilität es ermöglicht, einen anderen Anbieter zu suchen, erlaubt Interoperabilität den Anbietern, den neuen Kunden effektiv zu integrieren. Ein solcher „bottom-up"-Ansatz zur Erleichterung des Benutzerwechsels ist verhältnismäßiger als der zuvor beschriebene „top-down"-Ansatz eines mandatierten Datenzugangs.[87] Zudem könnte er den Innovationswettbewerb fördern, wenn Unternehmen einen Anreiz dazu erhalten, Daten auf freiwilliger Basis oder auf Anweisung des Benutzers auszutauschen.[88]

Portabilität wird zunächst durch Art. 20 DSGVO reguliert, der ein Recht auf Datenportabilität vorsieht.[89] Wie *Graef* betont, liegen beobachtete und abgeleitete Daten (Kategorien 2 bis 4) außerhalb des Geltungsbereichs dieser Bestimmung.[90] Dateninteroperabilität wird definiert als die Fähigkeit, Daten und andere Informationen über Systeme, Anwendungen oder Komponenten hinweg zu übertragen und nutzbar zu machen.[91] Bereits die Entscheidung in *Microsoft* unterstreicht, dass ein Mangel an Interoperabilität als missbräuchliches Verhalten klassifiziert werden kann.[92] Anbieter erhalten durch Interoperabilität

---

83 *Vezzoso*, European Competition Journal 2021, S. 391, 396.

84 So ist es mühsam, persönliche Daten von einer Plattform auf eine andere zu übertragen.

85 *Van Gorp/Batura*, Study for the ECON Committee 2015, S. 10.

86 Sie ermöglichen insb. eine Verringerung des direkten Netzwerkeffekts.

87 *Dolmans/Pesch*, CLPD 2019, S. 1, 7.

88 *Bethell/Baird/Waksman*, Journal of Antitrust Enforcement 2020, S. 41.

89 Verordnung (EU) 2016/679 des Europäischen Parlaments und des Rates v. 27. April 2016 zum Schutz natürlicher Personen bei der Verarbeitung personenbezogener Daten, zum freien Datenverkehr und zur Aufhebung der Richtlinie 95/46/EG (Datenschutz-Grundverordnung), ABl. L 119 v. 4.5.2016, S. 1–88.

90 *Graef*, S. 146.

91 *Palfrey/Gasser*, S. 5.

92 EuGH, Rs. T-201/04, ECLI:EU:T:2007:289 – *Microsoft*, Rn. 649–59.

keinen Zugang zu den Informationen über Benutzer, die auf einer konkurrierenden Plattform gesammelt wurden,[93] sodass auch bei gegebener Interoperabilität der Zugang zu bestimmten Datenbanken auf europarechtlicher Ebene bislang nur über die oben ausgeführte *Bronner* Rechtsprechung möglich wäre.[94]

Für das deutsche Kartellrecht gestaltet sich die Situation mittlerweile aufgrund der oben erwähnten 10. GWB-Novelle anders. Hierbei ist erneut an den neu eingefügten § 19a zu denken, der Unternehmen, denen eine „überragende marktübergreifende Bedeutung für den Wettbewerb zukommt", untersagt, die Interoperabilität von Produkten oder Leistungen oder die Portabilität von Daten zu verweigern oder zu erschweren, wenn dies den Wettbewerb behindert (§ 19a Abs. 2 Nr. 5 GWB). Einem solchen Unternehmen ist es zudem verboten, durch die Verarbeitung wettbewerbsrelevanter Daten, die das Unternehmen gesammelt hat, Marktzutrittsschranken zu errichten oder spürbar zu erhöhen (§ 19a Abs. 2 Nr. 4 GWB). Diese Vorgaben lassen sich wohl auf den die Novelle vorbereitenden Bericht der Kommission *Wettbewerbsrecht 4.0* zurückführen, der gefordert hatte, Onlineplattformen zur Bereitstellung von Datenportabilität in Echtzeit und interoperablen Datenformate zu verpflichten.[95] Wie noch zu zeigen ist, wurde die Rolle der Interoperationalität auch vom europäischen Expertenbericht, bestärkt durch Aussagen verschiedener Stakeholder während der Konsultation, betont (vgl. E.II.3).

II. Input II: Algorithmen

Fortschrittliche Algorithmen waren in den letzten Jahren und in bestimmten Anwendungsbereichen wie Go[96] oder Poker[97] in der Lage, komplizierte nichtlineare Zusammenhänge zu erlernen und dabei so komplex wie Menschen zu handeln. Bevor das disruptive Potenzial dieser Technologie aus wettbewerbsrechtlicher Perspektive bewertet werden kann (3), sind Algorithmen zu definieren (1) und zu differenzieren (2).

---

93 *Graef*, S. 153.

94 *Bruc*, European Competition Journal 2019, S. 177, 199.

95 *Bundesministerium für Wirtschaft und Energie*, S. 39, 54. Siehe auch: *Grünwald*, MMR 2020, S. 822, 823.

96 *Silver et al.*, Nature 2017, S. 354.

97 *Hsu*, IEEE Spectrum 2017.

1. Definition

Bei Algorithmen handelt es sich um Schritt-für-Schritt-Verfahren zur Lösung von Problemen.[98] Eine formale, möglichst weite Definition von „Algorithmus" versteht einen solchen als eine eindeutige, präzise Liste einfacher Operationen, die mechanisch und systematisch auf eine Menge an Inputs angewendet werden, um einen Output zu erzeugen.[99] Diese Liste an Operationen sollte in dem Sinne allgemein sein, dass sie nicht nur ein einzelnes Problem, sondern eine Klasse von ähnlichen Problemen lösen kann (*Abstraktion*).[100] Weitere übliche Eigenschaften eines Algorithmus sind *Endlichkeit*, d.h. er muss immer nach einer gewissen Anzahl von Schritten enden, und *Bestimmtheit*, d.h. jeder Schritt muss eindeutig festgelegt werden.[101]

Die Funktionsweise von Algorithmen wird weitgehend von ihrem Design und den verfügbaren Daten bestimmt. Bei *statischen* Algorithmen wird die erzeugte Sequenz unverändert verfolgt, während *dynamische* Algorithmen sowohl die Befehlssequenz als auch das Ziel variieren können.[102] Dynamische Algorithmen lernen mit den ihnen zur Verfügung gestellten Daten die optimalen Strategien, entwickeln sie weiter und können sich so schnell an einen veränderten Kontext anpassen.[103] Dabei wird wiederum zwischen überwachtem und unüberwachtem Lernen unterschieden.[104] Beim *überwachten* Lernen wird eine vorgegebene Lösung als Optimierungsproblem gesucht, während beim *unüberwachten* Lernen keine Zielfunktion vorgegeben wird.[105] Im Gegensatz zu diesen Varianten des maschinellen Lernens bezieht sich das vielzitierte „Deep

98 *Mehra*, Minnesota Law Review 2016, S. 1323, 1324f.

99 *Autorité de la concurrence/Bundeskartellamt*, Algorithms and Competition, S. 3f.

100 *Garey/Johnson*, Computers and Intractability, S. 4. Zitiert nach: *Autorité de la concurrence/Bundeskartellamt*, Algorithms and Competition, S. 3, Fn. 11.

101 *Schwalbe*, Journal of Competition Law & Economics 2018, S. 568, 575.

102 *Bernhardt/Dewenter*, European Competition Journal 2020, S. 1, 4.

103 Ein instruktives Beispiel bieten Preissetzungsalgorithmen. So verfügte die erste Generation von Preisfindungssoftware über regelbasierte Algorithmen, die einfachen Anweisungen wie Preisobergrenzen folgten. Im Gegensatz zu diesem statischen Verfahren scheint die zweite Generation der Preisfindungssoftware komplexere, dynamische Algorithmen zu verwenden. *Popescu*, INSEAD Working Paper 2015.

104 *Autorité de la concurrence/Bundeskartellamt*, Algorithms and Competition, S. 10; *Schmidhuber*, Deep Learning in Neural Networks: An Overview, Neural Networks 2015, S. 85.

105 D.h. der Algorithmus identifiziert Anomalien.

Learning" nicht auf die Art des Lernens, sondern auf die Art des eingesetzten Computerprogramms, die sog. künstlichen neuronalen Netzwerke.[106]

2. Differenzierung nach Anwendungsart und Komplexität

Die im vorhergehenden Abschnitt angesprochenen Design-Entscheidungen bezüglich des Gesamtentwurfs und spezifischer Modifikationen implizieren, dass sich verschiedene Arten von Algorithmen unterscheiden lassen. Algorithmen sind insbesondere auf unterschiedliche Anwendungskontexte ausgerichtet, sodass sie Wissen mit unterschiedlicher Qualität produzieren[107] und je nach Marktstruktur und Marktdynamik erhebliche Leistungsunterschiede aufweisen.[108] Folgende Anwendungsarten werden in der Literatur überwiegend diskutiert: Algorithmen, die bei der Sammlung verschiedener Daten helfen; Algorithmen zur dynamischen Preisgestaltung; Algorithmen zur Personalisierung von Produkten und Dienstleistungen (insbesondere von Werbung); sowie Algorithmen für Ranking-Zwecke (z.B. Suchmaschinen).[109]

Eine weitere bedeutsame Differenzierung ergibt sich durch den Grad der algorithmischen Komplexität. Während sogenannte *White-Box-Algorithmen* für Menschen mit entsprechendem Wissen und geeigneter Ausrüstung fast vollständig sichtbar und verständlich sind, handelt es sich bei den meisten in der Industrie verwendeten Algorithmen, insbesondere wenn sie auf „Deep Learning" Verfahren basieren,[110] um sogenannte *Black-Box-Algorithmen*, deren Ergebnisse für menschliche Beobachter nicht mehr nachvollziehbar sind.[111] Beispielsweise zeigen jüngste Simulationen, dass auf neuronalen Netzwerken basierende Algorithmen selbstständig lernen können, untereinander zu kommunizieren, und dass die dabei erarbeitete Sprache nur teilweise von Menschen interpretiert werden kann.[112] Insgesamt wird algorithmische Leistungsfähigkeit mit

106 *Goodfellow/Bengio/Courville*, Deep Learning, 2016, S. 1.

107 *Broemel/Trute*, Berliner Debatte Initial 2016, S. 50, 53–60.

108 *van de Geer et al.*, Journal of Revenue and Pricing Management 2019, S. 185.

109 Diese Übersicht basiert auf: *Autorité de la concurrence/Bundeskartellamt*, Algorithms and Competition, S. 4–14.

110 Für eine aktuelle Übersicht verschiedener Verfahren: *Emmert-Streib et al.*, Artif. Intell. 2020.

111 Für diese Unterscheidung, siehe: *Delibašić et al.*, IEEE Trans Educ 2012, S. 287.

112 *Sukhbaatar/Szlam/Fergus*, NIPS 2016. Ein Experiment des Google Brain-Projekts zeigt, dass Algorithmen lernen können, ihre Kommunikation vor Dritten zu verbergen. *Abadi/Andersen*, arXiv 2016.

Einschränkungen in ihrer Nachvollziehbarkeit erkauft.[113] Es ist aus regulatorischer Sicht somit fraglich, ob Algorithmen so gestaltet sein sollten, dass Wettbewerbsbehörden ihre Logik im Einzelfall nachvollziehen können.[114]

3. Relevanz für das Wettbewerbsrecht

Angesichts unterschiedlicher Anwendungsfälle und Komplexität der Algorithmen ist eine einzelfallorientierte Bewertung angebracht.[115] Für die Frage nach der wettbewerbsrechtlichen Bewertung sind den Effizienz- und Wohlfahrtseffekten von Algorithmen (a) etwaige Möglichkeiten einer Wettbewerbsverletzung gegenüberzustellen (b).

a) Effizienz- und Wohlfahrtsgewinne

Die zunehmende Verwendung von Algorithmen kann zu beträchtlichen Effizienzgewinnen für Unternehmen und Wohlfahrtsgewinnen für Konsumenten führen. Die algorithmische Auswertung von Massendaten verspricht, Unternehmen dabei zu helfen, mehr, schneller, besser und kostengünstiger Entscheidungen zu treffen.[116] Die Verwendung von Algorithmen ist nicht neu oder auf digitale Unternehmen beschränkt, aber die algorithmische Preisfindung[117] ist in Online-Umgebungen einfacher, da letztere eine Datenerfassung in Echtzeit und automatische sowie häufige Preisanpassungen ermöglichen.[118] Durch den Einsatz von Preisfindungsalgorithmen können Unternehmen ihre eigenen Preise sowie die Preise der Konkurrenten leichter überwachen und gegebenenfalls schnelle Anpassungen an veränderte Marktbedingungen vornehmen.[119] Algorithmen können auch zu einer höheren Transparenz beitragen, indem sie große Datenmengen in kurzer Zeit analysieren,[120] was wiederum Verbrauchern zugutekommt. Laut *Gal/Elkin-Koren* reduziert die Nutzung von Plattformen

---

113 *Seaver*, in: Media in Transition 2013, S. 1, 4ff.

114 *Bernhardt/Dewenter*, European Competition Journal 2020, S. 1, 24f.

115 *Broemel/Trute*, Berliner Debatte Initial 2016, S. 50, 53–60.

116 *Mehra*, Minnesota Law Review 2016, S. 1323, 1363.

117 Die Frage nach der wettbewerbsrechtlichen Regulierung hat sich v.a. mit der Verbreitung der algorithmischen Preisgestaltung beschäftigt. Für instruktive Beispiele siehe: *Mehra*, Minnesota Law Review 2016, S. 1323.

118 *CMA*, Pricing Algorithms, S. 1, 17–19.

119 *Bernhardt/Dewenter*, European Competition Journal 2020, S. 1, 5. Insbesondere für große Einzelhändler mit einem Sortiment von mehreren tausend verschiedenen Produkten sind automatische Preisanpassungen unerlässlich.

120 *Autorité de la concurrence/Bundeskartellamt*, Algorithms and Competition, S. 1, 18f.

für Preisvergleiche und Preisvorhersagen die Transaktionskosten sowie den Zeitaufwand für Suche und Vergleich alternativer Produkte.[121]

b) Wettbewerbsrechtliche Würdigung

Allerdings kann das durch Algorithmen hervorgebrachte hohe Maß an Markttransparenz etwaiger Kollusion zugutekommen und dadurch zu Wohlfahrtsverlusten führen.[122] Zur wettbewerbsrechtlichen Bewertung sind zwei Szenarien zu unterscheiden.[123] Wenn Verkäufer Algorithmen zur Bildung und Aufrechterhaltung eines Kartells verwenden, dienen diese als Hilfsmittel zur Erleichterung von Absprachen (*Kollusion per Code*). Aufgrund der größeren Genauigkeit bei der Erkennung von Preisänderungen, der schnelleren Reaktion auf die Preisgestaltung am Markt sowie der zugrundeliegenden Automatisierung erleichtern Algorithmen es Unternehmen, überhöhte Preise zu erzielen[124] sowie Kollusionsergebnisse zu stabilisieren.[125] Ein solches Szenario kann nach wie vor als „Vereinbarung" oder „abgestimmte Verhaltensweise"[126] gemäß Art. 101 AEUV beurteilen werden.[127] Da es plausibel ist, dass Algorithmen in manchen Fällen Grenzkosten in einem höheren Maße senken als sie Grenzkosten für Konsumenten erhöhen, ist im Einzelfall eine Abwägung i.S.v. Art. 101 Abs. 3 AEUV erforderlich. Falls eine dritte Partei[128] in die Koordination mittels Algorithmen involviert ist, ist der Rechtsprechung in *VM Remonts* und *Eturas*

---

121 *Gal/Elkin-Koren*, Algorithmic Consumers, Harv JL & Tech 2016, S. 309, 326–28.

122 *Bernhardt/Dewenter*, European Competition Journal 2020, S. 1, 12f.

123 *Schwalbe*, Journal of Competition Law & Economics 2018, S. 568. *Ezrachi/Stucke*, University of Illinois Law Review 2017, S. 1775, unterscheiden insgesamt drei Szenarien, gelangen aber zu identischen rechtlichen Folgerungen.

124 *Mehra*, Minnesota Law Review 2016, S. 1323, 1340–51, 1357.

125 *Ezrachi/Stucke*, Journal of European Competition Law & Practice 2016, S. 585.

126 Das neben den Verboten wettbewerbsbeschränkender Vereinbarungen und Beschlüsse in Art. 101 Abs. 1 AEUV enthaltene Verbot abgestimmter Verhaltensweisen fungiert als Auffangtatbestand. *Lübbig*, in: Wiedemann, Kartellrecht, § 8 Rechtsgrundlagen Rn. 12. Die gesonderte Feststellung einer Vereinbarung oder abgestimmten Verhaltensweise ist entbehrlich, wenn sich die Zuwiderhandlung gegen Art. 101 Abs. 1 AEUV aus mehreren miteinander verbundenen Verhaltensweisen ergibt. EuGH, Rs. C-49/92 P, ECLI:EU:C:1999:356 – *Enichem Anic*, Rn. 85; EuG, Rs. T-62/98, ECLI:EU:T:2000:180 – *Volkswagen AG/Komm*, Rn. 237.

127 Da in diesen Fällen der Begriff „Algorithmus" durch den Ausdruck „ein Typ namens Bob" ersetzt werden kann, wie es FTC-Kommissar *Ohlhausen* formuliert, entstehen keine neuartigen Wettbewerbsprobleme. *Ohlhausen*, FTC 2017.

128 Z.B. ein externer Berater oder Softwareentwickler.

zufolge zu fragen,[129] ob die Wettbewerber von den wettbewerbswidrigen Handlungen des Dritten wussten oder diese zumindest vernünftigerweise hätten vorhersehen können.[130]

Darüber hinaus könnten Preisfindungsalgorithmen ohne jegliche menschliche Intervention eine Preisfestsetzung koordinieren (*Kollusion des Codes*), was neuartige Fragen in Bezug auf Haftung[131] oder Absicht[132] aufwirft. Während bessere Beobachtung und Anpassung durch fortschrittliche Algorithmen im Sinne eines „bewussten Parallelverhaltens"[133] keinen Verstoß gegen Art. 101 AEUV darstellen,[134] wäre ein solcher festzustellen, wenn sich diese Algorithmen selbst koordinieren und damit zu abgestimmten Verhaltensweisen zweier Wettbewerber führen.[135] Insbesondere *Ezrachi/Stucke* gehen davon aus, dass

129 EuGH, Rs. C-542/14, ECLI:EU:C:2016:578 – *VM Remonts*, Rn. 27ff.; EuGH, Rs. C-74/14, ECLI:EU:C:2016:42 – *Eturas*, Rn. 44.

130 Um dies festzustellen, wird eine Überprüfung des betreffenden Algorithmus im Hinblick auf die Programmierung, die verfügbaren Sicherheitsvorkehrungen, seine Belohnungsstruktur und den Umfang seiner Aktivitäten für notwendig erachtet. *Ezrachi/Stucke*, University of Illinois Law Review 2017, S. 1775, 1801; *Autorité de la concurrence/Bundeskartellamt*, Algorithms and Competition, S. 68–74.

131 Die Vorschläge reichen von der Befreiung der Entwickler von jeglicher Haftung bis zur Behandlung des Algorithmus als Mitarbeiter eines Unternehmens. Für eine Übersicht, siehe: *Autorité de la concurrence/Bundeskartellamt,* Algorithms and Competition, insb. S. 26, 42, 59. *Chopra/White*, S. 172f., argumentieren, dass zunehmend autonome Preissetzungsalgorithmen als rechtliche Akteure jenseits von Werkzeugen anerkannt werden müssen.

132 So stützt sich das Kartellrecht auf anthropomorphe Konzepte von Absicht, Angst und Zustimmung, mit denen das Verhalten von Computersoftware nur schwer zu kategorisieren oder zu beeinflussen ist. *Mehra*, Minnesota Law Review 2016, S. 1323, 1352–61.

133 Das bewusste Parallelverhalten unterscheidet sich vom abgestimmten Verhalten i.S.d. Art. 101 Abs. 1 AEUV durch zwei kumulative Elemente: 1. die beteiligten Unternehmen verständigen sich über ihr wettbewerbliches Verhalten durch eine Koordinierung, die noch nicht den Grad einer eine Vereinbarung begründenden Willensübereinstimmung erreicht; und 2. die Unternehmen müssen sich auch tatsächlich der Verständigung entsprechend verhalten. *Lübbig*, in: Wiedemann, Kartellrecht, § 8 Rechtsgrundlagen Rn. 13.

134 Bewusstes Parallelverhalten wird nicht erfasst. *Weck*, Current Issues of Competition Policy in E-Commerce, S. IX, XII; *Lübbig*, in: Wiedemann, Kartellrecht, § 8 Rechtsgrundlagen Rn. 12.

135 *Bernhardt/Dewenter*, European Competition Journal 2020, S. 1, 8.

algorithmische Kollusion tatsächlich möglich und in der Tat sehr einfach ist.[136] Demgegenüber deuten sowohl die Informatik-Literatur über die Zusammenarbeit zwischen Algorithmen als auch die ökonomische Literatur über Kollusion in Oligopolen darauf hin, dass ein stillschweigendes kollusives Verhalten nur unter schwierigen Bedingungen zu erreichen ist.[137] Zudem sind einige Grundannahmen dieser Schadenstheorie, wie homogene Güter und gleiche Algorithmen, auf den meisten digitalen Märkten nicht gegeben.[138] Schließlich mangelt es an empirischer Evidenz.[139]

Neben Möglichkeiten zur Kollusion könnte die Automatisierung der Preisgestaltung durch Algorithmen dazu führen, dass verschiedenen Konsumenten für die gleiche Ware oder Dienstleistung unterschiedliche Beträge in Rechnung gestellt werden, was zu einer Debatte über algorithmische Preisdiskriminierung geführt hat.[140] Durch die algorithmische Auswertung von Verbraucherpräferenzen, Kaufgewohnheiten, Suchhistorien usw. können Unternehmen unter Ausnutzung der unterschiedlichen Zahlungsbereitschaft personalisierte Preise verlangen.[141] Bekannte Beispiele sind die Preissetzungsalgorithmen moderner Fluggesellschaften[142] sowie Googles dominanter Auktionsalgorithmus[143] für personalisierte Anzeigenvermittlung.[144] Eine solche Preisdiskriminierung zwischen Kunden hat prinzipiell ambivalente Auswirkungen auf den Wettbewerb und die Konsumentenwohlfahrt.[145] Neben

---

136 *Ezrachi/Stucke*; *Ezrachi/Stucke*, Journal of European Competition Law & Practice 2016, S. 585; *Ezrachi/Stucke*, University of Illinois Law Review 2017, S. 1775; *Ezrachi/Stucke*, Oxford Legal Studies Research Paper 2017. Auch: *Woodcock*, CPI Antitrust Chronicle 2017; *Pasquale*.

137 *Schwalbe*, Journal of Competition Law & Economics 2018, S. 568, 596.

138 Daher sei es relativ unwahrscheinlich, dass es zu Kollusionsergebnissen komme, so: *Petit*, Journal of European Competition Law & Practice 2017, S. 361.

139 *Ballard/Naik*, CPI Antitrust Chronicle 2017, S. 29.

140 *Borgesius/Poort*, Online price discrimination and EU data privacy law, Journal of consumer policy 2017, S. 347.

141 *Schwalbe*, Journal of Competition Law & Economics 2018, S. 568, 571.

142 Diese gestalten ihre individuellen Preise mit einer solchen Geschwindigkeit, mit so komplexen Regeln und mit so vielen Interaktionen, dass es mathematisch praktisch unmöglich geworden ist, den billigsten Flugpreis zwischen zwei Standorten zu finden. *Mehra*, Minnesota Law Review 2016, S. 1323, 1370.

143 *ACCC*, S. 134–57.

144 *Geradin/Katsifis*, European Competition Journal 2019, S. 55, 85–89; *Geradin/Katsifis*, European Competition Journal 2020, S. 11.

145 *Autorité de la concurrence/Bundeskartellamt*, Algorithms and Competition, S. 61ff.

Offenlegungspflichten[146] kann aus individualisierten Preisen eine missbräuchliche Diskriminierung gemäß Art. 102 S. 2 AEUV folgen.[147]

Für die rechtliche Regulierung kann dadurch ein Bedarf nach Schutz vor algorithmenbasierten Zuschreibungen entstehen,[148] beispielsweise durch den Ausschluss von normativ als missbräuchlich eingestuften Einflussfaktoren, was wiederum eine entsprechende Zertifizierung der Algorithmen erforderlich macht.[149] *Harrington* schlägt vor, die Anwendung solcher Algorithmen zu verbieten, die es Unternehmen ermöglichen, Preise über dem Wettbewerbsgleichgewichtspreis festzulegen.[150] Solche Bedenken spiegeln sich auch in der Forderung nach „algorithmischer Neutralität",[151] um wirtschaftlich oder sozial schädliche Verzerrungen zu verhindern.[152] Aufgrund der oben skizzierten Heterogenität von Algorithmen wäre eine Überprüfung derselben durch Wettbewerbsbehörden allerdings eine praktisch kaum zu erfüllende Aufgabe, zumal sich die meisten eingesetzten Algorithmen durch maschinelles Lernen ständig modifizieren.[153] Ob die Verwendung von Algorithmen letztlich den Wettbewerbsdruck erhöht oder Konsumentenwohlfahrt reduziert, ist im Ergebnis nicht offensichtlich. Eine Einzelfallprüfung ist erforderlich.

---

146 Im Schrifttum wird argumentiert, die Unternehmen treffe gemäß §§ 5a II, 4 UWG iVm § 6 I Nr. 3 UWG die (Informations-)Pflicht, eine individualisierte Preisbildung offenzulegen. Auf europäischer Ebene erfolgt diese Pflicht über Art. 7 II UGP-RL. *Zander-Hayat/Reisch/Steffen*, VuR 2016, S. 403, 407; *Paal*, GRUR 2019, S. 43, 44.

147 Art. 102 S. 2 Buchst. a AEUV betrifft die unmittelbare oder mittelbare Erzwingung unangemessener Einkaufs- oder Verkaufspreise oder sonstiger Geschäftsbedingungen, während Art. 102 II Buchst. c AEUV marktbeherrschenden Unternehmen die Anwendung unterschiedlicher Bedingungen bei gleichwertigen Leistungen gegenüber Handelspartnern untersagt. *Paal*, GRUR 2019, S. 43, 47.

148 *Broemel/Trute*, Berliner Debatte Initial 2016, S. 50, 55.

149 *Schweitzer/Fetzer/Peitz*, Zentrum für Europäische Wirtschaftsforschung GmbH Discussion Paper 2016, S. 1, 12f.

150 *Harrington Jr*, SSRN 2017.

151 *Mehra*, Minnesota Law Review 2016, S. 1323, 1326, 1332.

152 Es ist problematisch, wenn explizite oder implizite Vorannahmen durch die Auswahl und Erhebung der Datenquellen in die Trainingsdaten der Algorithmen eingehen, da durch solche Verzerrungen Vorurteile und soziale Missstände perpetuiert werden. Siehe hierfür: *O'Neil*; *Borocas/Selbst*, California Law Review 2016, S. 671. So gibt es beispielsweise eine rassistische Verzerrung bei automatisierter Spracherkennung. *Koenecke et al.*, PNAS 2020, S. 7684.

153 *Schwalbe*, Journal of Competition Law & Economics 2018, S. 568, 599. Zu berücksichtigen ist auch der innovationshemmende Effekt einer Regulierung. *Bernhardt/Dewenter*, European Competition Journal 2020, S. 1, 26.

III. Output: Plattformen

Basierend auf der algorithmischen Auswertung großer Datensätze erzeugen insbesondere Plattformen – Schlüsselakteure auf den digitalen Märkten – Steigerungen der Konsumentenwohlfahrt, indem sie Transaktionskosten senken, neue Produkte hervorbringen, innovative Transaktionsarten ermöglichen oder ein besseres „Matching" zwischen Marktteilnehmern herbeiführen (1). Um die Wettbewerbsdynamik im relevanten Markt zu verstehen, ist eine Differenzierung nach Geschäftsmodell erforderlich (2). Bestimmte Merkmale von Plattformen wie Mehrseitigkeit, kostenlose Preise und Netzwerkeffekte erfordern die Anpassung traditioneller wettbewerbsrechtlicher Instrumente (3).

1. Digitale Plattformen

Digitale Märkte werden typischerweise von Plattformen ermöglicht und beherrscht,[154] die die Interaktion von verschiedenen, aber unabhängigen Gruppen von Benutzern umfassen.[155] Solche mehrseitigen Märkte führen somit zwei (oder mehr) unterschiedliche Produktmärkte zusammen, deren Verbindung es unmöglich macht, den einen Markt zu betrachten, ohne auch den anderen zu berücksichtigen (vgl. B.III.3.b.1). Während dieses Phänomen keineswegs auf digitale Märkte beschränkt ist, sind Plattformen in der New Economy besonders häufig.[156] Solche Plattformen sind Vermittler, die die Transaktionskosten für Marktteilnehmer reduzieren.[157] Im Gegensatz zu traditionellen Firmen fokussieren sich Plattformen i.d.R. zunächst auf die Herbeiführung einer kritischen Masse von Teilnehmern zur Erzeugung von Netzwerkeffekten, bevor sie letztere für Monetarisierungszwecke ausnutzen.[158]

Die Märkte für digitale Plattformen weisen Merkmale auf, die bei der Analyse ihrer Wettbewerbsbedingungen berücksichtigt werden müssen.[159] Plattformen profitieren von direkten Netzwerkeffekten, wenn der Nutzen des Dienstes

---

154 *Rochet/Tirole*, Journal of the Europ Econ Assoc 2003, S. 990; *Monopolkommission*, Sondergutachten 2015, Rn. 34ff.; *Bundeskartellamt*, Arbeitspapier Marktmacht, S. 3ff.

155 Zur Definition: *Rochet/Tirole*, Two-Sided Markets: A Progress Report, RAND J of Economics 2006, S. 645, 645; *Rysman*, The Economics of Two-Sided Markets, J of Economic Perspectives 2009, S. 125, 126.

156 *Hoppner*, World Competition 2015, S. 349, 349.

157 *Evans/Schmalensee*, S. 8, 15.

158 *WEF*, Platforms and Ecosystems, S. 11.

159 *Farrel/Saloner*, RAND Journal of Economics 1985, S. 70.

für einen Nutzer direkt mit der Anzahl der anderen Nutzer dieses Dienstes steigt.[160] Zudem impliziert ihr vielseitiger Charakter, dass netzwerkübergreifende (indirekte) Externalitäten entstehen, bei denen eine höhere Nutzeranzahl zu einer höheren Bereitstellung kompatibler Waren führt, was im Gegenzug das ursprüngliche Produkt wertvoller macht.[161] Direkte und indirekte Netzwerkeffekte implizieren, dass die Effizienz und der Nutzen für die Nutzer von Plattformen mit ihrer Größe zunimmt, was wiederum die Preise, die auf den verschiedenen Seiten der Plattform verlangt werden, beeinflusst.[162] Solche Netzwerkeffekte wurden beispielsweise in der *Google/DoubleClick* Zusammenschlussentscheidung der Kommission[163] und vom Bundeskartellamt bei der Bewertung von Hotelbuchungsplattformen[164] betont. Ein weiteres Merkmal von Plattformen sind Größenvorteile, da sie einen relativ hohen Anteil an Fixkosten und niedrige variable Kosten aufweisen.[165]

2. Differenzierung nach Geschäftsmodell

Plattformen unterscheiden sich in wichtigen Punkten, u.a. in der Art und Weise, wie sie Einkommen generieren, ihrer Größe und Rentabilität.[166] Bedeutsame Unterschiede bestehen zwischen Plattformen, die Einnahmen aus Werbung zur Finanzierung „kostenloser" Benutzerdienste erzielen (z.B. Google, Facebook) und solchen, die transaktionsabhängige Provisionen oder Gebühren verlangen (z.B. Uber, Airbnb). Zudem kann zwischen transaktionalen und nicht-transaktionalen zweiseitigen Märkten unterschieden werden.[167] Wie noch zu zeigen sein wird, definiert der aktuell diskutierte DMA-Entwurf der Kommission allgemeine Kriterien für Plattformen, die keine Unterscheidung zwischen unterschiedlichen Arten von Geschäftsmodellen ermöglichen (vgl. F.II).

---

160 *Katz/Shapiro*, American Economic Review 1985, S. 424, 424.

161 Z.B. wenn der Erfolg des iPhones dazu führt, dass mehr unabhängige Programmierer Apps im AppStore bereitstellen.

162 *Pohlmeier*, S. 29.

163 Kommission v. 11.3.2008, M.4731 – *Google/DoubleClick*, Rn. 290.

164 Bundeskartellamt v. 20.12.2013, Rs. B9-66/10 – *HRS*, Rn. 81; *Ellger*, in: Immenga/Mestmäcker, EU-Wettbewerbsrecht, Art. 101 Abs. 3 AEUV, Rn. 602–605.

165 *Duch-Brown*, European Commission JRC Digital Economic Working Paper 2017, S. 1, 4f.

166 *WEF*, Competition Policy, S. 6.

167 Erstere müssen Transaktionen zwischen Nutzern auf verschiedenen Marktseiten erleichtern, um Einnahmen zu generieren. *Filistrucchi et al.*, JCL&E 2014, S. 293, 298, 300–302.

Die Literatur hat allerdings darauf hingewiesen, dass solche Unterschiede in der Umsatzgenerierung wichtig sind, um die Wettbewerbsdynamik im relevanten Markt zu verstehen. Beispielsweise kann Multihoming (d.h. der Wechsel zwischen oder die gleichzeitige Nutzung von Diensten der Konkurrenz) je nach Geschäftsmodell der Plattform auf einer Seite oder beiden Seiten der Plattform vorherrschend sein.[168] Auch die Relevanz von Benutzerdaten für den Betrieb der Plattform unterscheidet sich nach Modell der Umsatzgenerierung.[169] Zudem legt die heterogene Beschaffenheit der Plattformen nahe, dass für die Durchsetzung des EU-Wettbewerbsrechtes in diesem Bereich das Subsidiaritätsprinzip besonders relevant ist.[170]

3. Relevanz für das Wettbewerbsrecht

Eine umfassende wettbewerbliche Würdigung von Plattformen erkennt zum einen ihre wettbewerbssteigernden Effekte (a), zum anderen ihr Potenzial zur Störung des freien Wettbewerbs (b) an. Ihre wettbewerbsrechtliche Bewertung erfordert somit in der Regel eine abwägende Einzelfallbetrachtung.

a) Wettbewerbsanreize

Die Digitalisierung der Ökonomie und der damit einhergehende Markterfolg großer Plattformen hat zu pro-kompetitiven Effekten geführt, die von Wettbewerbsbehörden anerkannt werden.[171] Erstens konkurrieren Plattformen, auch wenn sie unterschiedliche Produkte und Dienstleistungen anbieten, um die Aufmerksamkeit derselben Nutzer („Aufmerksamkeitskonkurrenz"), nicht zuletzt mit dem Ziel, Werbetreibende anzulocken.[172] Aus dem gleichen Grund besteht eine fortwährende Konkurrenz um die Entwicklung neuer Technologien wie KI („Innovationswettbewerb"),[173] was Verbrauchern i.S.v. niedrigeren Preisen oder besserer Qualität zugutekommen sollte. Zweitens können Plattformen den Wettbewerb in externen Märkten anregen, wenn sie für andere

---

168 *WEF*, Competition Policy, S. 6.

169 *WEF*, Competition Policy, S. 6.

170 So könnten einige Unternehmen nur in einem Mitgliedstaat marktbeherrschend sein. *BMA/ACM/CDLCL*, S. 6.

171 Z.B. *ACCC*, S. 1.

172 Siehe: *Evans*, J. Competition L. & Econ. 2013, S. 313. So zeigt ein Vergleich der verschiedenen Produkte und Dienstleistungen, dass GAFAM in den meisten Sektoren direkte Konkurrenten sind. *Dolmans/Pesch*, CLPD 2019, S. 1, 4.

173 *Furman-Report*, S. 20.

Unternehmen die Kosten für Logistik und Zahlungsabwicklung reduzieren, die Kommunikation zwischen Anbietern und Verbrauchern verbessern und personalisierte Werbemöglichkeiten bieten.[174] Indem sämtliche Unternehmen in einem Markt auf den gleichen digitalen Vertriebskanal zurückgreifen, gleichen Plattformen in einem gewissen Maße Wettbewerbsbedingungen aus.[175]

b) Wettbewerbsrechtliche Problemkreise

Neben ihrem Potenzial zur Steigerung des Wettbewerbs werfen die digitalen Geschäftsmodelle auch Wettbewerbsbedenken und Fragen nach der Eignung des aktuellen rechtlichen Rahmens auf. Nach einer Diskussion des Querschnittsthemas Marktdefinition widmet sich dieser Abschnitt den Implikationen für die drei europäischen kartellrechtlichen „Säulen“: vertikale Beschränkungen i.S.v. Art. 101 AEUV; Marktmachtmissbrauch i.S.v. Art. 102 AEUV; und Auffangprobleme des bestehenden Fusionskontrollverfahrens.

(1) Marktdefinition

Eine wettbewerbliche Analyse grenzt zunächst die relevanten Märkte zutreffend ab, um danach bewerten zu können, ob auf dem betreffenden Markt eine marktbeherrschende Stellung besteht.[176] Digitale Märkte können als solche definiert werden, in denen Unternehmen neue Technologien entwickeln und auf bestehende Geschäfte anwenden oder neue Dienstleistungen unter Verwendung digitaler Fähigkeiten herstellen.[177] Digitale Märkte sind in hohem Maße auf Innovation angewiesen und weisen häufig kurze Produktzyklen sowie eine hohe Dynamik auf.[178] Zudem sind die Markteintrittsbarrieren oft niedrig.[179] Diese Merkmale gehen mit der Notwendigkeit einher, Kartellmärkte regelmäßig neu zu definieren, da ein bereits definierter relevanter Markt bald nicht mehr den wirtschaftlichen Gegebenheiten entspricht.[180] Eine weitere Besonderheit ergibt

---

174 Insbesondere ist hervorzuheben, dass KMUs durch Plattformen weitaus mehr Verbraucher als zuvor erreichen können. *Walker*, European Competition Journal 2020, S. 1, 1–2.

175 *WEF*, Competition Policy, S. 6.

176 Z.B. *Paal*, GRUR 2019, S. 43, 45.

177 *CMA*, Digital Markets Strategy, S. 5. Siehe auch mit Bezug auf den digitalen Binnenmarkt: *Kommission*, Online-Plattformen im Digitalen Binnenmarkt: Chancen und Herausforderungen im Digitalen Europa v. 25.5.2016, KOM (2016) 288 endg.

178 *CMA*, Digital Markets Strategy, S. 5.

179 *Monopolkommission*, Sondergutachten 2015, Rn. 19.

180 *Pitofsky*, Columbia L Rev 1990, S. 1805, 1812.

sich aus der schnellen und kostengünstigen Produktdifferenzierung.[181] Da die Digitalisierung die Grenze zwischen Offline- und Online-Geschäften weiter verwischt,[182] könnten Konzepte wie digitale Märkte zukünftig unerheblich werden.[183]

Zusätzliche Probleme ergeben sich bei der Marktdefinition von Plattformmärkten. In mehrseitigen Märkten wäre es unangebracht, mehrere isolierte Produktmärkte zu unterscheiden, da sie isoliert nicht richtig verstanden werden können.[184] Problematisch sind auch Szenarien, in denen ein digitaler Dienst einer bestimmten Kundengruppe kostenlos zur Verfügung gestellt wird.[185] Bei der Definition des relevanten Marktes kann die (angeblich) freie Seite des Marktes entweder Teil des Plattformmarktes sein, der aus den beiden Marktseiten besteht, oder sie könnte als einer der beiden getrennten relevanten Märkte konzipiert werden, die zusammen die Plattform bilden.[186] Ähnliche Probleme ergeben sich in Bezug auf die Rolle von Daten in diesen Märkten: Wie *Evans* feststellt, ist der Wert von Daten schwer zu bestimmen und kann als nahe Null angesehen werden.[187] Bei einem Grundpreis von Null ist der SSNIP-Test zur Marktabgrenzung nicht mehr funktionsfähig.[188]

Der Preis stellt allerdings nur eine Dimension des Wettbewerbs dar und muss in der wettbewerbsrechtlichen Analyse mit anderen Variablen wie Qualität und Innovation verglichen werden.[189] Dadurch kann berücksichtigt werden, dass Aufmerksamkeit oder Daten des Kunden die eigentliche „Währung" in digitalen Märkten darstellen.[190] So lassen sich Marktgrenzen auch durch Messung der Auswirkungen eines kleinen, aber signifikanten und nicht vorübergehenden Qualitätsverlusts bewerten (SSNDQ-Test).[191] Kann das Zahlen des Kunden durch Daten oder Aufmerksamkeit quantifiziert werden, lässt sich

---

181 Z. B. maßgeschneiderte Verkäufe, Online-Werbung oder digitale Dienste.

182 Analysten sagen voraus, dass die digitale Wirtschaft bis 2025 fast 25% der gesamten Wirtschaft ausmachen könnte. *Huawei/Oxford Economics*, S. 7, 9.

183 *WEF*, Competition Policy, S. 5.

184 *Monopolkommission*, Sondergutachten 2015, S. 136–143.

185 Kostenlose Dienste beschränken sich i.d.R. auf eine Seite einer Plattform, während eine andere Kundengruppe, z.B. Unternehmen, die Werbung auf der Plattform platzieren, die Kosten zu tragen hat. *Robertson*, CompLRev 2017, S. 131, 134.

186 *Robertson*, CompLRev 2017, S. 131, 141.

187 *Evans*, Chicago John M. Olin Law & Economics Working Paper 2011, S. 1.

188 *Sharma*, SSNIP Test: A Useful Tool, Not a Panacea, Competition LR 2011, S. 188.

189 *Evans*, Chicago John M. Olin Law & Economics Working Paper 2011, S. 1, 13; *Bruc*, European Competition Journal 2019, S. 177, 188f.

190 *Newman*, University of Pennsylvania Law Review 2015, S. 149, 202.

191 *Gal/Rubinfeld*, Antitrust Law Journal 2016, S. 521, 551.

ein Test auf Grundlage von Kostenänderungen erstellen (SSNIC-Test).[192] Somit bleibt die Marktdefinition ein wichtiger Schritt in der kartellrechtlichen Analyse.[193]

(2) Vertikale Wettbewerbsbeschränkungen (Art. 101 AEUV)

Die bisherige Rechtsprechung illustriert zahlreiche Möglichkeiten von vertikaler Wettbewerbsbeschränkung im digitalen Zeitalter.[194] Plattformen können das Verhalten ihrer verschiedenen Anbieter (z.B. Verkäufer auf einem Marktplatz) koordinieren,[195] wobei oftmals schwierig zu entscheiden ist, ob es sich um Hub-and-Spoke-Kartelle i.S.d. Art. 101 Abs. 1 AEUV oder lediglich um vertikale Preismoderation handelt.[196] Relevant ist auch die „Preisbindung beim Wiederverkauf",[197] da die Auswirkungen dieser wettbewerbsrechtlich verbotenen Vertikalpreisbindung durch die Nutzung von Preisalgorithmen und die damit einhergehende Reaktionsverbundenheit der Onlinehändler verstärkt werden.[198] Ferner zu erwähnen sind „Meistbegünstigungsklauseln", bei denen Plattformen (z.B. Online-Reisebüros) die Parität zwischen dem Preis und anderen Verkaufsbedingungen auf ihrer Plattform und der eigenen Website und den Verkaufskanälen und/oder anderen Plattformen des Anbieters (z.B. eines Hotels) anstreben.[199] „Selektive Vertriebsvereinbarungen" können die Möglichkeiten der Händler zum Online-Verkauf einschränken,[200] wie zuletzt die in der Rs. *Guess* geahndeten Werbeverbote für Online-Suchanzeigen zeigten.[201] Die

---

192 *Newman*, University of Pennsylvania Law Review 2015, S. 149, 164.

193 *Podszun*, Antitrust Bulletin 2016, S. 121, 128f.

194 Für eine Übersicht: *WEF*, Competition Policy, S. 9.

195 *Whelan*, European Competition Journal 2009, S. 823.

196 *Künstner*, GRUR 2019, S. 36, 39. Hub-and-Spoke-Kartelle bezwecken oder bewirken die Abstimmung von Preisen und anderen Wettbewerbsparametern im Dreiecksverhältnis zwischen Lieferanten und Händlern und stellen somit eine abgestimmte Verhaltensweise dar.

197 Bei der die Hersteller den Preis festlegen, zu dem ihre Produkte online verkauft werden.

198 *Künstner*, GRUR 2019, S. 36, 40. Ähnlich: *WEF*, Competition Policy, S. 9.

199 Bundeskartellamt v. 20.12.2013, Rs. B9-66/10 – *HRS*, Rn. 20. Siehe auch: *Akman*, Journal of Competition Law and Economics 2016, S. 781.

200 EuGH, Rs. C-230/16, ECLI:EU:C:2017:941 – *Coty Germany*, Rn. 29–36.

201 Kommission v. 17.12.2018, Rs. AT.40428 – *Guess*.

meisten, wenn nicht sogar alle, dieser vertikalen Beschränkungen[202] führen sowohl zu Effizienzgewinnen als auch zu Minderungen des freien Wettbewerbs.

(3) Marktmacht (Art. 102 AEUV)

Traditioneller Ausgangspunkt der Messung von Marktmacht ist der Marktanteil des untersuchten Unternehmens auf dem relevanten Markt. Dieser Ansatz muss für mehrseitige Märkte angepasst werden.[203] In mehrseitigen Märkten, in denen die Preise den Wert eines Produkts/einer Dienstleistung für die Kunden aufgrund von Netzwerkeffekten nicht umfassend widerspiegeln, sind Marktanteile sehr volatil und weniger aussagekräftig in Bezug auf nachhaltige Marktmacht.[204] Auf solchen Märkten ist Innovation oftmals der wichtigere Wettbewerbsparameter.[205] Zudem kann die Konzentration auf einer Seite des Marktes den Grad der Marktmacht über- oder unterschätzen, wenn der Einfluss der Wettbewerbsbedingungen auf der anderen Seite nicht bewertet wird.[206] Das Multihoming durch Kunden ist zu berücksichtigen, da es die durch Netzwerkeffekte hervorgerufene Konzentrationstendenz ggf. überwinden kann.[207] Die Marktstellung der Wettbewerber, die Markteintrittsbarrieren und die gegenläufige Nachfragemacht sind ebenfalls entscheidende Kriterien für die Messung der Marktmacht.[208] In der Praxis hat sich herausgestellt, dass in digitalen Märkten eher Wettbewerb *um* den Markt als Wettbewerb *in* dem Markt herrscht.[209]

Aufgrund der oben beschriebenen Netzwerkeffekte besteht die weit verbreitete Auffassung, dass digitale Märkte zu einer Konzentration oder sogar zu natürlichen Monopolen neigen.[210] So wird befürchtet, dass datengesteuerte Märkte zu einem Ergebnis führen können, bei dem der Gewinner alle Marktanteile erhält, wenn weitere Konzentration ein wahrscheinliches Ergebnis von Markterfolg ist.[211] Dies wird insbesondere bei KI-basierten Feedback-Loops

---

202 Die Unterscheidung zwischen vertikalen und horizontalen Wettbewerbsbeschränkungen wird bei Plattformen aufgrund ihrer marktübergreifenden Aktivitäten zunehmend verwischt. *WEF*, Competition Policy, S. 9.

203 *Collyer/Mullan/Timan*, CPI Antitrust Chronicle 2017, S. 1.

204 *Robertson*, CompLRev 2017, S. 131, 133; *Ahlborn/Evans/Padilla*, ECLR 2001, S. 156, 162.

205 *Monopolkommission*, Sondergutachten, Rn. 8.

206 *OECD*, Background Note, S. 21.

207 *OECD*, Background Note, S. 23.

208 *WEF*, Competition Policy, S. 10.

209 *Geroski*, Journal of Industry, Competition and Trade 2003, S. 151, 152.

210 *WEF*, Platforms and Ecosystems, S. 16.

211 *Bruc*, European Competition Journal 2019, S. 177, 206.

deutlich: Je mehr Daten ein dominantes Unternehmen besitzt, desto mehr verbessert sich seine KI (was wiederum die angebotenen Produkte oder Dienstleistungen verbessert). Als entscheidender Informationsknotenpunkt verfügen Plattformen zudem über erhebliche Verhandlungsmacht zwischen Anbietern und Verbrauchern.[212] Empirische Ergebnisse bestätigen, dass eine rasche Selbstkorrektur in Märkten, die von digitalen Plattformen dominiert werden, nicht zu erwarten ist.[213] Allerdings ist zu beachten, dass starke Netzwerkeffekte diese Märkte nicht nur konzentriert, sondern auch effektiv machen. Bislang gibt es keinen klaren Maßstab für eine effiziente Marktstruktur auf den Märkten für Plattformen.[214] Dieser Punkt wird eine entscheidende Rolle bei der Bewertung der jüngsten Reformvorhaben spielen (vgl. F.III).

In jedem Fall liegt mit Marktmacht noch kein zu ahndender Tatbestand gemäß Art. 102 AEUV vor.[215] Einen Anhaltspunkt für daraus resultierende wettbewerbsrechtliche Verstöße liefern die jüngsten Entscheidungen im Zusammenhang mit digitalen Plattformen, die die Übertragung von Marktmacht in einen anderen Markt, Exklusivitätsvereinbarungen, Kopplung und Bündelung von Produkten, sowie die Kombination von Nutzerdaten betrafen.[216] Es ist zu erwarten, dass der Ansatz des „Ausbeutungsmissbrauches", die Rolle der Geschäftsbedingungen von Plattformen,[217] die mögliche Diskriminierung von Drittanbietern bei Plattformen mit „Doppelrolle",[218] sowie der Zugang zu Datenbanken zukünftig eine größere Rolle spielen werden.[219] Im

---

212 *Lianos/Motchenkova*, Journal of Competition Law & Economics 2013, S. 419.

213 *Stigler-Report*, S. 81.

214 *Duch-Brown*, European Commission JRC Digital Economic Working Paper 2017, S. 1, 7.

215 Art. 102 AEUV verlangt das Vorliegen einer marktbeherrschenden Stellung, wenn der Missbrauch stattfindet. Die Verhängung von Sanktionen für Monopolisierungsversuche ist aber gemäß Art. 101 AEUV im Falle vertraglicher Vereinbarungen zur Bindung von Kunden oder Geschäftspartnern möglich.

216 Drei Vertragsverletzungsentscheidungen wurden gegen Google in der EU (in Bezug auf Such- und Vergleichsshopping, Android und AdSense) und eines gegen Facebook in Deutschland (in Bezug auf Datenpraktiken) getroffen. Kommission v. 27.06.2017, AT.39740 – *Google Search (Shopping)*; Kommission v. 18.07.2018, AT.40099 – *Google Android*; Kommission v. 20.03.2019 (nicht veröffentlicht) – *Google Search (AdSense)*; Bundeskartellamt v. 06.02.2019, Rs. B6-22/16 – *Facebook*. Für die Übertragung von Monopolmacht in Sekundärmärkt, siehe: *Graef*, S. 561f.; *Ezrachi/Stucke*, S. 310f., Fn. 29.

217 *WEF*, Competition Policy, S. 11.

218 *Kommission*, Pressemitteilung Amazon 2019.

219 *Mandrescu*, European Competition Law Review 2017, S. 410.

Schrifttum wird gefordert, die wettbewerbsrechtliche Intervention gegen Plattformen durch eine Verengung der Marktdefinition, strengere Regeln für einseitiges Verhalten, die Vermeidung des Rahmens für die Marktbeherrschung insgesamt oder die Ahndung von Strategien zur Verhinderung des Multi-Homing zu erleichtern.[220] Manche, aber nicht alle, dieser Forderungen wurden vom DMA-Entwurf der Kommission aufgegriffen (vgl. F.II).

(4) Fusionskontrolle (FKVO)

Aufgrund der angesprochenen Netzwerkeffekte sind die Eintrittsbarrieren auf digitalen Märkten vergleichsweise hoch, weshalb die sozialen Kosten einer unsachgemäßen Fusionsfreigabe vermutlich höher sind als auf traditionellen Märkten.[221] Dennoch wurde keine einzige der über 400 Übernahmen, die GAFAM insgesamt zwischen 2008–18 tätigten, von Wettbewerbsbehörden blockiert.[222] Die Literatur diskutiert kontrovers, ob es sich dabei zumindest teilweise um sog. „Killer-Akquisitionen" handelte.[223] Die Gefahr für den Wettbewerb geht davon aus, dass marktbeherrschende Plattformen Startups mit einem schnell wachsenden Nutzerkreis aufkaufen, bevor die Auswirkungen im Rahmen der EU Fusionskontrolle (FKVO)[224] überprüft werden können.[225]

Für die Fusionskontrollprüfung ergeben sich insbesondere zwei Probleme. Erstens erfüllen die Übernahmen von Startups durch etablierte Technologieunternehmen nicht immer die umsatzabhängigen Schwellenwerte, die

220 Für eine Zusammenfassung: *Deutscher Bericht*, S. 62ff., 157f.

221 *Lear*, S. xiv.

222 *Furman-Report*, S. 12.

223 Bei Zusammenschlüssen wie *Facebook/WhatsApp*, *Facebook/Instagram*, *Google/Waze* und *Google/Android* wurden die Ressourcen der übernommenen Unternehmen letztlich erhöht und deren Produkte weiter gefördert, argumentiert: *Bitton/Dolmans/Mostyn/Pearl*, CPI 2019. Außerdem ist Art. 102 AEUV nach der Rechtsprechung in *Tetra Pak II* und *Continental Can* flexibel genug ist, um echte „Killerkäufe" aufzufangen. *Dolmans/Pesch*, CLPD 2019, S. 1, 8. Für die diesbezügliche Rechtsprechung: EuGH, Rs. T-51/89, ECLI:EU:T:1990:41 – *Tetra Pak*; EuGH, Rs. 6/72, ECLI:EU:C:1973:22 – *Continental Can*.

224 Verordnung Nr. 139/2004 des Rates vom 20. Januar 2004 über die Kontrolle von Unternehmenszusammenschlüssen (Abl. L024 vom 29.01.2004, S. 1 - 22, fortan: „FKVO").

225 *BMA/ACM/CDLCL*, S. 2. Für diese Kritik, exemplarisch gezeigt an Facebooks Übernahmen, vgl. auch: *Glick/Ruetschlin*, Institute for New Economic Thinking Working Paper 2019.

eine Fusionsprüfung und/oder Meldepflicht auslösen.[226] Zweitens hängt die wettbewerbliche Würdigung des Zusammenschlusses von der kontrafaktischen Situation ab, die sich ohne die Übernahme ergeben hätte, aber in dynamischen Märkten nur mit großer Unsicherheit prognostiziert werden kann.[227]

Neben einer verstärkten Durchsetzung der Fusionskontrolle innerhalb des derzeitigen Rahmens[228] wurde deshalb vorgeschlagen, die Fusionskontrolle durch die Erfassung von mehr Transaktionen (z.B. durch Änderung der Schwellenwerte),[229] strengere Fusionskontrollstandards oder die Einführung einer ex-post Kontrolle zu reformieren.[230] Insbesondere Stimmen in der angelsächsischen Literatur fordern eine strengere Kontrolle vertikaler Zusammenschlüsse,[231] die bislang als ökonomisch vorteilhaft bewertet wurden.[232] Demgegenüber verweisen einzelne Autoren auf die Notwendigkeit einer glaubhaften „exit"-Strategie zur Generierung von Risikokapital[233] und die möglichen technischen Synergien und spill-overs, die im Rahmen einer „efficiency defense" zugunsten solcher Aufkäufe von Startups angeführt werden können.[234] Obwohl viele dieser Vorschläge von Stakeholdern als auch den Sonderberatern der Kommission aufgenommen wurden, spielten sie letztlich keine große Rolle in den jüngsten Reformvorhaben.

IV. Zwischenergebnis

Die meisten Geschäftsmodelle digitaler Plattformen, basierend auf großen Datensätzen und selbstlernenden Algorithmen, führen sowohl zu positiven als auch negativen Auswirkungen auf den freien Wettbewerb sowie die Konsumen-

226 *Furman-Report*, S. 94.

227 *Walker*, European Competition Journal 2020, S. 1, 7.

228 Für eine Auflistung: *Salop*, Yale L.J. 2018, S. 1962, 1963–66.

229 Z.B. die jüngst eingeführten § 35 Abs. 1a GWB sowie § 9 Abs. 4 des österreichischen KartG. Die Schwellen des § 35 Abs. 1a GWB und des § 9 Abs. 4 KartG sind subsidiär zu den umsatzbasierten Kriterien des § 35 Abs. 1 GWB und § 9 Abs. 1–3 KartG anzuwenden.

230 *Lear*, S. xii–xiv.

231 *Khan*, Yale L.J. 2017, S. 710, 797, argumentiert dass ein Verbot der vertikalen Integration für marktbeherrschende Plattformen einige Wettbewerbsbedenken wie den Schaden für andere Einzelhändler und den Schaden für Verbraucher verhindern würde; aA *Shapiro*, Int'l J Indus Org 2018, S. 714, 740f; *Wright/Dorsey/Rybnicek/Klick*, Ariz. St. L.J. 2019, S. 293, 341–43.

232 Für eine empirische Übersicht: *Lafontaine/Slade*, J Econ Literature 2007, S. 629.

233 *Sokol*, Florida Law Review 2018, S. 1357; *WEF*, Competition Policy, S. 12.

234 *Kokkoris/Valletti*, Journal of Competition Law & Economics 2020, S. 1, 32–34.

tenwohlfahrt. Erschwerend kommt hinzu, dass die positiven Effekte tendenziell statischer und die negativen Effekte eher dynamischer Art sind.[235] Im Ergebnis ist somit i.d.R. eine Abwägungsentscheidung durch die Wettbewerbsbehörde zu treffen. Nach dieser Übersicht zu den grundlegenden Problemkreisen und Meinungsstreits widmet sich der folgende Teil den speziellen Argumenten, die von verschiedenen Stakeholdern im Rahmen der von der Kommission organisierten Konferenz zur „Gestaltung der Wettbewerbspolitik im Zeitalter der Digitalisierung" eingereicht wurden.

235 Es ist zu beachten, dass dynamische Effizienz empirisch schwieriger zu erfassen ist.

C. Stakeholder-Beiträge

Dieser Abschnitt umfasst die zentrale Analyse der von den Stakeholdern verfassten Vorschläge zur Reform des EU-Wettbewerbsrechts angesichts der Herausforderungen der Digitalisierung. Dazu werden zunächst die Konferenz und die formalen Vorgaben des „Call for Contributions" vorgestellt (I). Danach wird basierend auf deskriptiven Statistiken nachgezeichnet, welche Akteure, Sektoren, Länder und thematische Schwerpunkte vertreten waren (II). Durch die anschließende computergestützte Schätzung eines sog. Structural Topic Models (STM) wird es möglich, die wichtigsten Reformvorschläge der Debatte zu identifizieren (III). Um die so gewonnenen Ergebnisse zu stützen, untersucht und bewertet der abschließende Abschnitt die zentralen Beiträge im Detail (IV).

I. Kontext und formale Vorgaben

Die Kommission veranstaltete am 17. Januar 2019 eine Konferenz zum Thema „Gestaltung der Wettbewerbspolitik im Zeitalter der Digitalisierung", die als Bestandteil eines umfassenderen Arbeitsablaufs u.a. als Vorbereitung für den in der Einleitung erwähnten Expertenbericht fungierte. Vor diesem Hintergrund bat die Kommission um bis zu zehn Seiten lange Beiträge von Akteuren, die „an der Digitalisierung der Wirtschaft beteiligt oder davon betroffen sind," um die legislative Ideenfindung durch Betroffeneneinbindung zu verbessern.[236] Insgesamt wurden 108 Beiträge von unterschiedlicher Länge und Qualität eingereicht, mit einer Gesamtmenge von 901 Seiten.[237] Als Grundlage für Konferenz und Expertenbericht leisteten die Beiträge, so die Kommission, „einen wertvollen Beitrag" für ihre Arbeit.[238]

---

236 Der „Call for Contributions" wurde am 6. Juli 2018 veröffentlicht. Die Beiträge sollten nicht länger als 10 Seiten oder 4.000 Wörter sein und bis zum 30.09.2018 per E-Mail geschickt werden. Den Befragten wurde empfohlen, ihre Beiträge auf der Website der Kommission zu veröffentlichen. Im Falle von vertraulichen Informationen oder persönlichen Daten sollte eine nicht-vertrauliche Fassung des Beitrags vorgelegt werden. Allerdings finden sich unter den veröffentlichten Beiträgen auch Dokumente, die als vertraulich markiert sind.

237 Beiträge: https://ec.europa.eu/competition/scp19/media_en.html (letzter Abruf: 15.05.2020).

238 Call for Contributions: https://ec.europa.eu/competition/scp19/ (letzter Abruf: 15.05.2020).

Die Konferenz wurde positiv rezipiert und gilt als „Meilenstein“[239] in Vestagers Amtszeit.[240] Neben einer Grundsatzrede von *Tirole* war die Konferenz entlang einer Reihe von Podiumsdiskussionen ausgerichtet, die den Stakeholdern eine thematische Orientierung zur Formulierung ihrer Beiträge geben sollten. Das erste Panel beschäftigte sich vor dem Hintergrund aktueller technologischer Entwicklungen wie 5G, Internet der Dinge und vernetzte Autos mit „Wettbewerb, Daten, Datenschutz und KI“. Dabei wurden v.a. die in Teil B besprochenen wettbewerbsrechtlichen Problemkreise der relevanten digitalen „Inputs“ – Daten und Algorithmen – besprochen. Ein Schwerpunkt lag auf Daten, insbesondere Varianten eines mandatierten Datenzugangs.[241] Panel 2 beschäftigte sich mit der „Marktmacht der digitalen Plattformen“ und damit den in Teil B angesprochenen Problemkreisen der digitalen „Outputs“. Hierbei wurden insbesondere die Übertragung von Marktmacht auf Sekundärmärkte sowie Faktoren, die ein „Multihoming“ der Konsumenten erschweren, diskutiert. Panel 3 beschäftigte sich schließlich mit der „Erhaltung der digitalen Innovation durch die Wettbewerbspolitik“ und behandelte somit eine Querschnittsthematik, die bei der objektiven Rechtfertigung einer Wettbewerbsbeschränkung eine wichtige Rolle spielt.[242] Der Fokus auf neuartigen Schadenstheorien, die auf einen Innovationsverlust oder Verlust von „potenziellem Wettbewerb“ hinweisen, nahm ein zentrales Element des späteren Expertenberichtes vorweg und ist im Einklang mit Publikationen zentraler GD COMP Mitarbeiter.[243] Die tatsächliche Konferenz beinhaltete außerdem ein weiteres, nicht angekündigtes Panel zum Thema „Wettbewerb mit Daten – eine Unternehmensperspektive“.[244] Die explizite Hinzunahme einer „Unternehmensperspektive“, die durch Vertreter der *Allianz*

239 Vgl. folgende Pressemitteilung: http://www.jura.hhu.de/dozenten/podszun/nachrichten/prof-podszun-in-bruessel-eu-kommission-diskutiert-die-zukunft-des-kartellrechts.html (letzter Abruf: 15.05.2020).

240 Eine Videoaufzeichnung ist hier abrufbar: https://webcast.ec.europa.eu/shaping-competition-policy-in-the-era-of-digitisation# (letzter Abruf: 15.05.2020).

241 Auch rechtsgebietsübergreifende Aspekte wie die Frage, in welcher Weise Datenschutzbedenken die wettbewerbliche Beurteilung beeinflussen sollten, wurden erwähnt.

242 Mit der Ausnahme von bezweckten Wettbewerbsbeschränkungen.

243 *Kokkoris/Valletti*, Journal of Competition Law & Economics 2020, S. 1, 32–34.

244 https://ec.europa.eu/competition/information/digitisation_2018/files/programme.pdf (letzter Abruf: 15.05.2020).

und von *Vodafone* beschrieben wurde, reflektiert das Bestreben der Kommission, auf Bedenken der Stakeholder einzugehen (vgl. D).

Insgesamt sollten Beiträge, Konferenz und Expertenbericht den „laufenden Reflexionsprozess" der Kommission unterstützen, insbesondere durch Identifizierung von Problemen und Lösungen.[245] Ziel war, die wichtigsten bevorstehenden digitalen Herausforderungen und ihre Auswirkungen auf das EU-Wettbewerbsrecht zu ermitteln. Damit weist dieser Konsultationsprozess Parallelen zu den mittlerweile üblichen „Folgenabschätzungen" im Rahmen der Besseren Rechtsetzung-Agenda der Kommission auf (vgl. D.I), die Argumente und Evidenz zusammentragen, die dann im Laufe des legislativen Prozesses von Parlament, Gericht und Kommission verwendet werden.[246] Die folgenden Abschnitte identifizieren und diskutieren die wichtigsten der vorgebrachten wettbewerbsrechtlichen Probleme, Argumente und Reformvorschläge.

II. Deskriptive Statistiken

Mit einer Auswahl an deskriptiven Statistiken lassen sich die wichtigsten Eigenschaften der erhobenen Beiträge quantifizieren und visualisieren.[247] Hierfür war deren Erfassung mittels *Optical Character Recognition* (OCR) und Zusammenführung in einem maschinenlesbaren Korpus erforderlich.[248] Insgesamt wurden 108 Beiträge mit einer Gesamtlänge von 901 Seiten eingereicht, wobei die Länge einzelner Beiträge von einer Seite bis zu 25 Seiten variiert (Mittelwert: 8 Seiten). Fast alle Beiträge wurden auf Englisch verfasst.[249] Nach ihrer Klassifizierung (1) lassen sich die Beiträge nach institutionellem, geographischem und sektoralem Kontext einordnen (2). Eine erste thematische Orientierung bieten die Berechnungen verschiedener Wortmetriken (3).

1. Klassifikatorische Vorgehensweise

Die Literatur zu Interessengruppen verwendet leicht unterschiedliche, aber im Großen und Ganzen bewährte Kategorien zur Klassifizierung derselben. Die Unterscheidung zwischen Stakeholdern reflektiert, wie sich politische Ziele und

---

245 So der oben zitierte "Call for Contributions".

246 *Dunlop/Radaelli*, European Journal of Risk Regulation 2015, S. 27.

247 Zur Rolle von deskriptiven Statistiken: *Coupette/Fleckner*, JZ 2018, S. 379, 385f.

248 Dafür wurde auf die Software *Adobe Fine Reader* zurückgegriffen.

249 Zwei Beiträge wurden auf Französisch eingereicht (*AFEC*; *Bonnet/Hartmann/Herzog*). Im Folgenden wird auf individuelle Beiträge über den Autornamen verwiesen.

Strategien der Akteure unterscheiden.[250] *DeNardis/Raymond* definieren vier Kategorien von Stakeholdern: Staaten; formelle zwischenstaatliche Organisationen; Unternehmen; sowie NGOs und andere Vertreter der Zivilgesellschaft.[251] Eine etwas feingliederige Einteilung unterscheidet zwischen Regierungen, Privatwirtschaft, Zivilgesellschaft, Akademikern und Technologiesektor.[252] Die hier gewählte Klassifizierung nach institutionellem Hintergrund des Stakeholders lehnt sich an die Kategorien von Stakeholdern im Rahmen der „Folgenabschätzungen" der Kommission an.[253] Diese unterscheiden in der Regel nach öffentlicher Autorität, NGO, Akademiker oder Industrie.[254] Entsprechend werden alle eingereichten Beiträge nach folgenden Kategorien klassifiziert: öffentliche Autorität (*Gericht*, *Wettbewerbsbehörde* oder andere *regulatorische Behörde*), Zivilgesellschaft (*NGO*, *Think Tank*, *Arbeitnehmervertreter* oder *Individuum*), Akademiker (*Akademiker*) oder Industrie (einzelne *Unternehmen*, *Industrievertreter* oder *Rechtsanwalt*).

Die gewählten Kategorien sind aufgrund der in der Einleitung angesprochenen Lobbyismus-Bemühungen des digitalen Sektors nicht immer trennscharf. Ein gutes Beispiel bietet der Beitrag von *Stylianou*, den dieser in seiner akademischen Funktion als Dozent an der Rechtsfakultät der Universität Leeds einreichte und deshalb als „akademischer" Beitrag gewertet wurde. Allerdings gibt der Autor in einer Fußnote an, dass er im Jahr 2016 Beratungsdienste für Google erbracht habe.[255] Zwar betont er, dass seine geäußerten Ansichten persönlich seien, kommt aber wenig überraschend zu dem Ergebnis, dass die digitale Wertschöpfungskette mit ihren zahlreichen vertikalen Beziehungen so „komplex" sei, dass sie damit die „nach traditionellem Verständnis [...] gleiche Funktion wie Konkurrenten"[256] ausübe und die Marktmacht einzelner Unternehmen ausreichend beschränke. Ein ähnlich gelagertes Beispiel stellt der Beitrag von *Dolmans/Turner/Zimbron* dar. Da alle drei Autoren für Cleary Gottlieb

---

250 *Van den Abeele*, ETUI 2015, S. 1, 25.

251 *DeNardis/Raymond*, Governance, S. 9. Zitiert nach: *Savary*, S. 81.

252 *Savary*, S. 81.

253 Übersicht bei: *Impact Assessment Institute*, S. 30.

254 Z.B. *Kommission*, Impact Assessment, Proposal for a Directive of the European Parliament and of the Council on the promotion of the use of energy from renewable sources v. 30.11.2016, SWD (2016) 418, S. 32; *Kommission*, Impact Assessment, Proposal for a Directive of the European Parliament and of the Council on rules for the internal market in electricity etc. v. 30.11.2016, SWD (2016) 410, S. 252.

255 *Stylianou*, S. 1, Fn. 1.

256 *Stylianou*, S. 7.

Stehen & Hamilton in London arbeiten, wird der Beitrag unter „Rechtsanwalt" klassifiziert. Die Autoren geben an, dass sie mit zahlreichen großen Kunden im IT-Sektor, einschließlich Google, arbeiten[257] und werben in ihrem Beitrag absehbar für „marktgetriebene Lösungen". Klassifizierungsprobleme ergeben sich auch bei einigen NGOs.[258]

Bei dieser mangelnden Trennschärfe handelt es sich um ein generelles Problem, das nicht nur das hier behandelte Konsultationsverfahren betrifft, sondern vielmehr charakteristisch für den aktuellen „Markt" der Kartellrechtsdurchsetzung in der digitalen Wirtschaft ist, insbesondere in den USA. Beispielsweise wurde vor kurzem bekannt, dass *Morton*, eine einflussreiche Yale-Professorin und ehemalige stellvertretende Generalstaatsanwältin der US-amerikanischen Kartellbehörde, Beratungsdienste für Apple und Amazon erbrachte, während sie gleichzeitig, ohne dies offenzulegen, als Co-Autorin an den Verfahren der Regierung gegen Google und Facebook mitwirkte.[259] *Singer* hat Hunderte von Mitarbeitern des US-Kongresses und der US-Aufsichtsbehörden identifiziert, die mittlerweile zu Amazon, Facebook und Google gewechselt haben, und argumentiert, dass es im öffentlichen Interesse liege, diese „revolving door" stärker zu kontrollieren.[260] Auch in Europe gibt es, wie einleitend angemerkt, eine zunehmende Vermischung von akademischer Arbeit und deren Finanzierung durch GAFAM-Unternehmen.[261] Notwendig erscheinen somit mehr Transparenzvorschriften, geänderte Anreize für Akademiker und Mitarbeiter in Aufsichtsbehörden sowie ein genereller Kulturwandel.[262] Diese Problematik wird bei der qualitativen Analyse der Beiträge noch weiter veranschaulicht werden (vgl. C.IV.3) und im Schlussteil (vgl. Teil G) wieder aufgegriffen.

---

257 *Dolmans/Turner/Zimbron*, S. 1.

258 So gibt es Differenzen in Bezug auf Transparenz, Organisationsgrad, persönlicher Integrität und der Bewertung der Gemeinwohlorientiertheit. Siehe *Polk*, Spiegel Online 2017. Ein gutes Beispiel der hier vertretenen Stakeholder ist die Dachorganisation *FairSearch*, die u.a. als Verbraucherschutzorganisation und „Google-Wachhund" charakterisiert wurde. Da viele ihrer Mitglieder Konkurrenten von Google sind, wurde sie als „Industrievertreter" klassifiziert.

259 *Dayen*, The American Prospect 2020.

260 *Singer*, The American Prospect 2020.

261 *Clarke/Williams/Swindells*, New Statesman 2021.

262 *Hauser/Moran/Beaty*, Washington Monthly 2020.

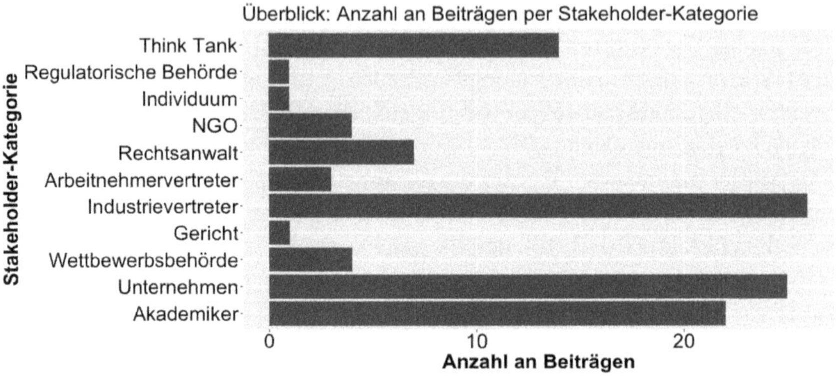

Abbildung 1: Anzahl an Beiträgen per Stakeholder-Kategorie.

2. Institutioneller, geographischer und sektoraler Hintergrund

Nach erfolgter Klassifizierung beginnt dieser Abschnitt mit einem visuellen Überblick zu Anzahl und Länge der eingereichten Beiträge. Wie sich Abbildung 1 entnehmen lässt, stammen die meisten Beiträge von Industrievertretern (26), Unternehmen (25) sowie Akademikern (23). Demgegenüber erscheinen Vertreter der Zivilgesellschaft unterrepräsentiert (Arbeitnehmervereinigungen: 3, NGOs: 4, Think Tanks: 14). Neben den eingeführten Stakeholder-Kategorien gibt es einen einzigen von einem Bürger eingereichten Beitrag.[263] Dies bestätigt die Analyse von *Ranchordás*, die feststellt, dass der derzeitige technokratische Ansatz für Konsultationen den meisten Bürgern nicht zugänglich ist.[264]

Allerdings richtet sich der Einfluss einer bestimmten Interessengruppe nicht nur nach der absoluten Anzahl an eingereichten Beiträgen, sondern auch nach deren Länge.[265] Abbildung 2 illustriert die Spannweite sowie die durchschnittliche Länge der Beiträge, erneut sortiert nach institutionellem Hintergrund der

263 Dies ist der Beitrag von *Frisch*. Ein weiterer individuell eingereichter Beitrag stammt von *de Moncuit*, der aber seit 2014 als „référendaire" am Gerichtshof der Europäischen Union in Luxemburg tätig ist und dessen Beitrag daher unter *Gericht* klassifiziert wurde.

264 *Ranchordás*, European Journal of Law Reform 2017, S. 52.

265 Es ist zu erwarten, dass längere Beiträge tendenziell komplexere Argumentationen entwickeln und detaillierte Evidenz anführen und somit eine höhere Wahrscheinlichkeit besitzen, im späteren Expertenbericht reflektiert zu werden.

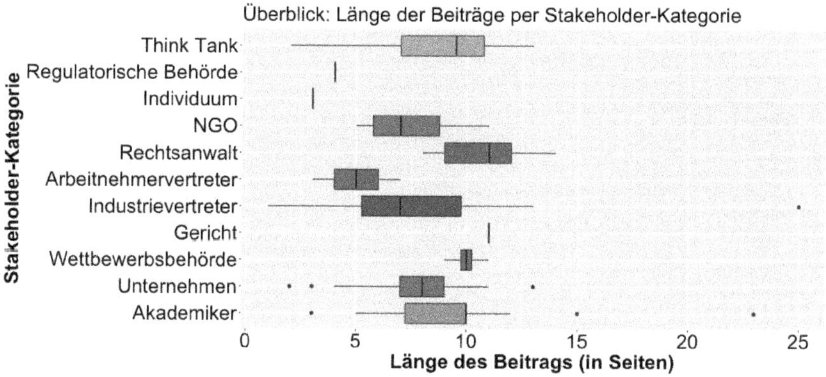

Abbildung 2: Länge der Beiträge per Stakeholder-Kategorie.

Stakeholder. Demnach haben sich fast alle Stakeholder im Durchschnitt an die vorgegebenen 10 Seiten gehalten (Ausnahme: Rechtsanwälte).

Neben einer Aufschlüsselung nach institutionellem Hintergrund lassen sich die eingereichten Beiträge nach geographischem Ursprung und betroffenem Sektor klassifizieren (Abbildung 3). Wie sich dem resultierenden visuellen Überblick entnehmen lässt, stammen die meisten Beiträge von europaweit agierenden Stakeholdern (26) oder von Interessengruppen, die in einem der drei großen europäischen Länder (England: 15, Deutschland: 14, Frankreich: 11) beheimatet sind. Allerdings gibt es auch zahlreiche Beiträge internationaler Stakeholder (17), mit einem Schwerpunkt in den USA (8).

Aufgrund der Prominenz großer Plattformen wie Google ist zudem fraglich, wie sich das Verhältnis zwischen nationalen und multinationalen Unternehmen gestaltet (Abbildung 4). Eine ausschließliche Betrachtung der von Unternehmen eingereichten Beiträge zeigt insgesamt mindestens acht multinational agierende Unternehmen (International: 4, USA: 4).

Die Lobbying-Literatur geht davon aus, dass der regulatorische Schutz bei steigendem Anteil multinationaler Unternehmen sinkt[266] und dass letztere einen tendenziell geringeren, aber dennoch signifikanten politischen Einfluss

266 Mit zunehmender Konkurrenz durch multinationale Unternehmen profitieren nationale Unternehmen weniger vom Handelsschutz, was ihre Anreize für Lobbyarbeit reduziert. *Hillman/Ursprung*, Int. Econ. Rev. 1993, S. 347. Siehe auch: *Grossman/Helpman*, in: Feenstra/Grossman/Irwin, S. 199–223.

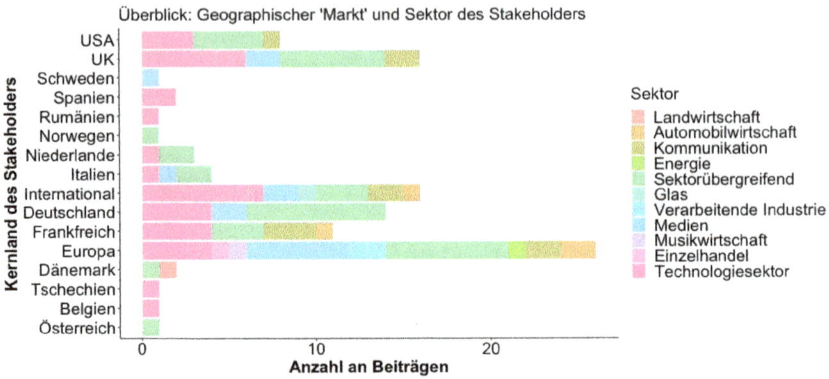

Abbildung 3: Geographischer „Markt" und Sektor des Stakeholders.

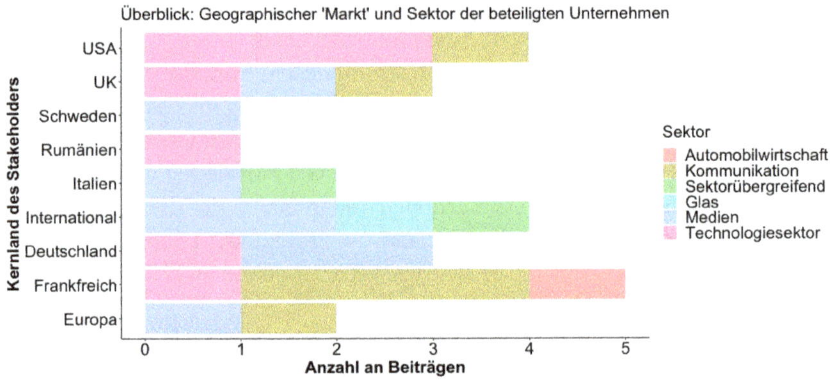

Abbildung 4: Geographischer „Markt" und Sektor der beteiligten Unternehmen.

besitzen.[267] Es ist also zu prüfen, inwieweit sich der Einfluss der Beiträge, die als amerikanisch oder international klassifiziert wurden, von dem Einfluss der Beiträge europäischer Stakeholder unterscheidet.

---

267 Siehe *Gawande/Krishna/Robbins*, Rev. Econ. Stat. 2006, S. 563; *Hansen/Mitchell*, Am. Polit. Sci. Rev. 2000, S. 891.

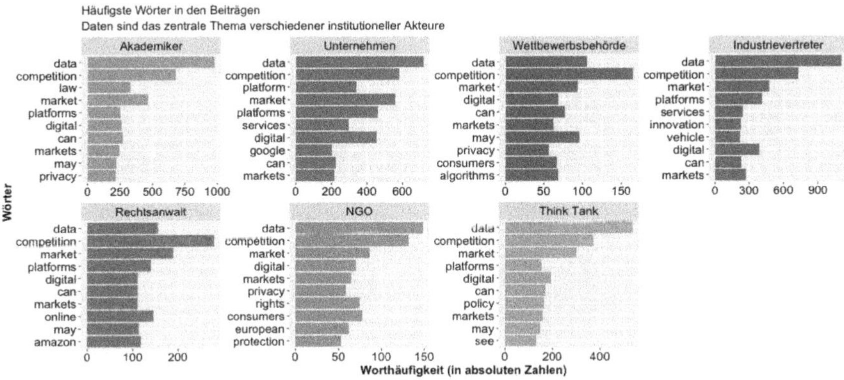

Abbildung 5: Häufigste Wörter in den Beiträgen.

3. Wortmetriken

Um einen ersten thematischen Einblick in die Stakeholder-Beiträge in ihrer Gesamtheit zu erhalten, fasst dieser Abschnitt die Berechnungen von drei Arten von Wortmetriken zusammen: absolute Worthäufigkeiten; um den „tf-idf" Faktor gewichtete Wortlisten; und Odds Ratio. Abbildung 5 beginnt mit einer Auflistung der häufigsten in den Beiträgen verwendeten Wörter per Stakeholder-Kategorie. Zunächst fällt die große Ähnlichkeit zwischen den Gruppen auf, die sich allesamt auf „data" und „platforms" (und nicht auf „algorithms") konzentrieren. Unternehmen und Rechtsanwälte betonen die „services" der digitalen Unternehmen (und Industrievertreter ihre „innovation"); das Wort „privacy" taucht nur bei Wettbewerbsbehörden und NGOs häufig auf.

Ein anderer Ansatz ist die Betrachtung der inversen Dokumentfrequenz („idf") eines Begriffs, die das Gewicht für häufig verwendete Wörter verringert und das Gewicht für Wörter erhöht, die in einer Sammlung von Texten nicht sehr häufig verwendet werden. Dies kann mit den oben berechneten Begriffshäufigkeiten kombiniert werden,[268] um den „tf-idf"-Wert eines Wortes zu berechnen.[269] Die Berechnung von „tf-idf" identifiziert diejenigen Wörter, die in einem Text wichtig sind, aber nicht allzu häufig vorkommen.

---

268 Die beiden Größen werden miteinander multipliziert.

269 Der tf-idf-Wert findet die für den Inhalt jedes Dokuments wichtigen Wörter, indem das Gewicht für häufig verwendete Wörter verringert wird. *Silge/Robinson*, Kap. 3.3.

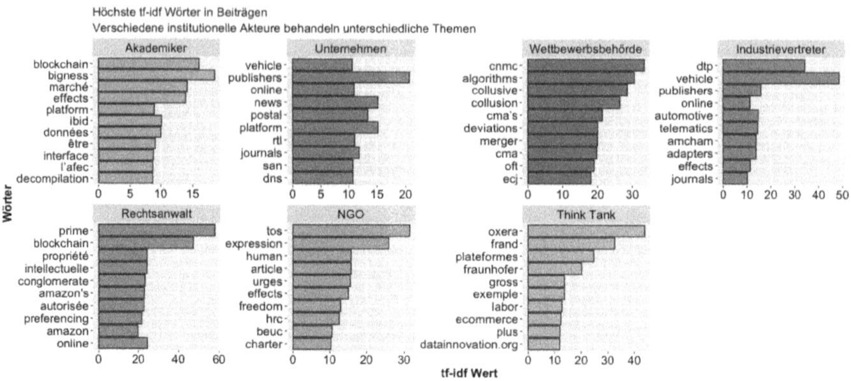

Abbildung 6: Höchste tf-idf Wörter in den Beiträgen.

Dementsprechend erlaubt eine Visualisierung der Ergebnisse (Abbildung 6), spezifischere Aussagen zu den charakteristischen Prioritäten der verschiedenen Stakeholder zu tätigen. Akademische Beiträge unterscheiden sich demnach vor allem durch ihren Fokus auf die Blockchain-Technologie („blockchain/s", „bitcoin) und „bigness", letzteres ein zentraler Begriff der plattformkritischen *New Brandeisians* Schule (vgl. E.II.1). Im Gegensatz zu dem datenrechtlichen Fokus der anderen Stakeholder konzentrierten sich Wettbewerbsbehörden insbesondere auf das Phänomen der algorithmischen Kollusion, popularisiert durch die Arbeiten von *Ezrachi/Strucke* (vgl. B.II.3b). Die diverse Wortliste der von Rechtsanwälten eingereichten Beiträge umfasst u.a. das Phänomen des „Self-Preferencing", das im Expertenbericht hervorgehoben wird (vgl. E.I.1.a).

Angesichts der eingangs aufgeworfenen Lobbyismus-Problematik soll schließlich mittels der „Log Odds Ratio" untersucht werden, welche Wörter mehr oder weniger wahrscheinlich auf Argumente von Beiträgen der Unternehmen zurückgehen.[270] Als Kontrastgruppe werden die akademischen Beiträge verwendet.[271] Das Ergebnis deutet an, dass sich Unternehmen v.a. auf eine praktische Beschreibung ihrer Geschäftsmodelle beschränkten („subscription",

270 *Silge/Robinson*, Kap. 7.3.

271 Zunächst werden die Worthäufigkeiten für diese beiden Gruppen berechnet und für alle Wörter, die mehr als 25 Mal verwendet werden, wird anschließend die „log odds ratio" berechnet, wobei die Summe die Gesamtzahl der Wörter für jede Gruppe angibt.

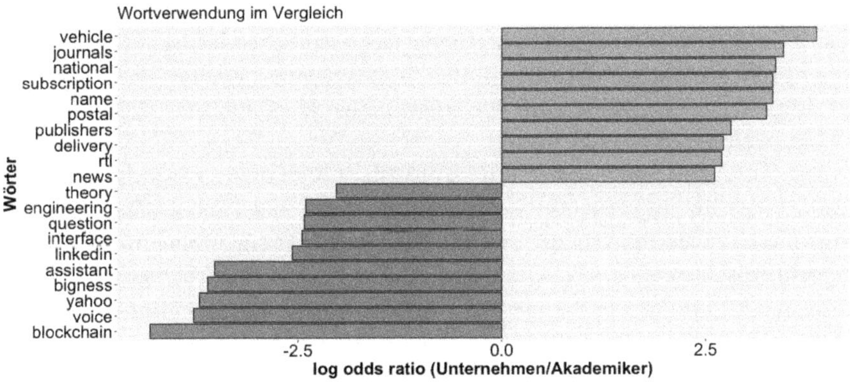

Abbildung 7: Wortverwendung im Vergleich: Unternehmen/Akademiker (Log Odds Ratio).

„publishers", „delivery" etc.), während sich Akademiker neben dem bereits erwähnten Fokus auf „blockchain" und „bigness" mit den Grundlagen dieser Geschäftsmodelle (siehe auch „theory", „interface", „engineering") beschäftigten (Abbildung 7). Die Erwähnung von „adwords" in der Liste der wahrscheinlichsten unternehmerischen Wörter deutet an, dass die Unternehmen Googles Dominanz auf dem Online-Werbemarkt beklagten (vgl. C.IV.1).

III. Quantitative semantische Analyse

Vor der quantitativen Inhaltsanalyse ist eine kurze Bemerkung zur methodischen Vorgehensweise angebracht. Prinzipiell sind zwei Zugänge im Rahmen der quantitativen Rechtswissenschaft unterscheidbar: entweder kann nach manuell festgelegten Stichworten gesucht (und deren Häufigkeit visualisiert oder qualitativ ausgewertet) werden oder ein selbstständiger Algorithmus kann Wörter oder ganze Themenblöcke nach bestimmten Merkmalen wie Häufigkeit oder statistischer Signifikanz identifizieren, ohne dass manuelle Vorgaben erforderlich sind (und die Analyse bezieht sich dann auf die so identifizierten Wörter/Themen). Beide Zugänge haben ihre Vor- und ihre Nachteile.[272] Allgemein ist zu empfehlen, erstere Methode zu verwenden, wenn sich durch

272 Dies resultiert aus der Tatsache, dass es sich bei dem ersten Zugang um eine deduktive Methode handelt, beim zweiten Zugang um eine abduktive Methode. Wissenschaftstheoretiker debattieren die Vor- und Nachteile dieser beiden Arten

theoretische Überlegungen spezielle Wörter von Interesse ex-ante bestimmen lassen, während letztgenannte Methode vielversprechender ist, wenn man in einer größeren Menge an unbekannten Texte relevante Wörter/Themen objektiv identifizieren möchte, um die anschließende qualitative Diskussion zu strukturieren und zu erleichtern.

Im Folgenden wird daher ein zweistufiges Verfahren gewählt. Zunächst werden die im Rahmen des Konsultationsverfahrens eingesandten Beiträge mithilfe eines Verfahrens der zweiten Kategorie, des sog. *Topic Modelings* (1), algorithmisch strukturiert, wodurch sich die relevantesten Themenfelder identifizieren (2) und ihre Abhängigkeit von dem institutionellen Hintergrund des Stakeholders überprüfen (3) lassen. Diese Themenfelder sind statistisch definiert als bestimmte Worthäufigkeiten, d.h. Forscher interpretieren sie, indem sie die zugrundeliegenden Listen an repräsentativen Wörtern eines Themas betrachten. Diese Wörter können dann i.S.d. ersten Zugangs im späteren Vergleich mit dem Expertenbericht direkt gesucht werden, um abzuschätzen, in welchem Maße die Themen der Beiträge dort repräsentiert werden (vgl. E.I.2).

1. Topic Modeling

Topic Modeling ist ein auf Wahrscheinlichkeitsrechnung basierendes Verfahren zur Exploration größerer Textsammlungen, das auf dem von *Blei/Ng/Jordan* entwickelten Algorithmus basiert.[273] Das Verfahren erzeugt statistische Modelle (Topics) zur Abbildung häufiger gemeinsamer Vorkommnisse von Wörtern.[274] Die Methode des Topic Modeling ermöglicht es, größere Mengen an Text auf eine objektive Weise thematisch zu strukturieren. Dabei wird angenommen, dass eine Textsammlung aus unterschiedlichen Diskursen, den sog. „Topics", besteht, die in den einzelnen Texten in unterschiedlichem Maße vorkommen. Ein „Topic" ist dabei definiert als eine Gruppe von Wörtern, die in einem Text statistisch signifikant gemeinsam vorkommen. Analytisch gesehen handelt es sich bei den geschätzten Topics also um Wahrscheinlichkeitsverteilungen über das Korpus-Vokabular, inhaltlich gesehen um zentrale Ideen oder Argumente,

von methodischem Zugang seit langem und letztlich unterliegen beide Arten einer gewissen Subjektivität.

273 *Blei/Ng/Jordan*, Latent Dirichlet Allocation, Journal of Machine Learning Research 2003, S. 993; *Blei*, Probabilistic Topic Models, Communications of the ACM 2012, S. 77.

274 Konzise Übersichten bieten: *Horstmann*, forTEXT 2018; *Jannidis*, Der Deutschunterricht 2016, S. 24.

die in dem Korpus von Dokumenten (hier: Stakeholder-Beiträge) vorkommen. Anders gewendet: Ein unbeaufsichtigter maschineller Lernalgorithmus erstellt eine bestimmte Anzahl an Wortlisten, die jeweils ein kohärentes „Topic" repräsentieren, aber von dem Forschenden noch manuell zu benennen sind, basierend auf einer Interpretation der zugrundliegenden Begriffe.[275] Identifiziert der Algorithmus beispielsweise ein „Topic", das mit hoher Wahrscheinlichkeit die Wörter „Wettbewerb", „Recht", „101", „102", und „AEUV" beinhaltet, kann diesem manuell die Bezeichnung „Europäisches Wettbewerbsrecht" gegeben werden. Da der Algorithmus quantitativ angeben kann, in welchem Ausmaß dieses hypothetische Topic in jedem der einzelnen Dokumente vorkommt, erlaubt diese Methodik, einen guten Überblick über die zentralen Themen im zugrundeliegenden Korpus zu erhalten.

Im Folgenden wird eine spezielle Variante des Topic Modelings, das sogenannte Structural Topic Modeling („STM"), verwendet und mithilfe der Programmiersprache „R" auf die Gesamtheit der eingereichten Beiträge angewendet.[276] STM wurde in einer Vielzahl von unterschiedlichen sozial- und geisteswissenschaftlichen Kontexten erfolgreich eingesetzt.[277] Ziel dieser Methode ist es, die Beziehung der geschätzten „Topics" zu anderen Informationen über die zugrundliegenden Texte, sog. Metadaten, zu analysieren. Dies geschieht, indem Metadaten bei der Modellierung der „Topics" durch den Algorithmus auf zwei Weisen berücksichtigt werden. Zum einen beeinflussen die Metadaten auf Dokumentenebene direkt die Schätzung der Topics. Zum anderen erlaubt STM, dass die beobachteten Metadaten die Häufigkeit beeinflussen können,

275 Auch wenn dies notwendigerweise subjektiv ist, kann durch eine genaue Untersuchung der mit dem Topic am engsten verbundenen Wörter und eine zusätzliche Lektüre derjenigen Dokumente, die einen hohen Anteil des betreffenden Topics beinhalten, oftmals eine recht intuitive und nachvollziehbare Benennung vorgenommen werden. Die daraus resultierende Schätzung reflektiert durchaus die Semantik der zugrundeliegenden Dokumente: *Reich/Tingley/Leder-Luis/Roberts/Stewart*, Journal of Learning Analytics 2015, S. 156.

276 Für die Implementierung wurde ein eigener Code in R geschrieben, der sich an dem von *Silge/Robinson* vertretenen „tidy approach" orientiert und u.a. auf die Code-Beispiele in *Roberts/Stewart/Tingley*, Journal of Statistical Software 2019, S. 1, zurückgreift.

277 Für eine Übersicht und rechtsgeschichtliche Anwendung: *Küsters/Volkind/Wagner*, Rg 2019, S. 244. Siehe auch: *Roberts/Stewart/Airoldi*, Journal of the American Statistical Association 2016, S. 988; *Roberts et al.*, American Journal of Political Science 2014, S. 1064.

mit der ein bestimmtes Topic diskutiert wird. Hier werden die oben etablierten institutionellen Kategorien der Stakeholder als solche Metadaten verwendet.

Die Anwendung eines STMs hat im Kontext dieser Arbeit drei Vorteile.[278] Zunächst ist es bei einer Textmenge von über 900 Seiten kognitiv schwierig, alle Seiten detailliert zu analysieren und gleichzeitig einen Überblick über die gesamte Menge an Text zu behalten, um diese gliedern und vergleichen zu können. Zweitens basiert der STM Algorithmus auf unüberwachtem maschinellen Lernen, d.h. dass die Themen in einem automatischen, replizierbaren Verfahren ohne inhaltliche Vorgaben geschätzt werden. Das hierdurch höhere Maß an objektiver Themenauswahl ist angesichts der aktuell polarisierten Debatte,[279] die sich mit normativen Abwägungen zwischen Wettbewerbsintensität und Innovation auseinandersetzt, ein wichtiger Aspekt. Drittens berücksichtigt die Methode semantische Strukturen der Beiträge.[280]

2. Topics

STM geht von einer festen, benutzerdefinierten Anzahl von Themen aus. Es gibt keine „richtige" Anzahl an „Topics",[281] die für ein bestimmtes Korpus angemessen ist, aber Forscher verwenden überwiegend eine kleinere Anzahl zwischen 5 und 15.[282] Im Einklang mit der Literatur schätzt das folgende Topic Model 10 Themen, was zudem der Anzahl an identifizierten Stakeholder Kategorien entspricht.[283] Tabelle 1 listet die statistisch wichtigsten Wörter für jedes „Topic", gemessen anhand von vier verschiedenen Metriken: Wortwahrscheinlichkeit,

278 *Horstmann*, forTEXT 2018.

279 *Shapiro*, Int'l J Indus Org 2018, S. 714; *Colomo*, Chillin' Competition Blog 2020 (27.03.).

280 Dies ist ein Vorteil gegenüber den oben aufgeführten Wortmetriken. Es bleibt zu betonen, dass die resultierenden Topics die semantischen Inhalte nicht direkt abbilden, sondern lediglich die Interpretation der textimmanenten Bedeutungsstrukturen ermöglicht, sodass wettbewerbsrechtliches Fachwissen für die Auswertung unumgänglich bleibt.

281 Anstatt eine statistisch korrekte Zahl zu ermitteln, empfiehlt die Literatur, die Resultate verschiedener Topic-Anzahlen zu vergleichen und das für die Forschungsfrage passende Ergebnis zu wählen. Tendenziell werden „Topics" immer feingliedriger, je höher die vorgegebene Topic-Anzahl, ggf. aber unter dem Verlust ihrer inneren Kohärenz. Es gilt somit, zu vergleichen und abzuwägen. *Grimmer/Stewart*, Political Analysis 2013, S. 267.

282 Siehe die zuvor erwähnten Aufsätze von *Blei* sowie: *Wehrheim*, Cliometrica 2019, S. 83, 113; *Ferri/Lusiani/Pareschi*, Accounting History 2018, S. 173.

283 Unter Nicht-Berücksichtigung des einen, individuell eingereichten Beitrags.

FREX, Lift, Score.[284] Diese Metriken gewichten in unterschiedlicher Weise bestimmte quantitative Merkmale der im Korpus vorkommenden Wörter, haben aber gemeinsam, dass sie versuchen, die für ein bestimmtes Topic besonders distinktiven Wörter herauszufiltern. Diesen Wortprofilen entsprechend wird jedem Topic durch Interpretation eine Bezeichnung zugeteilt. Dieser Benennungsprozess wird unterstützt durch das Lesen von Beiträgen, die einen besonders hohen Anteil des betreffenden Topics aufweisen und daher als repräsentativ für das zu bestimmende Thema/Argument betrachtet werden können.

Nicht alle geschätzten „Topics" behandeln wettbewerbsrechtliche Themen im engeren Sinne,[285] was statistisch auch zu erwarten ist. Dennoch lassen sich insbesondere vier relevante Diskurse identifizieren, die es in der späteren qualitativen Analyse zu substantiieren gilt. Auffallend ist zunächst, dass das Wort „Daten" über verschiedene Topics verteilt ist, während Algorithmen und Plattformen jeweils ein eigenes klar definiertes Topic erhalten. Dies reflektiert zum einen, dass Daten als zentraler Input ein Querschnittsthema darstellen, zum anderen aber auch, dass sich manche Stakeholder wie NGOs auf datenschutzrechtliche Aspekte fokussieren, für die entsprechend ein eigenes Topic geschätzt wird (Topic 4). Die Hypothese einer drohenden algorithmischen Kollusion wird detailliert von Topic 10 wiedergegeben, während Topic 9 Plattformen theoretisch rezipiert („two-sided", „eco-systems") und die daraus resultierenden Beschränkungen des „Multi-Homing" anspricht. Erwähnenswert ist schließlich Topic 5, das die pro-kompetitiven Effekte von Plattformen wie „Effizienz", „Skalierung" und „Innovation" hervorhebt, die von Unternehmen im Rahmen einer „efficiency defense" angeführt werden könnten.[286]

---

284 Die Standardliste führt diejenigen Wörter auf, die mit der höchsten Wahrscheinlichkeit mit dem betroffenen „Topic" assoziiert sind. FREX gewichtet Wörter nach ihrer Gesamthäufigkeit und ihrer Exklusivität für das Topic. „Lift" gewichtet Wörter, indem es sie durch ihre Häufigkeit in anderen Topics dividiert und somit Wörtern, die in anderen Topics weniger häufig vorkommen, ein höheres Gewicht verleiht. „Score" dividiert die logarithmische Häufigkeit des Wortes im Topic durch die logarithmische Häufigkeit des Wortes in anderen Topics. Für mehr Informationen, siehe: *Roberts/Stewart/Tingley*, Journal of Statistical Software 2019, S. 1.

285 Topic 6 scheint weniger kohärent definiert zu sein und Topic 8 basiert v.a. auf französischen Wörtern und berücksichtigt somit nicht nur semantische Informationen (bezüglich Googles Dominanz auf dem Werbemarkt), sondern auch rein sprachliche Aspekte.

286 *Riziotis*, in: Mackenrodt/Gallego/Enchelmaier, S. 98–115. Zu der bisherigen Erfolgswahrscheinlichkeit der „efficiency defense": *Kuoppamäki/Torstila*, SSRN 2015.

Tabelle 1: STM mit 10 Topics und einem Umfang von 108 Dokumenten.

Nr.	**Wordprofil**	*Bezeichnung*
1	Highest Prob: data, markets, platforms, market, consumers, may, consumer FREX: oxera, assess, consumers', exploitative, attention, selling, assessment Lift: -million-site, 'control, 'match', 'online, acm, adverts, alt Score: selling, oxera, cma, non-price, exploitative, thereof, zero-price	*Konsumenten-ausbeutung*
2	Highest Prob: data, market, new, services, content, tech, markets FREX: strategic, audiovisual, music, tech, giants, global, viewers Lift: displacement, levers, needing, playlist, plentiful, predation, skewed Score: strategic, audiovisual, viewers, vod, conglomerate, broadcast, music	*Neue digitale Dienstleistungen*
3	Highest Prob: competitive, blockchain, available, software, interoperability, see, interface FREX: competitive, blockchain, interface, bitcoin, document, reverse, patent Lift: autorisée, bitcoin, ledger, registry, specification, competitive, accompagner Score: competitive, blockchain, propriété, intellectuelle, bitcoin, autorisée, engineering	*Transparenz und Interoperabilität*
4	Highest Prob: data, privacy, users, access, personal, protection, market FREX: dtp, portability, transfer, apis, personal, privacy, hosting Lift: critics, digitalisierung, metadata, neue, psn, scopes, supervisor Score: dtp, transfer, portability, apis, worker, xing, googledoubleclick	*Datenschutz*
5	Highest Prob: information, data, market, innovation, markets, may, policy FREX: information, economies, regulators, firms, scale, innovation, sets Lift: -efficient, 'platform', "bottlenecks", "deep, academia, accrues, amplify Score: information, firms, regulators, qualcomm, teece, gregory, ambiguous	*"Efficiency defense"*

Tabelle 1: Fortsetzung

Nr.	**Wordprofil**	*Bezeichnung*
6	Highest Prob: market, european, policy, rights, economy, new, research FREX: scientific, publishing, journals, workers, cultural, energy, eua Lift: accountability, chamber, deals', formed, larivière, nras, akman Score: journals, scientific, eua, pp-, industriall, gross, publishing	*Forschung und Verantwortung*
7	Highest Prob: data, vehicle, access, european, services, independent, service FREX: -vehicle, automotive, telematics, vehicle, rtl, name, manufacturers Lift: 'extended, checks, dashboard, diagnostics, ecall, etrma, fia Score: vehicle, -vehicle, automotive, telematics, aftermarket, repair, rtl	*Sekundärmärkte*
8	Highest Prob: google, news, publishers, content, platforms, search, advertising FREX: marché, leur, ces, être, exemple, pas, entre Lift: afin, besoin, cadre, cas, celle, celui, comportement Score: marché, leur, être, ces, plus, pas, exemple	*Googles Dominanz im Werbesektor*
9	Highest Prob: platform, market, platforms, services, amazon, network, markets FREX: two-sided, prime, delivery, amazon, econ, amazons, sides Lift: "multi-home", assn, borders, confer, distant, echo, eco-systems Score: prime, econ, two-sided, dated, amazons, bookingcom, assistant	*Plattformen*
10	Highest Prob: market, algorithms, companies, may, markets, effects, data FREX: algorithms, collusive, algorithmic, collusion, co-operation, pricing, threshold Lift: "economists, affiliates, anti-competitiveness, antirust, appreciable, cogent, concomitantly Score: blockchains, non-price, algorithmic, co-operations, collusion, ecj, seite	*Algorithmen*

Die quantitative Signifikanz der verschiedenen Diskurse lässt sich visuell durch die Verteilung der geschätzten Topics innerhalb des Korpus von Beiträgen wiedergeben (Abbildung 8). Effizienz- und Innovationsvorteile der

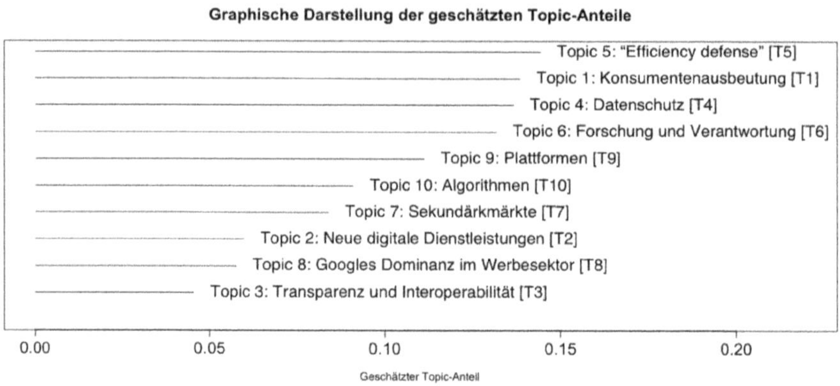

Abbildung 8: Graphische Darstellung der geschätzten Topic-Anteile.

Digitalisierung (Topic 5), Ausbeutungsmissbrauch (Topic 1) sowie Datenschutzfragen (Topic 4) sind besonders prominent, gefolgt von Diskussionen über Plattformen (Topic 9) und Algorithmen (Topic 10) im Allgemeinen.

3. Einfluss des institutionellen Hintergrundes

Gegenüber traditionellen Topic Models zeichnet sich STM dadurch aus, dass Metadaten bei der Modellierung der „Topics" berücksichtigt werden.[287] Bei solchen Metadaten handelt es sich im Prinzip um jede Form von außer-textlichen Informationen, die einen Einfluss auf die zugrundeliegende thematische Verteilung innerhalb eines bestimmten Dokumentes haben könnten, wie beispielsweise der geographische Hintergrund des Stakeholders oder der Zeitpunkt der Einreichung. Im vorliegenden Fall wurde der institutionelle Kontext der eingereichten Beiträge dergestalt berücksichtigt, dass er die jeweilige Häufigkeit beeinflussen kann, mit der ein bestimmtes Thema diskutiert wird.[288] Das scheint im Kontext der oben untersuchten Wortmetriken eine vertretbare Annahme.[289]

287 Ein weiterer Vorteil liegt darin, dass die geschätzten Modelle replizierbar sind.

288 D.h. Metadaten werden als sog. Prävalenz-Variablen in der Schätzung der Topics durch den Algorithmus berücksichtigt. Dies ermöglicht, dass die beobachteten Metadaten die Häufigkeit beeinflussen, mit der ein Thema diskutiert wird. *Roberts/Stewart/Tingley*, Journal of Statistical Software 2019, S. 1.

289 Dies stimmt beispielsweise mit der Beobachtung überein, wonach Unternehmen das Wort „Datenschutz" vergleichsweise seltener als andere Stakeholder benutzen (Abbildung 5).

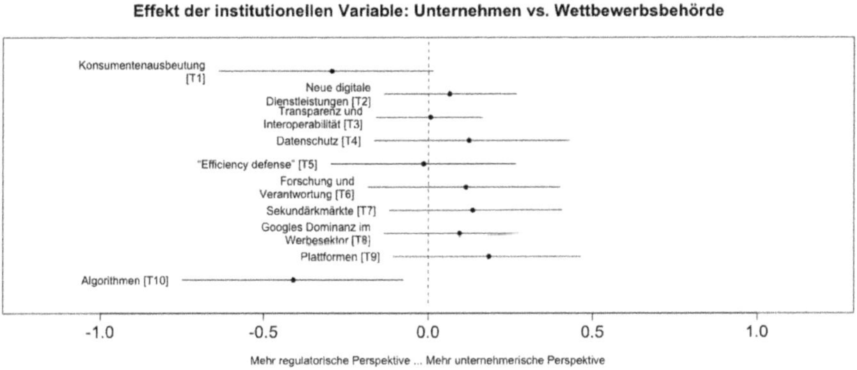

Abbildung 9: Semantischer Vergleich zwischen Unternehmen und Wettbewerbsbehörden im Konsultationsverfahren.

Im Einklang mit der Lobbyismus-Fragestellung dieser Arbeit wird im Folgenden exemplarisch der semantische Kontrast zwischen den von Unternehmen und Wettbewerbsbehörden bzw. Wissenschaftlern eingereichten Beiträgen untersucht.

Abbildung 9 vergleicht die unterschiedlichen Wahrscheinlichkeiten, mit denen die zehn vom STM geschätzten Themen von Unternehmen und Wettbewerbsbehörden genannt werden. Es überrascht nicht, dass Fragen der Verbraucherausbeutung (Topic 1) und theoretische Aspekte der Algorithmen (Topic 10) vor allem von den Wettbewerbsbehörden angesprochen werden, während Kommentare zu den neuen digitalen Diensten (Topic 2) oder der Dominanz von Google im Werbesektor (Topic 8) häufiger in den Beiträgen der überwiegend europäischen Unternehmen zu finden sind. Der zentrale Diskussionspunkt der Unternehmen liegt eindeutig im Bereich der Plattformen (Topic 9).

Abbildung 10 zeigt die Häufigkeit, mit der die gleichen zehn Themen von Unternehmen und Wissenschaftlern diskutiert werden. Erwartungsgemäß vermeiden die Unternehmen das Thema Datenschutz (Topic 4) und konzentrieren sich lieber auf die Beschreibung ihrer neuen digitalen Dienste (Topic 2) und ihre Forschungsbemühungen (Topic 6). Effizienzargumente werden nicht nur von Unternehmen, sondern ebenfalls von Wissenschaftlern angeführt (Topic 5). Auch hier werden Fragen der Verbraucherausbeutung (das Wortprofil von Topic 1 umfasst vermutlich Begriffe wie „Aufmerksamkeitsmarkt“[290] und

290 *Evans*, J. Competition L. & Econ. 2013, S. 313.

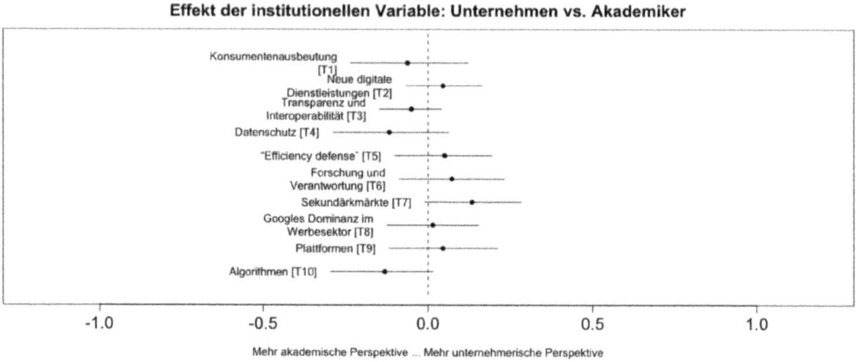

Abbildung 10: Semantischer Vergleich zwischen Unternehmen und Wissenschaftlern im Konsultationsverfahren.

„Ausbeutung“) von den Unternehmen ignoriert und nur von den Wissenschaftlern angesprochen. Und wie beim vorangegangenen Vergleich konzentrieren sich die Unternehmen eher auf Plattformen und die ihnen zugrunde liegenden Geschäftsmodelle (Topic 9), während sich die Wissenschaft eher auf Algorithmen konzentriert (Topic 10). Dies zeigt einerseits, in welchem Ausmaß das bekannte theoretische Argument von *Ezrachi* und *Stucke* über algorithmische Kollusion, das oben beschrieben wurde (vgl. Teil B.II.3.b), den wissenschaftlichen Diskurs von Forschern an Universitäten oder in Wettbewerbsbehörden zu jener Zeit geprägt hat. Andererseits lässt sich, wie die qualitative Analyse im nächsten Abschnitt zeigt, die unternehmerische Fokussierung auf Plattform-Geschäftsmodelle durch den hohen Anteil europäischer Unternehmen erklären, die ihre US-amerikanischen Konkurrenten einer strengeren wettbewerbsrechtlichen Behandlung unterwerfen wollen.

IV. Qualitative Analyse

Dieser Teil diskutiert die von Unternehmen (1), Think Tanks (2) und Akademikern (3) eingereichten Beiträge auf qualitativer Ebene[291] und vergleicht vor

291 Es handelt sich, abgesehen von Industrievertreter-Beiträgen, um die drei größten vertretenen Stakeholder-Gruppen. Industrievertreter äußern ähnliche Argumente wie Unternehmen, weshalb erstere ausgelassen wurden, um eine inhaltliche Doppelung zu vermeiden.

dem Hintergrund der geschilderten Lobbyismus-Problematik die inhaltlichen Unterschiede zwischen europäischen und „externen“ Stakeholdern.

1. Unternehmen

Tatsächlich finden sich unter den 25 vertretenen Unternehmen nur zwei GAFAM Vertreter, nämlich Facebook und Microsoft. In ihren Beiträgen beschreiben beide Unternehmen, dass sie Teil einer dynamischen, von disruptiver Innovation geprägten Industrie seien, die sich durch niedrige Eintrittsbarrieren und starken Wettbewerb um die Aufmerksamkeit der Konsumenten und Werbetreibenden auszeichne.[292] Zudem wird Big Data die Eigenschaft als wettbewerblicher „bottleneck“ abgesprochen.[293] Insgesamt sehen beide Unternehmen keinen Bedarf für eine Reform des bestehenden Wettbewerbsrechts, sondern plädieren für eine zurückhaltende Intervention im Einzelfall, die ihre Auswirkungen auf Innovationsanreize beachtet.[294]

Vor dem Hintergrund des erörterten Lobbyismus-Diskurses ist die Analyse der Fußnoten aufschlussreich.[295] Neben wenigen Standardreferenzen zur theoretischen Plattform-Literatur[296] verweist der Facebook-Beitrag fast durchgehend auf die Arbeiten von *Evans*;[297] nicht nur, um die Probleme von SSNIP-Tests und Marktdefinition in Bezug auf Plattformen zu diskutieren,[298] sondern auch, um die Aussage zu belegen, dass trotz Netzwerkeffekten ausreichend Wettbewerb herrsche.[299] Da Evans durch Google finanziell unterstützt wird,[300] in der Tradition der marktfreundlichen *Chicago Schule* steht,[301] und u.a. Microsoft und Tencent

292 *Facebook*, S. 1–6; *Microsoft*, S. 7.

293 *Facebook*, S. 6–8; *Microsoft*, S. 3–6. Microsoft verweist hierzu auf das mit den Kanzleien Herrington & Sutcliffe und Latham & Watkins entwickelte Schemata in: *Sivinski/Okuliar/Kjolbye*, European Competition Journal 2017, S. 199.

294 *Facebook*, S. 9; *Microsoft*, S. 9.

295 Konzeptionell: *Hamann*, ReWiss 2014, S. 501.

296 Z. B. *Armstrong*, Rand J. Econ. 2006, S. 668.

297 Insbesondere: *Evans*, J. Competition L. & Econ. 2013, S. 313, 318–21; *Evans*, SSRN 2017; *Evans/Noel*, Colum. Bus. L. Rev. 2005, S. 667, 699–700.

298 *Facebook*, S. 3f., Fn. 4–7.

299 *Facebook*, S. 6, Fn. 18, 19.

300 Siehe den Disclaimer bei: *Evans*, Coase- Sandor Working Paper Series in Law and Economics No. 753 (2016), S. 1, 1, Fn. *.

301 Er ist Absolvent der University of Chicago, an der er einen BA, einen MA und einen PhD erwarb und heute unterrichtet.

in wettbewerbsrechtlichen Fällen vertreten hat,[302] ist hier ein Bias zugunsten großer Digitalunternehmen durchaus denkbar. Auf ähnliche Weise beruft sich Microsoft auf einen einzigen von *Sokol* verfassten Aufsatz,[303] um zu belegen, dass der Aufkauf von Startups durch dominante Unternehmen innovationsfördernd sei.[304] Sokol ist bei einer in Palo Alto ansässigen Kanzlei tätig, die LinkedIn bei der Übernahme durch Microsoft vertreten hat.

Die recht einseitige Darstellung durch Facebook und Google, die den Argumentationsketten in den Beiträgen von Industrievertretern stark ähnelt, wird komplementiert durch die kritischen Beiträge der europäischen Unternehmer, die vorwiegend aus dem Kommunikations- und Mediensektor stammen. Diese beschreiben, wie die Mechanismen der Plattformwirtschaft, insbesondere Netzwerkeffekte und kostenlose Preise, US-amerikanische Plattformunternehmen von beispielloser Markt- und Meinungsmacht hervorgebracht hätten.[305] Mit Verweis u.a. auf *Khan*s grundlegende Arbeiten[306] wird argumentiert, dass Plattformen ihre Gatekeeper-Power nutzen, um von abhängigen Nutzern bessere Bedingungen zu erpressen und durch Niedrigpreisstrategien, Produktbündelung und vertikale Integration die Innovationskonkurrenz zu verhindern.[307] Gegensätzlicher Wettbewerbsdruck sei nicht gegeben, da sowohl P2B als auch B2B Konsumenten durch „lock-in"-Effekte das Ökosystem der dominanten Plattformen nicht verlassen könnten.[308]

Im Gegensatz zu den größeren Plattformen betonen die Beiträge europäischer Unternehmen die Schlüsselrolle von Daten zur Erarbeitung kompetitiver Dienste.[309] Das französische Unternehmen AT Internet schreibt, dass es bei dem Wettbewerb um die beste KI vor allem um die Datenmenge gehe, aus der sich das maschinelle Lernen speise, und dass es offensichtlich sei, „dass Google mit seiner Strategie des Dumpings und der Abschottung des Google-Analytics-Marktes eine der mächtigsten Datenquellen auf dem digitalen Markt

302 https://www.globaleconomicsgroup.com/experts/david-s-evans/ (letzter Abruf: 15.05.2020).

303 *Sokol*, Florida Law Review 2018, S. 1357.

304 *Microsoft*, S. 8.

305 *AT Internet*, S. 5; *Mediaset*, S. 2–3; *Bertelsmann*, S. 3–4; *Le Groupe La Poste*, S. 1–3; *Telefonica*, S. 1–2; *Vodafone*, S. 3.

306 *Khan*, Yale L.J. 2017, S. 710; *Khan*, Columbia Law Review 2018, S. 973.

307 Z.B. *Le Groupe La Poste*, S. 2, 3; *ProSiebenSat.1*, S. 1–3, 7; *Telefonica*, S. 3; *Vodafone*, S. 4.

308 *ProSiebenSat.1*, S. 3–6, 9–10; *Telefonica*, S. 9; *Vodafone*, S. 3.

309 Z. B. *Telefonica*, S. 1, 9f.; *Vodafone*, S. 4; sowie die nachfolgenden Zitate im Haupttext.

sicher[t]".[310] Insbesondere Medienunternehmen wie Bertelsmann, Mediaset und ProSiebenSat.1 verlangen Zugang zu den aus dem Konsum von Medieninhalten erzeugten Daten, um Wettbewerb auf Augenhöhe zu ermöglichen.[311] Vor diesem Hintergrund wird auch eine Anpassung der EU-Fusionskontrolle gefordert, um Übernahmen von Startups besser zu erfassen.[312]

In der Summe plädieren die europäischen Unternehmer für eine strengere wettbewerbsrechtliche Untersuchung von Ausbeutungsmissbrauch und Marktabschottung durch Plattformen im Rahmen von Art. 102 AEUV,[313] drängen auf Datenzugang[314] und fordern Änderungen an SSNIP-Test und Marktdefinition.[315] Der Beitrag von Telefonica sticht hervor durch seine Forderung nach einer neuen Schadenstheorie, die Privatsphäre als Wettbewerbsparameter anerkennt und damit ermöglicht, neue Formen des Marktmachtmissbrauchs zu erfassen.[316] Klagen europäischer Unternehmen gehen oft über rein wettbewerbsrechtliche Aspekte hinaus und sprechen strengere Regulierung im Bereich Datenschutz oder Steuerharmonisierung an.[317] Auch manche europäische Unternehmen etablieren akademische Kooperationen, um ihre Argumentation zu stützen.[318] In den Hinweisen auf „Aufmerksamkeitskonkurrenz" durch Facebook und Microsoft und den Klagen europäischer Konkurrenten über das Ausbeuten[319] von Netzwerkeffekten und Konsumenten spiegelt sich

310 *AT Internet*, S. 7 (eigene Übersetzung).

311 *Bertelsmann*, S. 2; *Mediaset*, S. 5, *ProSiebenSat.1*, S. 3, 8.

312 Z. B. *Telefonica*, S. 6, 11f.

313 Z.B. *Le Groupe La Poste*, S. 7.

314 Siehe den expliziten Verweis auf die „Essential-Facility-Doktrin" bei: *AT Internet*, S. 5.

315 *Telefonica*, S. 8f.

316 *Telefonica*, S. 11.

317 *AT Internet*, S. 6; *Bertelsmann*, S. 6; *Mediaset*, S. 9. Steueraspekte könnten ggf. im Rahmen des EU-Beihilfenrechts behandelt werden. *Calliess/Ruffert/Cremer*, 5. Aufl. 2016, AEUV Art. 107 Rn. 1–86.

318 So orientiert sich der Beitrag der französischen Post maßgeblich nach drei von *Borsenberger et al.* verfassten Studien, die auf einer engen Kooperation zwischen der *Groupe La Poste* und der *Toulouse School of Economics* beruhen, insbesondere: *Borsenberger*, in: Crew/Brennan, S. 31–41; Für die entsprechenden Referenzen im Beitrag: *Le Groupe La Poste*, S. 4–6. Telefonicas Vorschläge basieren auf einer von Finanzplatz München Initiative in Auftrag gegebenen Expertenmeinung von *Podszun*, SSRN 2017. Hinweis bei *Telefonica*, S. 7, Fn. 13.

319 Z. B. „exploitation of network effects and economies of scale" (*Telefonica*, S. 1).

das Vokabular von Topic 1, in Übereinstimmung mit der durch das STM geschätzten thematischen Verteilung (vgl. Abbildung 10).

2. Think Tanks

Bei den 14 eingereichten Think Tank-Beiträgen ist es ebenso aufschlussreich, zwischen europäischen und „externen“ Akteuren zu unterscheiden. Mit dem *Center for Data Innovation*, dem *International Center for Law and Economics* und dem *Progressive Policy Institute* gibt es drei Think Tanks, die als international bzw. amerikanisch klassifiziert wurden. In ihren Beiträgen argumentieren diese Institutionen, dass die Erhebung großer Datenmengen keine Bedrohung für den Wettbewerb darstelle, sondern für datengetriebene Innovation unerlässlich sei.[320] Ferner würden Plattformen Innovationen zum Wohle der Verbraucher skalieren und somit Konsumentenwohlfahrt erhöhen.[321] Während diese Think Tanks durchaus akademische Literatur rezipieren, werden an entscheidenden Stellen, die die Wertung wettbewerbsschädigender Handlungen wie das Übertragen von Marktmacht („Leveraging“) oder den „lock-in“ von Konsumenten betreffen, eigene Studien zitiert.[322]

Europäische Think Tanks sehen Plattformen grundsätzlich kritischer, nicht nur indem sie zu einer pessimistischeren Einschätzung bezüglich „Leveraging“ und „lock-in“ gelangen, sondern auch, indem sie die Bedeutung von Netzwerkeffekten und Ausschlusspraktiken beschreiben.[323] Zudem wird die Bedeutung von Daten als Rohstoff der digitalen Ökonomie hervorgehoben.[324] Distinktiv ist der Fokus auf Schutz der Privatsphäre und Datenschutz.[325] Insgesamt strebt die

---

320 *Center for Data Innovation*, S. 2–4; 9f.; *International Center for Law & Economics*, S. 10f.

321 *Center for Data Innovation*, S. 5f.; *International Center for Law & Economics*, S. 2, 12f. Zudem wird versucht, diese Wohlfahrtsgewinne für Konsumenten und Arbeitnehmer durch makroökonomische Indikatoren zu belegen: *Progressive Policy Institute*, S. 2–4.

322 *International Center for Law & Economics*, S. 4, Fn. 10; *Center for Data Innovation*, S. 2, Fn. 4. Außerdem gibt es Hinweise auf Plattform-freundliche Studien, die durch Kollaboration mit Microsoft-Forschern entstanden: *International Center for Law & Economics*, S. 7, Fn. 29.

323 *DPA*, Submission to Panel 2, S. 3–4; *Stiftung Neue Verantwortung*, S. 4–5; *Oxera*, Data, S. 10; *Institut der deutschen Wirtschaft*, S. 5–6.

324 *Fraunhofer Gesellschaft*, S. 2; *Stiftung Neue Verantwortung*, S. 2–4; *Oxera*, Data, S. 2–5; *Oxera*, Market Power, S. 7–8, *Institut der deutschen Wirtschaft*, S. 3–4.

325 *DPA*, Submission to Panel 1, S. 2; *Stiftung Neue Verantwortung*, S. 7–8; *Oxera*, Data, S. 6.

Mehrheit der untersuchten europäischen Think Tanks an,[326] mithilfe des EU-Wettbewerbsrechts einen „fairen Zugang" für Verbraucher und Unternehmen zu digitalen Plattformen zu gewährleisten, beispielsweise durch einen mandatierten Datenzugang im Rahmen eines FRAND-Regimes für dominante Plattformen[327] oder durch eine offene Programmierschnittstelle (API).[328] Wie noch zu zeigen sein wird, sind es insbesondere diese Ideen, die sich in den späteren Reformvorhaben wiederfinden lassen (vgl. F.III). Mitunter werden gleiche Forderungen nach einer Anpassung der EU-Fusionskontrolle[329] formuliert wie in den Beitragen europäischer Unternehmen.

3. Akademiker

Insgesamt wurden 22 Beiträge von Akademikern eingereicht, davon zwei Beiträge nicht-europäischer Herkunft. Hier ist insbesondere der von Google Chefökonom *Varian* mit *Dolmans* und *Baird* verfasste Beitrag von Interesse,[330] der sich zu allen drei Panel-Themen der Konferenz äußert. Da Daten nicht-rivaler Natur mit einem innovativen Produkt leicht zu erheben und von abnehmenden Grenznutzen geprägt seien, so der Beitrag, seien Daten ein aus wettbewerbsrechtlicher Sicht vernachlässigbarer Parameter.[331] Darüber hinaus sei ein mandatierter Datenzugang abzulehnen, da er Innovationsanreize senke und datenschutzrechtliche Fragen aufwerfe[332] – also das gleiche Argument, das bereits in den Beiträgen amerikanischer Unternehmen und Think

---

326 *Epicenter*, S. 6f., vertritt die skeptischere Minderheitenposition, die zahlreiche Argumente der amerikanischen Think Tanks aufgreift. *Oxera*, Market Power, S. 9, vertritt zudem eine recht positive Position gegenüber der Marktmacht von Plattformen.

327 Siehe die Forderung von *4iP Council*, dass der Handel zwischen einer marktbeherrschenden digitalen Plattform und Dritten auf fairer, vernünftiger und nichtdiskriminierender Basis (FRAND) stattfinden müsse. Die Nachfragemacht einer dominanten Plattform solle insbesondere bei der Aushandlung von Lizenzvereinbarungen über geistige Eigentumsrechte berücksichtigt werden, so *Fraunhofer Gesellschaft*, S. 5.

328 *DPA*, Submission to Panel 1, S. 2; *Fraunhofer Gesellschaft*, S. 5.

329 *DPA*, Submission to Panel 2, S 3; *Stiftung Neue Verantwortung*, S. 5–7.

330 Der Beitrag von *Just*, Associate Professor an der Michigan State University, fasst wichtige Aspekte bezüglicher einer Reform des Wettbewerbsrechts zusammen (größere Relevanz nicht-preislicher Wettbewerbsparameter, größere Rolle von Nutzerdaten etc.), trifft aber keine Wertung. Der Beitrag wurde später publiziert als: *Just*, Telecommunications Policy 2018, S. 386.

331 *Varian/Dolmans/Baird*, S. 1f.

332 *Varian/Dolmans/Baird*, S. 3f.

Tanks gesichtet wurde. Interessanterweise wird die Einschätzung bezüglich einer zunehmend geringeren Signifikanz von Daten mit einer Fußnote belegt,[333] die auf ein von Forschern des chinesischen Suchmaschinenanbieters Baidu verfassten Artikel verweist.[334] Dieser beschreibt, wie von *Varian et al.* erwähnt, eine „power-law distribution" der Modellgenauigkeit in Abhängigkeit der Datensatzgröße, was die These eines abnehmenden Grenznutzen von Big Data theoretisch unterstützt. Die Baidu Forscher betonen aber auch, dass reale Anwendungen in Bereichen wie Stimm- oder Bilderkennung noch weit von einem Bereich entfernt seien, in dem das Hinzufügen von Daten keine praktische Verbesserung mehr herbeiführe[335] – dies wird von *Varian et al.* verschwiegen.

Die Marktmacht großer digitaler Plattformen, so der Beitrag weiter, werde ebenfalls überschätzt, da eine dynamische Perspektive notwendig sei, zahlreiche Konkurrenten im Werbe- und kommerziellen Suchmaschinenmarkt existierten, und Cloud-Computing günstigen und schnellen Markteintritt erlaube.[336] Zudem habe die Standardisierung von Betriebssystemen und Smartphone-Anwendungen die Wechselkosten erheblich gesenkt.[337] Angesichts möglicher direkter und indirekter Netzwerkeffekte wird allerdings anerkannt, dass Maßnahmen, die Datenportabilität ermöglichen und Barrieren für Multihoming reduzieren würden, hilfreich wären, um die Fähigkeit zum Wechsel und damit den Wettbewerbsdruck aufrechtzuerhalten.[338]

Der Beitrag von *Varian et al.* schließt mit zwei Bemerkungen, die sich gegen wettbewerbsrechtliche Eingriffe in digitale Märkte, insbesondere im Rahmen der Fusionskontrolle, richten.[339] Zum einen wird darauf hingewiesen, dass Technologieunternehmen mehr Geld in Forschung und Entwicklung investierten als andere Sektoren. Zum anderen sei der Aufkauf von innovativen Startups ein notwendiges Mittel, um Innovation zu „belohnen", insbesondere angesichts der sinkenden Popularität von Börsengängen. Insgesamt ist der Argumentation die Nähe der Autoren zu Google deutlich anzumerken.[340]

---

333 Siehe: "according to a study by Hestness et al" (*Varian/Dolmans/Baird*, S. 2).

334 *Hestness et al.*, arxiv 2017, S. 1.

335 Diesen Bereich nennen sie „irreducible·error region". *Hestness et al.*, arxiv 2017, S. 1, 11.

336 *Varian/Dolmans/Baird*, S. 4–6.

337 *Varian/Dolmans/Baird*, S. 6f.

338 *Varian/Dolmans/Baird*, S. 7.

339 *Varian/Dolmans/Baird*, S. 9f.

340 So wird als Beispiel mehrfach Facebook, aber niemals Google, verwendet.

Demgegenüber gestalten sich die von europäischen Akademikern eingereichten Beiträge, trotz hoher Varianz, grundlegend skeptischer. Bei ihnen ist ein Fokus auf verschiedene Formen des Ausbeutungsmissbrauchs durch Plattformen[341] und die Integration nicht-preislicher Wettbewerbsparameter wie Datenschutz und Innovation in die wettbewerbliche Würdigung feststellbar.[342] Allerdings gibt es deutliche Unterschiede in der Bewertung der Möglichkeiten von GD COMP, korrigierend einzugreifen: Während *Kupkic* optimistisch festhält, es könne „relativ einfach sein, eine Verpflichtung zur gemeinsamen Nutzung großer Datenmengen so zu konstruieren, dass der Schutz personenbezogener Daten nicht beeinträchtigt wird",[343] warnen *Bott/Milkau*, in Anlehnung an *von Hayek*, vor einer „Anmaßung von Wissen".[344] Verschiedentlich werden Lösungen, die die Interoperabilität zwischen Plattformen erhöhen und somit Konsumentenbindung verringern, favorisiert[345] – diese Lösungen wurden auch später im Expertenbericht hervorgehoben.

Die Argumentation europäischer Akademiker gibt zumindest vordergründig keine beabsichtigte Förderung europäischer Unternehmen zu erkennen.[346] Es wird betont, dass die europarechtliche Rechtsprechung den von manchen europäischen Unternehmen angestrebten wettbewerbsrechtlichen Eingriffen klare Grenzen setze,[347]

---

341 *Geradin*; *Krämer/Schnurr*; *Thépot*, insb. S. 5. *Bounie/Dubusz/Waelbroeck* zeigen beispielsweise spieltheoretisch, dass Datenbroker dazu tendieren, den Wettbewerb zwischen Unternehmen zu mildern und gleichzeitig Verbraucher mit einer hohen Zahlungsbereitschaft preislich zu diskriminieren. Für die Verwendung von "smart home" Lautsprechern zur Marktabschließung, siehe den Beitrag von *Rabassa*.

342 Insbesondere *Esayas*; *Schrepel*. *Chirita* argumentiert, dass bei der Prüfung von Fusionen die wirtschaftlichen Auswirkungen des Datenschutzes als Schadenstheorie zu berücksichtigen sind und dass eine Fusion, die eine große Menge an Nutzerdaten betrifft, nur unter Vorbehalt genehmigt werden sollte. *Colangelo/Maggiolino* zeigen, dass sich Wettbewerbsbehörden auf Formen wettbewerbswidriger Praktiken, die das wirtschaftliche Potenzial von Datenportabilitätssystemen untergraben, fokussieren sollten; aA *Körber*.

343 *Kupcik*, S. 3 (eigene Übersetzung).

344 *Bott/Milkau*, S. 8.

345 *Weston*; *Laborda*, S. 8f.; *Louven*, S. 4, 6; *Thépot*, S. 4f.

346 Referenzen beziehen sich auf die akademische Literatur und öffentliche Daten, nicht auf in Auftrag gegebene Studien.

347 Hier ist der Beitrag von *Colomo*, insb. S. 5–7, hervorzuheben, der einen Überblick über die Rechtsprechung bietet. Ähnlich auch: *Körber*. Siehe außerdem den Hinweis auf den „europäischen rechtlichen Verfassungsrahmen", der nicht ignoriert werden könne, bei *Gerbrandy*, S. 3. Auf institutionelle Beschränkungen verweist: *Geradin*, S. 9f.

und in Bezug auf einen mandatierten Datenzugang noch nicht geklärt sei.[348] In der Tat ist angesichts der dargestellten Forderungen zu beachten, dass das Vorliegen einer unmittelbaren Benachteiligung von Wirtschaftsteilnehmern nicht zwingend mit einer wettbewerbsbeschränkenden Wirkung gleichgesetzt werden kann (*Meo*);[349] dass das EU-Wettbewerbsrecht sich lediglich mit dem Ausschluss von „ebenso effizienten" Konkurrenten i.S.d. AEC-Tests befasst (*Intel*);[350] dass die wettbewerbsschädigende Wirkung einer bestimmten Praxis nicht rein hypothetischer Natur sein darf, sondern wahrscheinlich sein muss (*Post Danmark II*);[351] und dass sich die „besondere Verantwortung" dominanter Unternehmen nur auf eine Verantwortung für einen wirksamen und unverfälschten Wettbewerb auf dem gemeinsamen Markt bezieht, aber keine Basis für die Ahndung nicht-wettbewerblicher Verstöße bietet (*Michelin*).[352]

V. Zwischenergebnis

Alle drei in Teil B besprochenen Dimensionen des digitalen Zeitalters – Daten, Algorithmen und Plattformen – spielen eine Rolle in den Beiträgen der Stakeholder, wobei die Diskussion von Daten v.a. auf Fragen des Datenzugangs und Datenschutzes fokussiert. Somit bestätigt die qualitative Analyse die durch das STM geschätzte Prominenz und Verteilung bestimmter „Topics" (vgl. Abbildung 8). Im Ergebnis offenbaren die Beiträge zudem eine Trennlinie innerhalb des Unternehmerlagers, die – im Einklang mit der Lobbyismus-Literatur zum Einfluss multinationaler Unternehmen – zu divergierenden Aussagen dominanter amerikanischer Plattformen und ihren europäischen Konkurrenten führt. Die gleiche Trennlinie findet sich auch in Beiträgen von Think Tanks und Akademikern, sodass die Differenzierung zwischen interessengeleiteten und objektiven Aussagen erschwert wird.

Aufgabe der Kommission ist es, zu bewerten, ob es sich bei den von europäischen Unternehmen geäußerten Klagen um opportunistisches Verhalten oder berechtigte wettbewerbliche Probleme handelt. In diesem Sinne wendet

348 *Louven*.

349 EuGH, Rs. C-525/16, ECLI:EU:C:2018:270 – *Meo*, Rn. 26.

350 EuGH, Rs. C-413/14, ECLI:EU:C:2017:632 – *Intel*, Rn. 111, 136.

351 EuGH, Rs. C-23/14, ECLI:EU:C:2015:651 – *Post Danmark II*, Rn. 65, 75.

352 EuGH, Rs. 322/81, ECLI:EU:C:1983:313 – *Michelin*, Rn. 57. Hierzu auch der Beitrag von *Körber*, S. 8.

sich die vorliegende Arbeit nun der Verarbeitung dieser Beiträge durch den von der Kommission in Auftrag gegebenen Expertenbericht (Teil E) zu. Zuvor ist allerdings der Bewertungsmaßstab für diesen Vergleich zu klären (Teil D).

D. Konsultation

Ziel dieses Teils ist, einen Bewertungsmaßstab für die Aufnahme der von den Stakeholdern geäußerten Argumente in den von der Kommission initiierten Expertenbericht zu erarbeiten. Neben dem Staat kann rechtliche Regulierung[353] zur Wahrung des Gemeinwohls auch im Rahmen einer Selbst- oder Koregulierung durch private Akteure implementiert werden.[354] Diesem weiten Begriffsverständnis von Regulierung folgend entwickelt die Literatur zu „Besserer Rechtsetzung" und „Partizipativem Kartellrecht" Vorgaben für Konsultationen der Kommission (I), aus denen sich Kriterien für die Evaluation der Beiträge durch den Expertenbericht ableiten lassen (II). Die drei identifizierten Kriterien – Repräsentativität, Wirksamkeit und Transparenz – sind zwar nicht rechtlich bindend für die hier untersuchte Transmission von Ideen, bieten aber aufgrund der breiten theoretischen und empirischen Literatur zu BR und PK, aus der sie abgeleitet werden, einen sinnvollen Bewertungsmaßstab. Durch den Vorschlag eines „Regulierungsdialogs" im DMA-Entwurf der Kommission (vgl. F.II) haben diese zunächst theoretischen Verbindungen zudem aktuelle praktische Relevanz gewonnen.

I. Von „Besserer Rechtsetzung" zu „Partizipativem Kartellrecht"

Der Expertenbericht beginnt mit einem Dank an sämtliche Stakeholder, die mit ihren Beiträgen am Konsultationsprozess teilgenommen haben.[355] Der Begriff Konsultation meint nach dem Wortlaut die gemeinsame Beratschlagung von Partnern und geht somit über die bloße Information hinaus.[356] Die Verpflichtung zu einer umfassenden Konsultation ergibt sich hierbei direkt aus dem Primärrecht (Art. 11 Abs. 1–3 EUV; Protokoll über die Anwendung der Grundsätze der Subsidiarität und der Verhältnismäßigkeit).[357] Auf dieser Grundlage

353 *Eifert* definiert Regulierung als „jede gewollte staatliche Beeinflussung gesellschaftlicher Prozesse […], die einen spezifischen, aber über den Einzelfall hinausgehenden Ordnungszweck verfolgt und dabei im Recht zentrales Medium und Grenze findet". *Eifert*, in: Hoffmann-Riem/Schmidt-Aßmann/Voßkuhle, § 19 Rn. 5.

354 *Savary*, S. 75.

355 Das Wort „consultation" wird zwei Mal verwendet. *Expertenbericht*, S. 17, 18.

356 *Pache*, in: Meyer/Streinz, BasisVO Art. 9 Rn. 5.

357 Gemäß Art. 11 EUV führt die Kommission umfassende Konsultationen mit den betroffenen Parteien durch, um sicherzustellen, dass die Maßnahmen der Union

formulierte die Kommission Grundregeln für die Öffentlichkeitsbeteiligung bei der Gemeinschaftsrechtsetzung.[358] Demzufolge muss eine Konsultation der Öffentlichkeit durch die Kommission „in offener und transparenter Weise" erfolgen.[359] Die dieser Formel zugrunde liegenden Mitteilungen der Kommission sind in Art. 288 AEUV nicht ausdrücklich vorgesehen und damit rechtlich unverbindlich.[360] Allerdings können sie rechtsgestaltende Wirkung haben und sind daher vor dem EuGH angreifbar.[361]

Die Entwicklung dieser Grundregeln kulminierte in der Agenda für „Bessere Rechtsetzung" („BR"), die von der Kommission 2015 verabschiedet[362] und in der Literatur vielfach evaluiert wurde.[363] Angesichts verbreiteter Besorgnis über Qualität und demokratischen Gehalt der europäischen Gesetze[364]

---

kohärent und transparent sind. Darüber hinaus sieht das Protokoll Nr. 2 im Anhang zum AEUV über die Anwendung der Grundsätze der Subsidiarität und der Verhältnismäßigkeit vor, dass die Kommission vor dem Vorschlag von Rechtsakten eine umfassende Konsultation durchführt.

358 Einschlägig sind hier: *Kommission*, Weißbuch, „Europäisches Regieren" v. 25.07.2001, KOM (2001) 428, ABl. C 287, S. 1–29; *Kommission*, Mitteilung, Allgemeine Grundsätze und Mindeststandards für die Konsultation betroffener Parteien durch die Kommission v. 11.12.2002, KOM (2002) 704; *Kommission*, Grünbuch, Europäische Transparenzinitiative v. 3.5.2006, KOM (2006) 194. Für einen Überblick über drei Jahrzehnte relevanter grauer Literatur, siehe: *Smismans*, European Journal of Law Reform 2017, S. 74.

359 Dies erfordert eine angemessene und gerechte Behandlung aller Berechtigter des Konsultationsprozesses, dass Art und Umfang der Konsultation in einem angemessenen Verhältnis zu den Auswirkungen des betreffenden Vorschlages stehen, sowie die Möglichkeit, dass Dritte die im Rahmen der Konsultation abgegebenen Äußerungen zur Kenntnis zu nehmen können. *Pache*, in: Meyer/Streinz, BasisVO Art. 9 Rn. 13.

360 EuGH, Rs. C-149/96, ECLI:EU:C:1999:574 – *Portugal/Rat*.

361 *Nettesheim*, Das Recht der Europäischen Union, Werkstand: 68. EL Oktober 2019, AEUV Art. 288 Rn. 211, 215.

362 *Kommission*, Better Regulation for Better results – An EU agenda v. 19.05.2015, KOM (2015) 215 endg. Aktueller Überblick: https://ec.europa.eu/info/law/law-making-process/planning-and-proposing-law/better-regulation-why-and-how_de (letzter Abruf: 09.05.2020).

363 Für eine Übersicht: *Listorti et al.* Besonders hervorzuheben sind: *Radaelli*, Journal of European Public Policy 2007, S. 190; *Kaeding*, European Law Journal 2008, S. 583; *Radaelli/Meuwese*, Public Administration 2009, S. 639; *Alemanno*, European Journal of Risk Regulation 2015, S. 344; *Tombs*, Policy Studies 2016, S. 332; und neuerdings *Mödinger*.

364 *Franzius*, EuR 2013, S. 655; *Franzius/Preuß*.

definieren die Leitlinien der Kommission die BR als einen Ansatz für die Politik- und Rechtsetzung, der erlaubt, Ziele zu minimalen Kosten zu erreichen, und sicherstellt, dass politische Entscheidungen unter Einbeziehung der Interessengruppen transparent vorbereitet und durch bestmögliche Evidenz fundiert werden.[365] Basierend auf den unionsrechtlichen Grundsätzen der Notwendigkeit, Proportionalität, Subsidiarität und Transparenz[366] ist das Ziel der BR, den Umfang von Konsultationen auszuweiten und ihre Transparenz während des gesamten Regulierungszyklus zu verbessern.[367]

Im Rahmen der BR-Agenda beabsichtigte die Kommission, „den Bürgern und Interessenvertretern in jeder Phase des Prozesses – von der ersten Idee über die Vorlage eines Kommissionsvorschlags bis hin zur Verabschiedung von Rechtsvorschriften und deren Bewertung – genauer zuzuhören und offen für ihr Feedback zu sein.“[368] Vor diesem Hintergrund lässt sich das europäische Gesetzgebungsverfahren in vier Hauptphasen unterteilen.[369] Erstens, ein der Gesetzesinitiative vorgeschalteter Zyklus, der Zwischenphasen wie Grünbücher, Weißbücher, Konsultation von Interessengruppen und Folgenabschätzungen beinhaltet. Zweitens, der reguläre Gesetzgebungszyklus zwischen Kommission, Parlament und Rat.[370] Drittens, ein nachgelagerter Zyklus, der v.a. die Umsetzung in nationales Recht betrifft sowie, viertens, ein ex-post-Zyklus, der eine Eignungsprüfung und ggf. Überarbeitung der Rechtsvorschriften beinhaltet. Die BR weitet den Standard-Konsultationsprozess auf jede der vier Phasen aus.[371] Die hier untersuchte Konsultation der Stakeholder im Rahmen der Konferenz und des Expertenberichts kann der ersten, prälegislativen Phase

365 *Kommission*, Better Regulation Guidelines v. 7.7.2017, SWD (2017) 350, S. 4.

366 *Golberg*, M-RCBG Associate Working Paper Series 2018, S. 1, 22.

367 *Sarpi*, European Journal of Risk Regulation 2015, S. 372, 374.

368 *Kommission*, Better Regulation for Better results – An EU agenda v. 19.05.2015, KOM (2015) 215 endg., S. 4.

369 *Van den Abeele*, ETUI 2015, S. 1, 9.

370 Manchmal nach Anhörung des Europäischen Wirtschafts- und Sozialausschusses und des Ausschusses der Regionen.

371 *Golberg*, M-RCBG Associate Working Paper Series 2018, S. 1, 58. Bei „Roadmaps“ und „Inception Impact Assessments“ können Interessenvertreter zwölf Wochen lang Feedback geben und um relevante Informationen bitten. Außerdem können alle Interessengruppen zu Rechtsakten, die technische oder spezifische Elemente enthalten, Rückmeldung geben. *Kommission*, Better Regulation Guidelines v. 7.7.2017, SWD (2017) 350, S. 52.

zugeordnet werden[372] und entspricht damit dem in der Praxis beobachteten Trend, dass die Einbindung von Interessengruppen immer „früher und früher in der prälegislativen Phase" stattfindet.[373]

Im Bereich des Wettbewerbsrechts ist unter dem Eindruck der Herausforderungen durch das digitale Zeitalter jüngst eine Spielart der BR popularisiert worden, die unter dem Titel „Partizipatives Kartellrecht" (PK) firmiert. Dem PK zufolge führt die Zusammenarbeit zwischen Regierungen, Wettbewerbsbehörden und Industrie zu einem besseren Verständnis des digitalen Sektors sowie der Regeln, analytischen Rahmenbedingungen und Institutionen, die dem Wettbewerb im digitalen Zeitalter förderlich sind.[374] *Tirole* begründet die Notwendigkeit eines PK damit, dass Selbstregulierung tendenziell interessengeleitet, die Wettbewerbspolitik oft zu langsam, und eine Regulierung von Digitalunternehmen analog zu öffentlichen Versorgungsbetrieben nicht durchführbar sei. Im Gegensatz dazu kombiniere das PK Rechtssicherheit und Flexibilität, indem Stakeholder Regelungen vorschlagen, zu denen die Kartellbehörden dann Stellung beziehen.[375] Dieser Ansatz sei insbesondere in digitalen Märkten, in denen zu breit angelegte oder zu schnell durchgeführte Änderungen der rechtlichen Pflichten und Beweisstandards Innovationsanreize reduzieren, notwendig.[376]

Die Schwierigkeit von Ansätzen, die eine kontinuierliche Einbindung betroffener Interessengruppen in Diskussions- und Entscheidungsprozesse anstreben,[377] liegt darin, dass sie eine Bereitschaft der beteiligten Gruppen zur Machtteilung bedingen.[378] Während Befürworter einer Stakeholder-Einbindung auf Flexibilität, mehr Sachverstand und eine höhere Geschwindigkeit in

---

372 Der Prozess ist innerhalb der für die zugrundeliegende politische Initiative verantwortlichen Generaldirektionen dezentralisiert; entsprechend wurde der Expertenbericht und die dazugehörige öffentliche Konsultation von GD COMP organisiert. Siehe *Radaelli/Meuwese*, Public Administration 2009, S. 639.

373 *Van den Abeele*, ETUI 2015, S. 1, 73. Fraglich ist, ob dadurch die Konsultation der Sozialpartner, des Europäischen Wirtschafts- und Sozialausschusses und des Ausschusses der Regionen geschwächt wird, da diese nur zu bestimmten Zeitpunkten des Gesetzgebungszyklus und innerhalb der durch den AEUV gesetzten Grenzen stattfinden darf. *Van den Abeele*, ETUI 2015, S. 1, 24.

374 *Schrager*, CPI 2018; *Tirole*; *Bethell/Baird/Waksman*, Journal of Antitrust Enforcement 2020, S. 30.

375 *Schrager*, CPI 2018.

376 *Bethell/Baird/Waksman*, Journal of Antitrust Enforcement 2020, S. 55.

377 Für eine Zusammenfassung, siehe *Savary*, S. 80ff., sowie die hierin zitierte Literatur.

378 *Hemmati*, S. 5f.

der Rechtsetzung hinweisen,[379] befürchten andere unklare Rahmenbedingungen, überhöhte Anforderungen von Aufsichtsbehörden, fehlende Anreize[380] und einen Mangel an Kooperationskultur.[381] Allerdings lassen sich für den Fall eines PK im digitalen Zeitalter Vorteile sowohl auf Seiten der Kommission als auch auf Seiten der Unternehmer identifizieren, die nahelegen, dass dieser Ansatz nicht mit ähnlich gelagerten Problemen konfrontiert werden wird.

Auf der einen Seite stehen Wettbewerbsbehörden, die unter einem signifikanten Informationsnachteil gegenüber Technologieunternehmen leiden.[382] Dieser Nachteil kann durch das PK gemildert werden,[383] indem die Einbindung der Stakeholder sicherstellt, dass regulatorische Lösungen oder Durchsetzungsmaßnahmen nicht durch die hohe Innovationsdynamik wirkungslos werden und auf Themen ausgerichtet sind, bei denen eine marktgetriebene Lösung unwahrscheinlich ist.[384] Zudem besitzt die Einführung einer Reihe von wettbewerbsfördernden ex-ante-Regeln Vorteile gegenüber einer ausschließlichen ex-post-Durchsetzung.[385] Wenn solche wettbewerbspolitischen ex-ante-Regeln in Zusammenarbeit mit den betroffenen Interessengruppen konzipiert werden, können sie die Konsumentenwohlfahrt besser fördern als die wettbewerbsrechtliche Durchsetzung von Einzelfällen.[386] Dementsprechend lassen sich die hier untersuchte Konferenz und Konsultation als Versuch der Kommission werten, Spielräume von ex-ante-Regeln, beispielsweise in Bezug auf das Verhalten von Plattformen, auszuloten.

Auf der anderen Seite gibt es gute Gründe für Technologieunternehmen, sich an den Reformbemühungen zu beteiligen.[387] Erstens sind solche Unternehmen, insbesondere wenn sie auf Plattformmodellen basieren, gleichzeitig mit einer

---

379 *Spindler/Thorun*, MMR-Beil. 2016, Kap. 3.4.1.

380 Vorschläge zur Selbstregulierung übersehen laut *Zuboff*, S. 248: „die unbequeme Wahrheit, dass Transparenz und Privatsphäre Reibung für Überwachungskapitalisten darstellen, ähnlich wie die Verbesserung der Arbeitsbedingungen, die Ablehnung von Kinderarbeit oder die Verkürzung des Arbeitstages Reibung für die frühen Industriekapitalisten darstellten" (eigene Übersetzung).

381 *Spindler/Thorun*, MMR-Beil. 2016, Kap. 3.4.3.

382 *Furman-Report*, S. 4–5.

383 *Schrager*, CPI 2018; *Tirole*; *Bethell/Baird/Waksman*, Journal of Antitrust Enforcement 2020, S. 30.

384 *WEF*, Competition Policy, S. 16.

385 *Marsden*, CPI Europe Column 2019.

386 *Dolmans/Pesch*, CLPD 2019, S. 1, 14.

387 Für dieses Argument: *Bethell/Baird/Waksman*, Journal of Antitrust Enforcement 2020, S. 50.

Vielzahl an Wettbewerbsfällen in unterschiedlichsten Jurisdiktionen befasst, weshalb klare und einheitliche Regeln Zeitersparnis und eine bessere interne Ressourcenverteilung versprechen. Zweitens haben Plattformen ein Interesse daran, dass Reformen auf einem detaillierten Wissen über die Funktionsweise digitaler Märkte basieren, also Wissen, über welches sie in privilegierter Weise verfügen. Drittens sind Technologieunternehmen zunehmend vom Vertrauen der Nutzer abhängig[388] und die Teilnahme von Unternehmen am PK ermöglicht es ihnen, Legitimität herzustellen.[389]

Im Ergebnis ist festzuhalten, dass es sich bei dem Expertenbericht weder um einen Rechtsakt i.S.v. Art. 288 AEUV noch um ein offiziell von der Kommission herausgegebenes Dokument handelt, sodass die Vorschriften der BR zur Konsultation der Öffentlichkeit *de jure* nicht verbindlich sind. Allerdings lud die Kommission *Tirole*, den Entwickler des PK-Ansatzes, als Hauptredner zu der hier untersuchten Konferenz ein und der Expertenbericht verweist auf seine Arbeiten.[390] Dies suggeriert zumindest eine politische Selbstverpflichtung der Kommission[391] und erlaubt, die im Schrifttum zu BR und PK entwickelten Kriterien als analytische Kategorien für eine Bewertung des Expertenberichts heranzuziehen. Die folgende Sektion wertet die theoretische und empirische Literatur zu BR und PK aus, um besagte Kategorien als Bewertungsmaßstab für die zu untersuchende Transmission von Ideen abzuleiten. Am Rande sei zudem vermerkt, dass sich der DMA, im Gegensatz zum Expertenbericht, auch rechtlich nach den BR-Grundsätzen zu richten hat und auf diese auch explizit verweist, nicht zuletzt, weil er einen Regulierungsdialog mit relevanten Plattformen beabsichtigt (vgl. F.II). Dadurch haben *Tiroles* Ideen zu einem PK nun auch aktuelle praktische Relevanz.

388 *Tirole*, S. 402.

389 *Savary*, S. 83.

390 Z.B. *Expertenbericht*, S. 32, Fn. 41, und S. 54, Fn. 74.

391 Ein Beispiel für eine solche politische Selbstverpflichtung der Kommission bietet die Institutionalisierung individueller Beschwerden im Rahmen der Vertragsverletzungsverfahrens, siehe: *Karpenstein*, in: Das Recht der Europäischen Union, Werkstand: 68. EL Oktober 2019, AEUV Art. 258 Rn. 18–23. Nach ständiger Rechtsprechung resultiert aber kein einklagbarer Anspruch: EuGH, Rs. C-72/90, ECLI:EU:C:1990:230 – *Asia Motor France*.

II. Bewertungsmaßstab

Gute Rechtsetzungsprozesse werden in der Literatur unter zahlreichen Aspekten bewertet, die von Geschlechtsneutralität[392] bis zur Beeinflussung durch soziale Medien[393] reichen. Im Folgenden soll es vor dem Hintergrund der o.g. primärrechtlichen Normen und deren Umsetzung in BR und PK um analytische Kriterien für eine Bewertung der Verarbeitung von Interessengruppenbeiträgen in dem Expertenbericht gehen. Die Beteiligung von Interessengruppen am Meinungsbildungsprozess stellt nicht nur ein wesentliches Element einer funktionierenden Demokratie dar,[394] sondern erwächst auch aus der pragmatischen Erkenntnis, dass komplexe oder technische Regelwerke der Expertise von Interessenvertretern bedürfen.[395] Das Problem ist also nicht der Interessengruppeneinfluss *per se*, „sondern die Art und Weise, wie er ausgeübt wird, was wir darüber erfahren, und wie die Politik im Sinne des Gemeinwohls damit umgeht."[396] Auf dieser Grundlage existiert ein breites Schrifttum zu Kriterien guter Regulierung[397] und den rechtlichen Rahmenbedingungen für eine angemessene Interessenvertretung,[398] aus dem sich drei zentrale Merkmale im Einklang mit der BR-Agenda und dem PK-Ansatz ableiten lassen: Repräsentativität (1), Wirksamkeit (2), und Transparenz (3).

1. Repräsentativität

Das Konsultationsverfahren soll eine bedeutungs- und verantwortungsvolle Beteiligung aller relevanter Interessengruppen ermöglichen,[399] inklusive betroffener Bürger. Eine Benachteiligung einzelner Stakeholder ist zu vermeiden. Schon vor der Einführung der BR-Grundsätze wurde bemängelt, dass die Konsultationspraxis der Kommission eine Bevorzugung

---

392 *Wersig*, ZRP 2019, S. 244.

393 *Voss*, ZRP 2019, S. 211.

394 Siehe z.B. für die deutsche Rechtsordnung: *Scholz*, in: Maunz/Dürig, Grundgesetz-Kommentar, Werkstand: 88. EL August 2019, Art. 9 GG, Rn. 158.

395 *Brouwer*, in: Pischel/Kopp, § 1 Rn. 25.

396 *Polk*, Spiegel Online 2017. Eine zu starke Vergleichs- und Kompromisskultur kann allerdings auch gesellschaftlichen Fortschritt behindern, z.B. wenn Probleme mangels Konfliktaustragung nicht mehr behandelt werden. *Risse*, SchiedsVZ 2011, S. 14, 16.

397 Für eine Übersicht: *Savary*, S. 80.

398 *Brouwer*, CCZ 2019, S. 2.

399 Siehe hierzu: *Savary*, S. 84.

bestimmter Akteure erkennen lasse[400] und dass bessere Verfahren notwendig seien, um die ungleiche Lobby-Arbeit von Interessengruppen in Brüssel auszugleichen.[401] Die Evaluation der bisherigen BR-Konsultationen identifiziert ähnliche Mängel.[402] Auch der PK-Literatur scheint ein möglichst breiter regulatorischer Dialog vorzuschweben, an dem nicht nur Wettbewerbsbehörden und Unternehmen, sondern auch Konsumenten und Wissenschaftler teilnehmen sollten.[403]

Es ist zu beachten, dass eine absolute Repräsentativität im Rahmen des hier untersuchten Konsultationsprozesses nicht zu erwarten ist. Bereits die Tatsache, dass man sich pro-aktiv um die Beteiligung im Konsultationsverfahren bemühen muss, führt zu einer Verzerrung der Ergebnisse durch Selbstselektion, sodass die Ergebnisse nicht repräsentativ für die gesamte Gemeinschaft der betroffenen Akteure sind.[404] Konsultationen richten sich an Einzelpersonen und Gruppen mit Fachwissen und technischen Kenntnissen,[405] die i.d.R. nicht den Einzelpersonen und Gruppen entsprechen, die von der zu diskutierenden Regulierung am meisten betroffen sind.[406] Teilnehmer sind zudem oft diejenigen, die bereits Zugang zum politischen Prozess haben.[407] Schließlich ist die unterschiedliche Finanzkraft der Akteure zu berücksichtigen.[408] Diese Selektivität ist problematisch: Wenn die Beiträge hauptsächlich von traditionellen Gesprächspartnern stammen, ist der Mehrwert begrenzt, da die Positionen vorhersehbar sind und entlang vorher

---

400 *Franzius*, EuR 2013, S. 655, 664.

401 *Franzius/Preuß*, S. 166.

402 *Listorti et al.*, S. 41.

403 *Bethell/Baird/Waksman*, Journal of Antitrust Enforcement 2020, S. 30, 55; *Tirole*, IFS Deaton Rev. 2020, S. 1, 21 ("reactive antitrust" beruhend auf "industry and academia's information").

404 *Impact Assessment Institute*, S. 28.

405 *Alemanno*, European Journal of Risk Regulation 2015, S. 344.

406 *Alemanno*, European Journal of Risk Regulation 2015, S. 344; *Sarpi*, European Journal of Risk Regulation 2015, S. 372, 372–74.

407 *Alemanno*, European Journal of Risk Regulation 2015, S. 344; *Dawson*, CMLRev 2016, S. 1209; *Garben*, in: Garben/Govaere, S. 217; *Sarpi*, European Journal of Risk Regulation 2015, S. 372.

408 So wurde vermutet, dass die BR Agenda weder Bürgern noch NGOs helfe, da diese ihre überstrapazierten Ressourcen auf die relevantesten Momente im Entscheidungsprozess richten müssten, während Interessentransfer der Industrie konstant Rückmeldungen einreichen könnten. *Sarpi*, European Journal of Risk Regulation 2015, S. 372; *Pachl*, EJRR 2015, S. 375, 376f.; *Smismans*, EJRR 2015, S. 6, 23.

festgelegter politischer Linien verlaufen. Im Ergebnis soll ein möglichst breites Publikum erreicht und dessen Rückmeldungen umfassend betrachtet werden.

2. Wirksamkeit

Nachdem die im Rahmen des Konsultationsverfahrens eingegangenen Beiträge repräsentativ aufgenommen und dargestellt wurden, ist zu klären, wie diese Informationen zu verwenden sind. Aus den Leitlinien zur BR wird nicht ersichtlich, welche Art und Menge an empirischer Evidenz zu berücksichtigen ist, wer diese Evidenz beisteuert und wie sie in der letztendlichen Ausarbeitung und Umsetzung der Regulierung berücksichtigt wird.[409] Daher wurde bemängelt, dass zusätzliche Hinweise zu den Methoden zur Auswertung der eingegangenen Beiträge sinnvoll gewesen wären.[410] Zumindest aus Sicht von Befürwortern des PK-Ansatzes sollten insbesondere die Hinweise von Unternehmen an der gegenwärtigen Technologiegrenze berücksichtigt werden, da diese das beste Verständnis für technische Probleme und aktuelle Konsumentenbedürfnisse auf digitalen Märkten hätten.[411]

Für eine wirksame Verarbeitung der eingereichten Stakeholder-Beiträge in diesem Sinne bestehen mehrere Hürden. Eine erste kognitive Herausforderung besteht darin, aus der großen Menge der gesammelten Daten einen übergreifende Sinn und eine diesem entsprechende Handlungsempfehlung abzuleiten.[412] Darüber hinaus ist unklar, wie unterschiedliche Informationen von Interessengruppen mit gegensätzlichen Ansichten (z.B. Industrie versus NGO) im Regulierungsprozess zu berücksichtigen sind.[413] Das gleiche gilt für das Spannungsverhältnis zwischen dem partizipativen, demokratischen Element der BR und ihrem gleichzeitigen Fokus auf evidenzbasierte und wirksame Rechtsetzung.[414]

Die Zusammenführung konträrer Positionen hängt mit dem Problem der Gewichtung zusammen. Innerhalb des selektierten Teilnehmerkreises sind unterschiedliche Fachkenntnisse der Befragten feststellbar,[415] während

409 *Ranchordás*, European Journal of Law Reform 2017, S. 52.

410 *Chase/Schlosser*, EJRR 2015, S. 378, 378.

411 *Bethell/Baird/Waksman*, Journal of Antitrust Enforcement 2020, S. 30, 50ff.; *Tirole*, IFS Deaton Rev. 2020, S. 1, 21 (Empfehlung von "business review letters").

412 *Eliantonio/Spendzharova*, European Journal of Law Reform 2017, S. 3, 9.

413 Zum unterschiedlichen Einfluss verschiedener Interessengruppen: *Kluever*, Journal of European Public Policy 2013, S. 59.

414 *Garben*, in: Garben/Govaere, S. 217, 235.

415 *Impact Assessment Institute*; *Van den Abeele*, ETUI 2015, S. 1.

sich organisierte Interessengruppen wiederum nach Organisationsgrad und wirtschaftlichem Gewicht unterscheiden.[416] Hat jede Antwort das gleiche Gewicht oder sollte ein Beitrag, der fundierter ist oder von einem wichtigeren Stakeholder stammt, stärker im Expertenbericht reflektiert werden?[417] Hier argumentiert das Schrifttum, dass eine Differenzierung nach der Qualität des Beitrages angebracht ist.[418] Im Ergebnis verlangt eine wirksame Konsultation, dass das Feedback der Interessenträger angemessen gewichtet wird.

3. Transparenz

Schließlich stellt Transparenz ein wesentliches Element der BR-Agenda dar,[419] das zur „throughput"-Legitimation des Verfahrens beiträgt.[420] Beide vorangehenden Anforderungen an den Konsultationsprozesses sollen somit transparent ablaufen, d.h. zum einen Transparenz darüber, welche Beiträge eingegangen sind, und zum anderen Transparenz über die als relevant erachteten Argumente, sodass ein Dritter objektiv beurteilen kann, ob eine wirksame Auswertung stattgefunden hat. Eine solche transparente Beteiligung der Betroffenen trägt zur Verbesserung der Qualität von Gesetzen sowie zur Ausgewogenheit und Akzeptanz parlamentarischer Entscheidungen bei.[421] Im Ergebnis ist es notwendig, dass das Ergebnis der Konsultation, im vorliegenden Fall der Expertenbericht, transparent macht, welche Argumente gehört und welche davon als wichtig erachtet wurden.

III. Zwischenergebnis

Bei dem von der Kommission initiierten Expertenbericht handelt es sich um keinen Rechtsakt und um kein offiziell von der Kommission herausgegebenes Dokument, sodass die erläuterten Kriterien zur Konsultation der Öffentlichkeit während des gemeinschaftlichen Gesetzgebungsverfahrens nicht bindend, sondern als analytische Kategorien aufzufassen sind. Für

---

416 *Garben*, in: Garben/Govaere, S. 217; *Impact Assessment Institute*, S. 29; *Van den Abeele*, ETUI 2015, S. 1.

417 *Garben*, in: Garben/Govaere, S. 217, 235.

418 *Impact Assessment Institute*, S. 29, 32.

419 *Héritier*, Journal of European Public Policy 2013, S. 814.

420 Der Begriff „throughput"-Legitimität geht zurück auf: *Schmidt*, Political Studies 2013, S. 2.

421 *Brouwer*, CCZ 2019, S. 2.

eine wirksame Konsultation ist notwendig, dass die untersuchten Beiträge von Interessenträger repräsentativ rezipiert, angemessen gewichtet und schließlich in transparenter Weise in Reformvorschläge umgesetzt werden. Ob dies im vorliegenden Fall gegeben ist, soll im folgenden Teil untersucht werden.

E. Expertenbericht

Welchen Einfluss hatten die eingereichten Beiträge für die wettbewerbsrechtliche Argumentation und Erarbeitung von Reformvorschläge im Expertenbericht? In ihrer Einleitung bedanken sich die Sonderberater für „die wertvollen Beiträge, die sie im Rahmen des Konsultationsprozesses sowie der von der Europäischen Kommission am 17. Januar 2019 organisierten Konferenz ‚Shaping competition policy in the era of digitalisation' erhalten haben", betonen, dass sie diese „sehr geschätzt" hätten, und schließen mit der Bemerkung, dass alle eingereichten Beiträge „dankbar entgegengenommen und berücksichtigt" wurden.[422] Auch in der Literatur wurde der Bericht dafür gelobt, besonders „offen"[423] für einen Gedankenaustausch zu sein.

In dieser Sektion werden zunächst thematische Schwerpunkte und Reformvorschläge des Expertenberichts ermittelt und mit den eingereichten Beiträgen verglichen (I). Anschließend wird eine Auswahl innovativer Aspekte des Berichts diskutiert und kritisch bewertet (II). Schließlich ist anhand der in Teil D entwickelten Kriterien zu prüfen, ob die Konsultation der Stakeholder wirksam, repräsentativ und transparent verlief (IIII). Der anschließende Teil setzt diese Ergebnisse mit den jüngsten Reformvorhaben auf deutscher und europäischer Ebene in Verbindung (Teil F).

I. Vergleich

Der inhaltliche Vergleich des Expertenberichts mit den Stakeholder-Beiträgen erfolgt durch eine qualitative Beantwortung der Frage, inwieweit die durch das STM geschätzten „Topics" im Expertenbericht behandelt werden (1); durch eine quantitative Suche nach bestimmten „Schlüsselwörtern" (2); sowie durch eine Auswertung des Fußnotenapparates (3).

1. Topics

Der Expertenbericht definiert ökonomischen Wettbewerb im digitalen Zeitalter über drei Merkmale: extreme Skalenerträge[424] aufgrund der geringen Produk-

---

422 *Expertenbericht*, alle Zitate auf S. 17f. (eigene Übersetzung).

423 "open-minded" in: *De Pablo*, CPI Antitrust Chronicle 2019, S. 1, 2.

424 Bei gegebenen Skalenerträgen sinken die langfristigen durchschnittlichen Stückkosten bei steigender Produktionsmenge.

tionskosten für digitale Produkte und Dienstleistungen,[425] starke Netzwerkeffekte[426] sowie die zunehmend wichtigere Rolle von Daten als zentralem Wettbewerbsparameter.[427] Aus diesen Merkmalen folge das Vorhandensein starker Verbundvorteile, die die Entwicklung von Ökosystemen begünstigten und den etablierten Unternehmen einen starken Wettbewerbsvorteil verschaffen würden.[428] An dieser Stelle erwähnen die Sonderberater, dass die „Erfahrung"[429] zeige, dass große etablierte digitale Anbieter nur sehr schwer zu verdrängen seien, obwohl es „wenig empirische Beweise"[430] für die damit einhergehenden Effizienzverluste gebe. Auch wenn an dieser Stelle nicht direkt auf den Konsultationsprozess verwiesen wird, ist zu vermuten, dass die Beiträge europäischer Unternehmen, nicht zuletzt aufgrund ihrer Fokussierung auf Ausbeutungsmissbräuche dominanter amerikanischer Anbieter (vgl. Topics 1, 7, 8), diese „Erfahrung" der Berater begründet oder zumindest verstärkt haben.

Zusammengenommen beeinflussen diese Merkmale der digitalen Ökonomie in hohem Maße die Formen des heutigen und zukünftigen Wettbewerbs und rechtfertigen daher Anpassungen in der Anwendung des europäischen Wettbewerbsrechts.[431] Die anschließenden Hauptaussagen des Expertenberichts zum substantiellen Recht lassen sich in drei Bereiche trennen.[432] Die Sonderberater erörtern die Anwendung der Wettbewerbsregeln auf Plattformen (a) sowie die wettbewerbsrechtliche Bedeutung von Daten (b) und fragen anschließend, ob die europäische Fusionskontrolle einer Aktualisierung bedarf (c).

---

425 *Expertenbericht*, S. 19f.

426 *Expertenbericht*, S. 20–23.

427 *Expertenbericht*, S. 24–29.

428 *Expertenbericht*, S. 33–35.

429 *Expertenbericht*, S. 36.

430 *Expertenbericht*, S. 36.

431 *Expertenbericht*, S. 37.

432 Diese drei Bereiche verteilen sich auf die Kapitel 4, 5 und 6. Zwei einleitende Kapitel beschreiben darüber hinaus die wichtigsten Merkmale und Funktionsweisen digitaler Märkte sowie die Ziele und Methoden des EU-Wettbewerbsrechts im digitalen Zeitalter. Das erstere Kapitel muss hier nicht gesondert erörtert werden, da es wie Teil B dieser Untersuchung lediglich die inhaltlichen und terminologischen Grundlagen legen soll, während auf das zweite Kapitel zum geeigneten wettbewerbsrechtlichen Ziel und Bewertungsmaßstab weiter unten im Rahmen der allgemeineren Diskussion eingegangen wird (vgl. E.IV).

a) Plattformen

Angesichts von Merkmalen wie Netzwerkeffekten, Skalenerträgen und dominanten Ökosystemen, so der Expertenbericht, böten digitale Märkte oftmals nur Platz für eine begrenzte Anzahl von Plattformen. Um Anreize für die Bereitstellung von Waren und Dienstleistungen zu vernünftigen Bedingungen und für Innovationen zu schaffen, müsse das Wettbewerbsrecht besonders den Wettbewerb „um" den Markt schützen.[433] Wenngleich die Sonderberater betonen, dass immer eine Einzelfallanalyse erforderlich sei,[434] argumentieren sie, dass Handlungen einer dominanten Plattform, die Konkurrenten behindern oder ihre Kosten erhöhen ohne einen genuinen „Leistungswettbewerb" darzustellen, einem Verdachtsmoment unterliegen sollten.[435]

An dieser Stelle fokussiert der Expertenbericht auf das Beispiel der sogenannten Meistbegünstigungsklauseln („MFNs")[436] und bietet eine differenzierte Bewertung in Abhängigkeit von der Wettbewerbssituation auf dem relevanten Markt an.[437] Wenn der dort vorherrschende Wettbewerb zwischen Plattformen ausreichend stark sei, könne es ausreichen, Klauseln zu verbieten, die Verkäufer auf einer Plattform an einer Preisdifferenzierung zwischen den Plattformen hindern (d.h. ein Verbot „weiter" MFNs). Klauseln, die den Verkäufer daran hindern, auf seiner eigenen Website niedrigere Preise anzubieten („enge" MFNs), wären in diesem Szenario weiterhin zulässig. Wenn der Wettbewerb zwischen Plattformen schwach sei, könne der Druck auf die marktbeherrschenden Plattformen nur von anderen Verkaufskanälen ausgehen, sodass in diesem Fall auch „enge" MFNs wettbewerbsrechtlich zu sanktionieren wären. Da MFNs in den Konsultationsbeiträgen nur eine sehr geringe Rolle spielen,[438] scheint diese inhaltliche Fokussierung durch die jüngste Rechtsprechung im Bereich Hotelbuchungsplattformen motiviert.[439]

---

433 *Expertenbericht*, S. 55. Im Gegensatz zum Wettbewerb „im" Markt. Für diese Differenzierung, siehe: *Geroski*, Journal of Industry, Competition and Trade 2003, S. 151.

434 *Expertenbericht*, S. 56.

435 *Expertenbericht*, S. 55.

436 Für einen Überblick, siehe: *Akman*, Journal of Competition Law and Economics 2016, S. 781; *Akman/Sokol*, Rev. Indust. Org. 2017, S. 133; *Ezrachi*, Eur. Competition J. 2015, S. 488.

437 *Expertenbericht*, S. 57.

438 Nur ein einziger Beitrag erwähnt MFNs: *Epicenter*, S. 5.

439 Z.B. Bundeskartellamt v. 20.12.2013, Rs. B9-66/10 – *HRS*; *Ellger*, in: Immenga/Mestmäcker, EU-Wettbewerbsrecht, Art. 101 Abs. 3 AEUV, Rn. 602–605.

Um Angebotsvielfalt, Innovation und Konsumentenwohlfahrt im Bereich Plattformen zu fördern, ist es dem Expertenbericht zufolge notwendig, sicherzustellen, dass „Multihoming" und „Switching" möglich sind und marktbeherrschende Plattformen diese wettbewerbsfördernden Faktoren nicht behindern.[440] Da Plattformen als Regulierer fungieren, indem sie den Interaktionsrahmen für ihre Nutzer festlegen,[441] besitzen dominante Plattformen den Sonderberatern zufolge eine „Verantwortung" dafür, dass ihre Regeln den freien und unverzerrten Wettbewerb nicht ohne objektive Rechtfertigung behindern.[442] Für die wettbewerbsrechtliche Zuschreibung einer solchen Verantwortung verweist der Expertenbericht auf die *Meca-Medina* Rechtsprechung zu Sportverbänden im Rahmen von Art. 101 AEUV.[443] Naheliegender wäre eine Argumentation über die vom EuGH in *Michelin I* festgestellte „besondere Verantwortung" im Rahmen von Art. 102 AEUV gewesen,[444] da die Sonderberater explizit betonen, dass diese verstärkte Verantwortung nur dominante Plattformen betreffen solle. Obwohl der Expertenbericht seine Charakterisierung von Plattformen als Regulierer mit einem Verweis auf die „jüngste wirtschaftswissenschaftliche Literatur" legitimiert,[445] ist ein Einfluss der Beiträge von europäischen Unternehmen plausibel, da diese mehrfach auf die marktschaffende, regulierende Funktion von Plattformen hinweisen.[446]

---

440 *Expertenbericht*, S. 57f.

441 *Expertenbericht*, S. 60, 71. Siehe auch: *Tolón*, CPI Antitrust Chronicle 2017.

442 *Expertenbericht*, S. 61.

443 EuGH, Rs. C-519/04 P, ECLI:EU:C:2006:492 – *Meca-Medina*. Vgl. *Expertenbericht*, S. 62, Fn. 84. Der EuGH entschied in *Meca-Medina*, dass Zulassungsbestimmungen für einen Wettkampfsport grundsätzlich vom EU-Wettbewerbsrecht erfasst werden. Die ISU konnte nicht darlegen, dass die kumulativen Voraussetzungen des Art. 101 Abs. 3 AEUV erfüllt sind. Der Wettbewerb wurde durch die Zulassungsbestimmungen vollständig ausgeschaltet. Vgl. *Kommission*, Zusammenfassung des Beschlusses der Kommission vom 8.12.2017, Rs. AT.40208, ABl. C 148 v. 27.4.2018, S. 9–12, insb. Rn. 20–22.

444 EuGH, Rs. 322/81, ECLI:EU:C:1983:313 – *Michelin I*, Rn. 57. Diese besondere Verantwortung begründet ein Verhältnismäßigkeitsprinzip. EuGH, Rs. 6/72, ECLI:EU:C:1973:22 – *Continental Can*, Rn. 25. Zu der gebotenen Interessenabwägung unter Berücksichtigung der Wettbewerbsfreiheit, siehe *Hellwig*, in: Engel/Möschel, S. 233, 255ff.

445 *Expertenbericht*, S. 6, siehe auch S. 60.

446 Während europäische Unternehmen beklagen, dass Plattformen damit Regeln für die Märkte setzen, in denen sie selber aktiv konkurrieren, betonen nicht-europäische Think Tanks, dass die unterschiedliche Festlegung von Regeln Innovation und

Die Tatsache, dass Plattformen als Regulatoren fungieren, soll dem Expertenbericht zufolge die Behandlung von „Leveraging" und „Self-Preferencing" Tatbeständen beeinflussen.[447] Im Rahmen der digitalen Ökonomie wird unter dem Gesichtspunkt des „Leveraging" befürchtet, dass einige Firmen ihre Marktmacht auf einen Sekundärmarkt übertragen; nicht nur um größere Gewinne zu erzielen, sondern auch, um den Eintritt neuer Wettbewerber in ihren Kernmarkt zu verhindern.[448] Das ist eine Sorge, die ebenfalls von Unternehmen im Konsultationsprozess geäußert wurde (Topic 7). Die Sonderberater erwarten, dass marktbeherrschende Plattformen versuchen, Dienste und Produkte, bei denen ihre Kontrolle über Verbraucherdaten und Netzwerkeffekte stark ausgeprägt ist, mit anderen Diensten und Produkten zu bündeln, bei denen dies in einem geringeren Maß gegeben ist.[449] In solchen Fällen, so der Expertenbericht, sei der Effizienzvorteil einer Bündelung gering, sodass die wettbewerbsrechtliche Ahndung besonders streng sein solle.[450]

Wie aus der Entscheidung in *Google Shopping* ersichtlich, wird „Self-Preferencing" von der Kommission nicht als per se missbräuchlich eingestuft, sondern unterliegt einer Wirkungsprüfung im Rahmen von Art. 102 AEUV. Während im Schrifttum bislang strittig ist, ob die Fallkonstellation der Selbstbegünstigung einen Missbrauchstatbestand darstellen kann,[451] positionieren sich die Sonderberater eindeutig. In Fällen vertikal integrierter dominanter Plattformen in Märkten mit hohen Eintrittsbarrieren, so der Expertenbericht, müssten Plattformen in dem Maße, in dem sie eine Regulierungsfunktion ausüben, nachweisen, dass die betreffende Selbstbegünstigung zu keinen langfristigen Ausschlusseffekten auf Produktmärkten führt.[452] Der Aspekt der Beweislastumkehr wird noch separat zu diskutieren sein (E.II.3). Für den Fall, dass Selbstbegünstigung bereits zu „signifikanten" Vorteile für eine Tochtergesellschaft der Plattform geführt hat, werden „restaurative" Abhilfemaßnahmen vorgeschlagen.[453]

Wettbewerb fördert. Siehe z.B. *ProSiebenSat.1*, S. 2f., 5. bzw. *International Center for Law & Economics*, S. 5.

447 *Expertenbericht*, S. 65.

448 *Expertenbericht*, S. 65. Siehe auch: *de Corniere/Taylor*, CEPR Discussion Paper 2018.

449 *Expertenbericht*, S. 66.

450 *Expertenbericht*, S. 66.

451 Übersicht: *Beckmann/Müller*, in: Hoeren/Sieber/Holznagel, Teil 10 Kartellrecht, Rn. 200–202.

452 *Expertenbericht*, S. 66.

453 *Expertenbericht*, S. 68.

b) Daten

Der Abschnitt zu Daten im Expertenbericht beginnt mit der Feststellung, dass die Heterogenität von Daten und ihre unterschiedliche Verwendung zu berücksichtigen seien.[454] Daten werden in freiwillig gegebene, beobachtete und abgeleitete Daten kategorisiert – hier orientieren sich die Sonderberater an der in der Literatur etablierten Unterscheidung (vgl. A.I.2). Ferner könnten Daten auf verschiedenen Ebenen (individuell/aggregiert) gesammelt, in unterschiedlichen Frequenzen erzeugt werden und beträfen historische oder Echtzeit-Werte.[455] Schließlich seien sie persönlicher oder nicht persönlicher Natur. Aufgrund der DSGVO mit ihrem besonderen Rahmen für personenbezogene Daten[456] muss der Zugriff auf personenbezogene bzw. nicht-personenbezogene Daten unterschiedlich behandelt werden.[457] Insgesamt, so der Expertenbericht, müsse die wettbewerbsrechtliche Würdigung von Daten als Wettbewerbsparameter für jeden Einzelfall durch die Marktbesonderheiten sowie die Art der Daten und ihrer Nutzung ermittelt werden.[458]

Im Folgenden geht der Expertenbericht auf die angesprochenen, im Schrifttum kontrovers diskutierten Datenzugangsfragen (vgl. B.I.3) ein und unterscheidet hierfür zwischen der vereinbarten gemeinsamen Nutzung von Daten und dem mandatierten Zugang über Art. 102 AEUV. Der Bericht erkennt an, dass Vereinbarungen über die gemeinsame Nutzung oder Zusammenführung von Daten häufig wettbewerbsfördernd sein werden, indem sie Datenengpässe beheben, Innovationsmöglichkeiten bieten oder die Entwicklung neuer oder besserer Produkte oder Dienstleistungen (v.a. durch das verbesserte Trainieren von Algorithmen) ermöglichen.[459] Gleichzeitig werden Fallkonstellationen geschildert, unter denen solche Vereinbarungen wettbewerbswidrig werden.[460] Der Bericht fordert daher eine separate Untersuchung der verschiedenen Arten

---

454 *Expertenbericht*, S. 75, mit Verweis auf S. 24–29.

455 *Expertenbericht*, S. 75.

456 Persönliche Daten werden definiert in Art. 4 Abs. 1 DSGVO. Art. 9 DSGVO regelt die Verarbeitung besonderer Kategorien personenbezogener Daten.

457 *Expertenbericht*, S. 77–82.

458 *Expertenbericht*, S. 74.

459 *Expertenbericht*, S. 94–96.

460 So könnten Datenpooling-Vereinbarung für den Austausch kommerziell sensibler Informationen verwendet werden oder eine bewirkte Wettbewerbsbeschränkung darstellen, wenn sie die Kosten oder Produktmerkmale von Konkurrenten wesentlich angleichen und dadurch den Wettbewerb einschränken. Vgl. *Expertenbericht*, S. 96–98.

von Datenpooling und ihrer jeweiligen wettbewerbsfördernden und wettbewerbswidrigen Aspekte.[461] Der Vorschlag, die so gewonnenen Erkenntnisse durch Beratungsschreiben, Feststellungen der Nichtanwendbarkeit (Art. 10 VO Nr. 1/2003),[462] eine Überarbeitung der Leitlinien zur horizontalen Zusammenarbeit oder, zu einem späteren Zeitpunkt, eine Gruppenfreistellungsverordnung für Daten umzusetzen, ist ein sinnvoller Ansatz, der zudem auf andere Bereiche ausgedehnt werden könnte.[463]

Wenn Wettbewerber Zugang zu Daten eines marktbeherrschenden Unternehmens im Rahmen von Art. 102 AEUV verlangen, ist zu prüfen, ob dieser Zugang „unerlässlich" ist (B.I.3.a).[464] Die Sonderberater sind der Ansicht, dass Art. 102 AEUV nicht geeignet ist, um Datenanfragen von Antragstellern zu behandeln, die Geschäftszwecke verfolgen, die im Wesentlichen nichts mit dem von der marktbeherrschenden Firma bedienten Markt zu tun haben.[465] Dabei heben sie insbesondere auf Datenzugang zum Zwecke des Trainierens von KI-Algorithmen ab,[466] vielleicht weil ein solcher auch in diversen Konsultationsbeiträgen von Unternehmen gefordert wurde.[467] Im Ergebnis hält der Expertenbericht für solche Fälle eine Anwendung der Essential-Facility-Doktrin für verfehlt und zieht marktorientierte Lösungen oder ein neues regulatorisches Regime vor.[468] Letzteres wurde dann im Anschluss an den Expertenbericht mit dem DMA-Entwurf der Kommission in der Tat angegangen (vgl. F.II).

Zu einem anderen Ergebnis kommt der Expertenbericht in Bezug auf Datenanfragen zum Zweck der Bedienung komplementärer Märkte oder Sekundärmärkte, d.h. Märkte, die Teil des umfassenderen Ökosystems sind, das der für die Datenverarbeitung Verantwortliche bedient.[469] Die Sonderberater geben hier das Beispiel eines Maschinenherstellers, der den Benutzern keinen Zugang zu den Daten seiner verkauften Maschinen gewährt, was eine Abschottung von Sekundärmärkten herbeiführen könne.[470] Angesichts dessen schlagen sie eine

---

461 *Expertenbericht*, S. 109.
462 Verordnung (EG) Nr. 1/2003 des Rates vom 16. Dezember 2002 zur Durchführung der in den Artikeln 81 und 82 des Vertrags niedergelegten Wettbewerbsregeln, ABl. L 1 vom 4.1.2003.
463 Eine solche Ausdehnung fordert: *De Pablo*, CPI Antitrust Chronicle 2019, S. 1, 10.
464 *Expertenbericht*, S. 101.
465 *Expertenbericht*, S. 98.
466 Das von den Sonderberatern sogenannte „Szenario 3". *Expertenbericht*, S. 76, 100.
467 Z.B. *EBU*, S. 8–10. Vgl. allgemein die Ausführungen in C.IV.1.
468 *Expertenbericht*, S. 98–105.
469 Übersicht zur Aftermarket-Doktrin: *OECD*, Competition Issues In Aftermarkets 2017.
470 *Expertenbericht*, S. 90.

Aktualisierung der traditionellen wettbewerbsrechtlichen Analyse von Sekundärmärkten vor, um die Besonderheiten von Daten zu berücksichtigen,[471] sowie eine verstärkte Anwendung von Art. 102 AEUV für diesen Bereich.[472] Dieser Fokus auf Sekundärmärkte war zu jenem Zeitpunkt im Schrifttum noch wenig diskutiert,[473] aber von zahlreichen Beiträgen im Konsultationsverfahren betont worden (Topic 7), sodass hier ein Stakeholder-Einfluss zu vermuten ist.

c) *Fusionskontrolle*

Der letzte Abschnitt des Expertenberichts befasst sich kritisch mit der Übernahme von kleinen Startups mit einer schnell wachsenden Nutzerbasis und einem erheblichen Wettbewerbspotential durch dominante Plattformen. Der Expertenbericht fasst zunächst die im Wesentlichen aus der Literatur bekannte Kritik (vgl. B.III.2.e) an der bisherigen Entscheidungspraxis in diesem Bereich zusammen[474] und überprüft im Anschluss die derzeit in der FKVO festgelegten Zuständigkeitsschwellen[475] sowie die bislang übliche materiell-rechtliche wettbewerbliche Beurteilung eines Zusammenschlusses.[476] Bezüglich der ersten Problematik wird in starkem Kontrast zu den Konsultationsbeiträgen (vgl. C.IV.1, 2) argumentiert, dass eine Änderung der Zuständigkeitsschwellen der FKVO verfrüht wäre – besser sei es, zunächst die Leistung der von einigen Mitgliedstaaten jüngst eingeführten transaktionswertbasierten Schwellenwerte[477] und das Funktionieren des Verweissystems auszuwerten.[478]

Im Gegensatz hierzu halten es die Sonderberater für erforderlich, die materiell-rechtlichen Schadenstheorien im Rahmen des SIEC-Tests[479] zu

471 *Expertenbericht*, S. 90f., 125.

472 *Expertenbericht*, S. 101f., 105f.

473 Siehe aber: *Kerber/Frank*, SSRN 2017. Zudem findet sich ein Vorschlag für eine entsprechende Erweiterung des § 20 Abs. 1 GWB in *Schweitzer/Haucap/Kerber/Welker*.

474 *Expertenbericht*, S. 110–113.

475 *Expertenbericht*, S. 113–116.

476 *Expertenbericht*, S. 116–121.

477 Nach den neuen Schwellen in Deutschland und Österreich wird die Fusionskontrolle auch dann wirksam, wenn subsidiär zu den bisherigen Voraussetzungen an die Umsatzschwellenwerte u.a. bestimmte Schwellen für den Wert der Gegenleistung erreicht werden und eine erhebliche Inlandstätigkeit des zu übernehmenden Unternehmens in Deutschland bzw. Österreich vorliegt.

478 *Expertenbericht*, S. 115f.

479 *Zimmer*, ZWeR 2004, S. 250.

überprüfen. In expliziter Anlehnung an *Facebook/WhatsApp*[480] fokussieren sie sich hierbei auf Fälle, in denen eine dominante Plattform, die von starken Netzwerkeffekten, privilegiertem Datenzugang und einem marktbeherrschenden Ökosystem profitiert, ein Startup mit geringem Umsatz, aber großer und/oder schnell wachsender Nutzerbasis und einem hohen zukünftigen Marktpotenzial erwirbt. Bei einer solchen Übernahme beschränke sich die Gefahr für den Wettbewerb nicht auf die Abschottung des Zugangs von Konkurrenten zu wesentlichen Einsatzstoffen, sondern erstrecke sich auch auf die Stärkung der Marktbeherrschung, da die Dominanz des gesamten Ökosystems verstärkt werde.[481] Da hierdurch zugleich eine Verstärkung von Netzwerkeffekten stattfindet, die im Sinne einer objektiven Rechtfertigung als Effizienz zu betrachten ist,[482] muss die Kommission im Einzelfall feststellen, ob diese Effekte durch andere Mittel[483] realisiert werden können und, sollte dies nicht möglich sein, ob der Effizienzgewinn den Verlust des Wettbewerbs aufwiegt. Vor diesem Hintergrund ist bemerkenswert, dass die Behandlung einer möglichen „efficiency defense" nur etwa eine halbe Seite im 127-seitigen Bericht einnimmt,[484] während Effizienzbetrachtungen in den Beiträgen so häufig vertreten waren, dass das STM hierfür ein eigenes „Topic" schätzte (Topic 5).

2. Wörter

Eine quantitative Methode, um den Einfluss der Beiträge auf den Inhalt des Expertenberichtes zu approximieren, besteht darin, die Worthäufigkeit zentraler Begriffe zu bestimmen. Zunächst wird nach den drei in Teil B besprochenen Dimensionen der digitalen Ökonomie – Daten, Algorithmen, Plattformen – gesucht, die mit den Topics 4, 9 und 10 korrelieren. Demnach bilden Daten den Schwerpunkt des Expertenberichtes (Abbildung 11). Algorithmen wurden vergleichsweise häufiger in den Beiträgen besprochen (vgl. Abbildung 8).

Eine alternative Methode besteht darin, zentrale Wörter der Beiträge zu identifizieren und dann ihre Häufigkeit im Expertenbericht zu bestimmen

480 Kommission v. 3.10.2014, M.7217 – *Facebook/WhatsApp*; *Expertenbericht*, S. 122, Fn. 218.

481 Zum Teil, weil die neuen Dienstleistungen für die Verbraucher einen Mehrwert schaffen und zum Teil, weil diese dazu beitragen, neue Nutzer zu binden. *Expertenbericht*, S. 121f.

482 *Expertenbericht*, S. 122.

483 Wie die Gewährleistung der Interoperabilität des Ökosystems.

484 *Expertenbericht*, S. 123. Ähnlich: *Riziotis*, in: Mackenrodt/Gallego/Enchelmaier, S. 98–115.

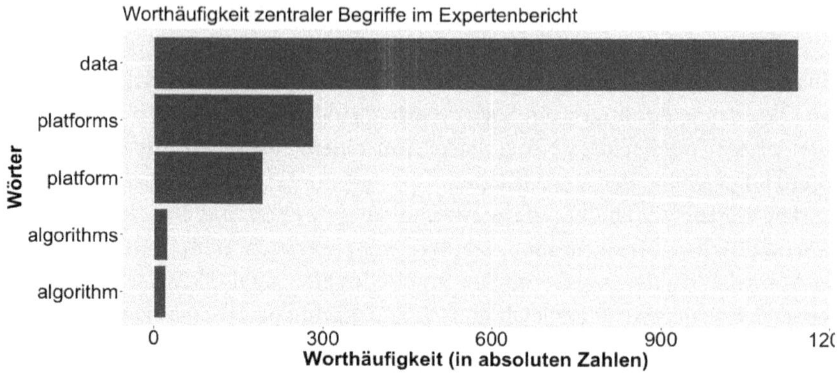

Abbildung 11: Worthäufigkeit zentraler Begriffe im Expertenbericht.

(Abbildung 12). Zentrale Begriffe der Beiträge können aus den Wortprofilen der zehn geschätzten Topics in Tabelle 1 entnommen werden.[485] Im Ergebnis zeigt sich, dass insbesondere Datenzugang, beispielsweise in Bezug auf Sekundärmärkte (Topic 7), und Datenschutzfragen (Topic 4), neue digitale Dienstleistungen (Topic 2) sowie Interoperabilitätsmaßnahmen zur Unterstützung offener Märkte (Topic 3) von dem Expertenbericht aufgenommen wurden. Demgegenüber stehen spezifische Unternehmen wie Google (Topic 8), Beschreibungen von Konsumentenmissbrauch (Topic 1) oder Forderungen nach mehr Forschung (Topic 6) vergleichsweise weniger im Vordergrund.

3. Referenzen

Direkte Referenzen zu Stakeholder-Beiträgen sind im gesamten Expertenbericht nicht zu finden. Einen indirekten Indikator bietet der Fußnotenapparat, der einen guten Überblick über die rezipierte Literatur, die angedachten Problemkreise und den „Dialog von Autoren“[486] gibt. Alle Fußnoten wurden kategorisiert und chronologisch angeordnet in Abbildung 13 wiedergegeben.

---

485 Indem nach jeweils zwei charakteristischen Begriffen aus deren jeweiligem Wortprofil gesucht wird. T1: “consumer”, “exploitative”; T2: “services”, “markets”; T3: “interoperability”, “blockchain”; T4: “privacy”, “protection”; T5: “innovation”, “scale”; T6: “research”, “scientific”; T7: “aftermarket”, “access”; T8: “google”, “advertising”. T9 (Algorithmen) und T10 (Plattformen) werden bereits durch Abbildung 11 abgedeckt.

486 *Schmidt*, JuristenZeitung 1990, S. 1121, 1123. Siehe auch: *Hamann*, ReWiss 2014, S. 501.

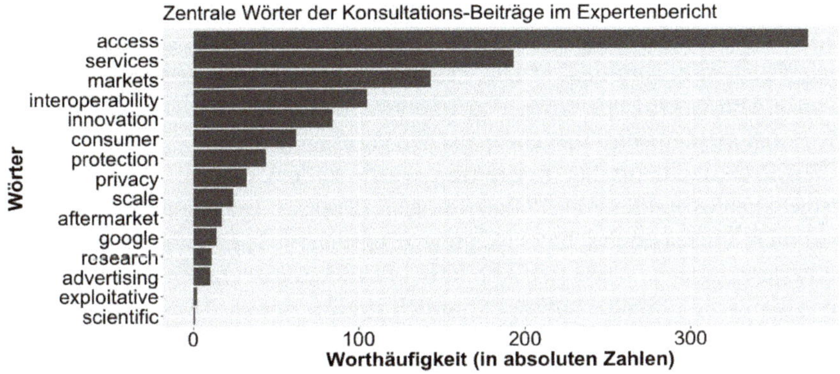

Abbildung 12: Zentrale Wörter der Konsultations-Beiträge im Expertenbericht.

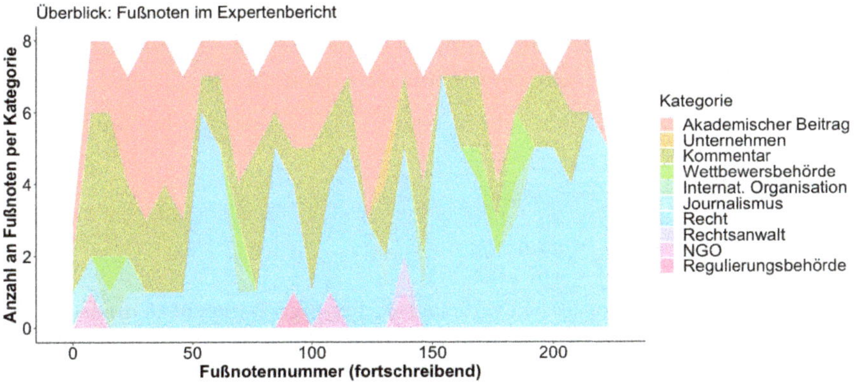

Abbildung 13: Fußnoten im Expertenbericht.

Es zeigt sich, dass zu Beginn des Expertenberichtes Referenzen zu akademischer Literatur sowie allgemeine Bemerkungen den Großteil des Fußnotenapparates ausmachen, während im Laufe des Berichtes, v.a. im letzten Drittel zur EU-Fusionskontrolle (ab Fußnote 150), rechtliche Verweise stark zunehmen. Unter diesen befinden sich v.a. Referenzen zu Richtlinien der Kommission,[487]

487 Z. B. *Expertenbericht*, S. 95f., 123.

zur Rechtsprechung über die Ziele des europäischen Wettbewerbsrechts,[488] zur *Bronner* Rechtsprechung,[489] sowie zu Fusionskontrollverfahren von scheinbaren „Killer-Akquisitionen".[490] Die wenigen zitierten NGOs vertreten durchgehend GAFAM-kritische Ansichten und setzen sich für den Datenschutz und die Konsumentenwohlfahrt europäischer Verbraucher ein.[491]

Im Falle akademischer Referenzen wurde zudem der nationale Ursprung festgehalten (Abbildung 14).[492] Französische, deutsche und englische Referenzen sind nicht überraschend, da es sich überwiegend um Selbstreferenzen der Sonderberater handelt.[493] Wie sich Abbildung 14 zudem entnehmen lässt, wurde die amerikanische Literatur außergewöhnlich stark rezipiert.[494] Unter diesen Referenzen befindet sich beispielsweise der von *Weyl/White* durch Kollaboration mit Microsoft verfasste Artikel „Let the Right 'One' Win", demzufolge Wettbewerb nicht ausreichend Marktkonzentration ermöglicht, um Netzwerkeffekte optimal auszunutzen.[495] Auf diesen wird auch in dem vom *International Center for Law & Economics* eingereichten Konsultationsbeitrag positiv verwiesen.[496]

Die hohe kumulative Zahl an amerikanischen Referenzen muss allerdings nicht zwingend mit einer Übernahme von pro-GAFAM Argumenten einhergehen: manche der zitierten amerikanischen Autoren wie *Wu* sind überaus

---

488 Z. B. *Expertenbericht*, S. 40.

489 Z. B. *Expertenbericht*, S. 99, S. 106.

490 Z. B. *Expertenbericht*, S. 110, 118f., 122.

491 Die Referenz zur europäischen Verbraucherschutzorganisation BEUC findet sich bei *Expertenbericht*, S.88, Fn. 136. In die gleiche Richtung weist die einzige Referenz auf ein Unternehmen, bei dem es sich um einen Krypto-Messenger Betreiber handelt, der für seinen Fokus auf Datenschutz gelobt wird.

492 D.h. der Sitz der Universität oder Forschungseinrichtung, was nicht unbedingt mit der Nationalität des Autors übereinstimmen muss. Im Falle mehrerer Autoren wurde „international" eingetragen, falls keine Übereinstimmung bestand.

493 Jacques Crémer arbeitet hauptsächlich in Frankreich (TSE), Yves-Alexandre de Montijoye in Großbritannien (Imperial College London) und Heike Schweitzer in Deutschland (HU Berlin).

494 Am häufigsten, nämlich 5 Mal, wird der Artikel „Digital Conglomerates and EU Competition Policy" von *Bourreau/de Streel* zitiert. *Expertenbericht*, Fn. 182, 195, 210, 215, 217.

495 *Weyl/White*, Competition Policy International 2014, S. 29; *Expertenbericht*, S. 23, Fn. 21.

496 *International Center for Law & Economics*, S. 7, Fn. 29; siehe auch entspr. Abschnitt oben.

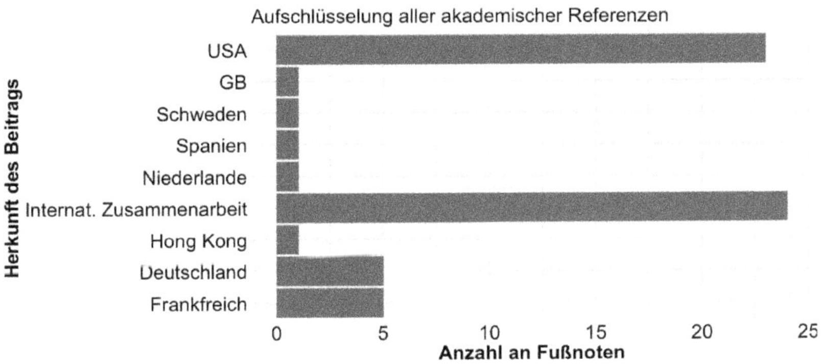

Abbildung 14: Aufschlüsselung aller akademischer Referenzen nach nationalem Hintergrund.

plattformkritisch und drängen auf eine Zerschlagung großer Technologieunternehmen,[497] während andere Argumente der amerikanischen Literatur durch die nachfolgende Diskussion im Expertenbericht kritisiert werden.[498] Außerdem inkludiert die hohe Anzahl an aus internationaler Zusammenarbeit entstandenen Artikel viele inner-europäische akademische Kooperationen. Während die Anzahl an amerikanischen Referenzen somit nicht direkt mit einer Übernahme der dort geäußerten Argumente gleichzusetzen ist, ist der national aufgeschlüsselte Fußnotenapparat für einen europäischen Expertenbericht, insbesondere im Licht der geographischen Verteilung der konsultierten Stakeholder (vgl. Abbildung 3), dennoch überraschend.

II. Diskussion

Die Sonderberater sind überzeugt, dass der grundlegende Rahmen des Wettbewerbsrechts, wie in Art. 101 und 102 AEUV verankert, weiterhin eine ausreichend flexible Grundlage für den Schutz des Wettbewerbs im digitalen Zeitalter bietet.[499] Die spezifischen Merkmale von Plattformen, digitalen Ökosystemen

497 *Wu*, The Curse of Bigness: Antitrust in the New Gilded Age, 2018; *Expertenbericht*, S. 40, Fn. 50.

498 Wie die Referenz zu *Lambrecht/Tucker*, Competition Policy International 2017, in: *Expertenbericht*, S. 29, Fn. 35.

499 *Expertenbericht*, S. 39.

und der Datenwirtschaft (vgl. D.I.1) erforderten jedoch, so der Expertenbericht, dass manche Konzepte, Doktrinen und Methoden sowie die Durchsetzung des Wettbewerbs anzupassen seien.[500] Im Folgenden sind daher die wichtigsten und innovativsten Vorschläge zu diskutieren und vor dem Hintergrund des in Teil B besprochenen Schrifttums zu bewerten.[501]

1. Leitbild

Wettbewerbsgesetze konzentrieren sich heutzutage i.d.R. auf die Wohlfahrt der Verbraucher, obwohl dies unterschiedlich explizit festlegt ist.[502] Wohlfahrt ist das Standardkonzept der Wirtschaftswissenschaften, um die Leistung auf einem bestimmten Markt zu messen, wobei die Konsumentenwohlfahrt den aggregierten Überschuss aller Verbraucher bezeichnet.[503] Seit der Implementierung des "More Economic Approach (MEA)"[504] hat sich die Kommission zunehmend auf Konsumentenwohlfahrt fokussiert, mit dem Leitbild, dass der Wettbewerb nicht um seiner selbst geschützt werde, sondern nur dann, wenn er zu günstigeren Ergebnissen für die Konsumenten führe als seine Beschränkung.[505] Auch wenn der Verbraucherbegriff im Unionskartellrecht im Sinne von Zwischen- und Endverbrauchern weit zu verstehen ist,[506] fokussiert sich die Praxis häufig auf preisliche Interessen privater Endverbraucher.[507]

---

500 *Expertenbericht*, S. 39.

501 Da ein einzelner Bericht statistisch gesehen nur eine einzige Beobachtung darstellt, kann er keine Grundlage für eine STM Analyse analog zu Teil C liefern. Daher stellt die folgende Analyse zentraler Aspekte des Expertenberichts eine subjektive Auswahl dar, die der Autor basierend auf einer gründlichen Analyse des Berichts getroffen hat. Insbesondere wurde angesichts der hohen Anzahl an anderen Expertenberichten, die in einem ähnlichen Zeitraum veröffentlicht wurden (vgl. A), auch der „Neuigkeitswert" der erörterten Themen berücksichtigt, um auf besonders distinktive Elemente in der Argumentation der Sonderberater hinzuweisen.

502 *WEF*, Global Value Chain Policy Series, S. 4.

503 *Whish/Bailey*, S. 2.

504 *Säcker*, in: Säcker/Meier-Beck/Bien/Montag, MüKo-EUWettbR, Grundlagen, Rn. 1–33; *Zimmer*, WuW 2007, S. 1198.

505 *Körber/Schweitzer/Zimmer*, in: Immenga/Mestmäcker, Einleitung, Rn. 13, 14.

506 *Kommission*, Mitteilung, Erläuterungen zu den Prioritäten der Kommission bei der Anwendung von Artikel 82 des EG-Vertrags auf Fälle von Behinderungsmissbrauch durch marktbeherrschende Unternehmen, ABl. C 45 vom 24.2.2009, S. 7–20, Rn. 19; *Kommission*, Bekanntmachung, Leitlinien zur Anwendung von Artikel 81 Absatz 3 EG-Vertrag, ABl. C 101 vom 27.4.2004, S. 97–118, Rn. 84.

507 *Körber*, in: Immenga/Mestmäcker, FKVO Art. 2 Rn. 529.

Insbesondere in der amerikanischen Debatte wurde gefordert, dass die Digitalisierung das Leitbild der Konsumentenwohlfahrt obsolet mache, da dieses nur statische, aber keine dynamischen Effekte erfassen könne.[508] Wenn der Preis gleich Null ist und Verbraucher mit ihrer Aufmerksamkeit oder ihren Daten für die Dienstleistung „bezahlen", während die Qualität nur schwer zu beobachten ist, könnten Verbraucher die durch die Transaktion verursachte Wohlfahrtsänderung nicht korrekt einschätzen.[509] Zudem könne der Fokus auf Konsumentenwohlfahrt dazu führen, dass auf niedrigen Verbraucherpreisen basierende Verdrängungsstrategien übersehen würden.[510]

Abgesehen von jüngsten Einzelstimmen[511] hat sich eine ähnliche Debatte in der EU bislang nicht durchgesetzt.[512] Umso bemerkenswerter ist die klare Bezugnahme im Expertenbericht. Auch wenn die Sonderberater betonen, keine neue Debatte über die Ziele des EU-Wettbewerbsrechts anzustreben, halten sie fest, dass sich die praktische Bedeutung des Konsumentenwohlfahrtstandards in der digitalen Ökonomie reduzieren werde.[513] Selbst wenn man bei der Beurteilung von Wettbewerbsfällen ein Kriterium der Konsumentenwohlfahrt anwende, so der Expertenbericht, müsse dies aufgrund der veränderten Rolle von Preisen anders als bislang umgesetzt werden.[514] Zudem müsse der Begriff des Konsumenten im digitalen Zeitalter möglichst breit definiert werden.[515] Diese Positionierung ist zu begrüßen, da der Expertenbericht damit der Rechtsprechung des EuGH folgt,[516] der eine alleinige Ausrichtung am Leitbild der

---

508 Im Allgemeinen bezieht sich die statische Effizienz darauf, dass die Produktionskosten minimiert werden und die Preise auf oder nahe den Kosten liegen. Dynamische Effizienz bezieht sich auf die Innovation und damit auf die Herstellung neuer Produkte (oder die Erhöhung der Qualität bestehender Produkte) und die Schaffung neuer Produktionsprozesse. Für die Kritik an der Konsumentenwohlfahrt als wettbewerbsrechtliches Leitbild: *Khan*, Yale L.J. 2017, S. 710; *Wu*; *Glick/Ruetschlin*, Institute for New Economic Thinking Working Paper 2019; aA *Wright/Dorsey/Rybnicek/Klick*, Ariz. St. L.J., S. 293.

509 *Stigler-Report*, S. 45.

510 *Khan*, Yale L.J. 2017, S. 710,

511 *Kraffert*, European Competition Journal 2020, S. 55.

512 *WEF*, Competition Policy, S. 7.

513 *Expertenbericht*, S. 40.

514 *Expertenbericht*, S. 40.

515 *Expertenbericht*, S. 41.

516 EuGH, Rs. C-8/08, ECLI:EU:C:2009:343 – *T-Mobile Netherlands*, Rn. 36ff.; EuGH, Rs. C-95/04 P, ECLI:EU:C:2007:166 – *British Airways*, Rn. 106.

Konsumentenwohlfahrt ablehnt.[517] Der rechtshistorische Ursprung des europäischen Wettbewerbsrechts in der *ordoliberalen Schule* deutet eine mindestens gleichwertige Berücksichtigung der „Wettbewerbsfreiheit" an.[518] Im Gegensatz zum amerikanischen Diskurs ist zudem anzumerken, dass der in der EU verwendete Konsumentenwohlfahrtstandard schon immer einen breiteren Fokus als den Preis besaß,[519] worauf auch Praktiker hingewiesen haben.[520]

2. Marktdefinition und Marktmacht

Der Expertenbericht betont die aus der Literatur bekannten Problematiken im Zusammenhang mit der Abgrenzung des Marktes sowie der Bestimmung von Marktmacht (vgl. B.III). Kostenlose Güter und die Schwierigkeit, Qualität, Aufmerksamkeit oder Datenschutz zu quantifizieren, bedeuteten, so die Sonderberater, dass der SSNIP-Test (oder Varianten wie der SSNDQ-Test) nicht angewendet werden könne.[521] Während die Kommission angesichts dieser Problematik auf die Bewertung von Dienstfunktionalitäten zur Abgrenzung digitaler Märkte zurückgreift,[522] raten die Sonderberater, allgemein weniger Gewicht auf die Marktdefinition zu legen und stattdessen neue Schadenstheorien und die Identifizierung von anti-kompetitiven Strategien in den Vordergrund zu stellen.[523] In Bezug auf Marktmacht wird ebenso festgehalten, dass die übliche Berechnung von Marktanteilen weniger relevant werde[524] und Marktmacht stattdessen durch das Konzept des „unvermeidlichen Handelspartners"[525] oder durch unterschiedlichen Zugang zu Daten bewertet werden solle.[526]

---

517 *Ezrachi*, BEUC Discussion Paper 2018.

518 Zum ordoliberalen Ursprung siehe *Gerber*. Für eine Zusammenfassung der ordoliberalen Leitideen: *Möschel*, in: Peacock/Willgerodt, S. 142–159. Zum Begriff der Wettbewerbsfreiheit als Leitbild siehe *Klement*.

519 *Kommission*, Mitteilung, Erläuterungen zu den Prioritäten der Kommission bei der Anwendung von Artikel 82 des EG-Vertrags auf Fälle von Behinderungsmissbrauch durch marktbeherrschende Unternehmen, ABl. C 45 vom 24.2.2009, S. 7–20, Rn. 5, 11.

520 *Walker*, European Competition Journal 2020, S. 1, 4.

521 *Expertenbericht*, S. 44f.

522 Kommission v. 3.10.2014, M.7217 – *Facebook/WhatsApp*.

523 *Expertenbericht*, S. 46.

524 *Expertenbericht*, S. 48f.

525 *Schweitzer/Haucap/Kerber/Welker*, S. 85ff.

526 *Expertenbericht*, S. 49f.

Die Beurteilung von Marktdefinition und Marktmacht im digitalen Zeitalter erfolgt im Expertenbericht durch mehrfache Bezüge zur Verhaltensökonomie.[527] Während dominante Digitalunternehmen wie GAFAM sich gerne darauf berufen, dass der Wettbewerb „nur einen Klick“ entfernt sei,[528] zeigt die Verhaltensökonomie, dass in einem Markt mit augenscheinlich „freien Markteintrittskosten“ hohe Wechsel- und Lernkosten der Verbraucher den Wechsel zu Konkurrenten dennoch unterbinden können.[529] So beschreibt der Expertenbericht, dass dominante Technologieunternehmen die Nachfrage durch „Nudges, verzerrte Rankings und Verwendung von Standardeinstellungen“ steuern.[530] Eine klassische Marktdefinition könne dies nicht erfassen, da Technologieunternehmen im Wesentlichen um „Zugangspunkte“ zu den Verbrauchern konkurrieren. Auch bei der Bewertung von Marktmacht fordert der Expertenbericht die Berücksichtigung verhaltensökonomischer Erkenntnisse über die Wirksamkeit von Standardoptionen und schneller Gratifikation.[531]

Diese Bezugnahme auf verhaltensökonomisch motivierte Schadenstheorien ist hervorzuheben, da solche im kartellrechtlichen Diskurs bislang nur eine untergeordnete Rolle gespielt haben,[532] aber insbesondere von NGO-Beiträgen[533] im Konsultationsverfahren hervorgehoben wurden, sodass hier eine weitere potentielle Einflussnahme vorliegt.[534] Allerdings ist festzuhalten, dass das hier implizit zugrundeliegende Verbraucherleitbild nicht mit der jüngsten Rechtsprechung übereinstimmt, die sich gegenüber pauschalen Annahmen über die Unabhängigkeit und Autonomie der Nutzer zunehmend verwehrt.[535]

527 *Expertenbericht*, S. 4, 69.

528 *Schweitzer/Fetzer/Peitz*, Zentrum für Europäische Wirtschaftsforschung GmbH Discussion Paper 2016, S. 1, 41.

529 Grundlegend: *Tversky/Kahneman*, Science 1974, S. 1124. Für eine Zusammenfassung: *Beck*, ORDO 2009, S. 119.

530 *Expertenbericht*, S. 47.

531 *Expertenbericht*, S. 50.

532 Verhaltensökonomische Aspekte spielten kaum eine Rolle in den anderen eingangs erwähnten Expertenberichten. Eine Ausnahme bildet der *Stigler-Report*, S. 9, 20, 87.

533 Hier ist hervorzuheben: *BEUC*, S. 9.

534 Dies wird unterstützt durch die Tatsache, dass die Sonderberater an dieser Stelle des Berichts insbesondere einer Teilnehmerin der Konferenz, Prof. Fiona Scott Morton, für ihre weitere Diskussion der verhaltensökonomischen Aspekte danken. *Expertenbericht*, S. 50.

535 In *Cisco* berücksichtigte das Gericht keine Trägheit oder Vorurteile der Verbraucher gegenüber vorinstallierter Software. EuGH, Rs. T-79/12, ECLI:EU:T:2013:635 – *Cisco*,

Die Rechtsprechung setzt der Konstruktion von neuen verhaltensökonomischen Schadenstheorien Grenzen, da die wettbewerbswidrige Wirkung einer relevanten Praxis nicht rein hypothetisch sein darf.[536]

3. Irrtumskosten und Beweislast

Der Expertenbericht referiert mehrmals auf das von der *Post-Chicago Schule* popularisierte[537] Konzept der Irrtumskosten („error costs"), demzufolge rechtliche Regeln unter Berücksichtigung von Irrtumswahrscheinlichkeit und Irrtumsfolgen zu formulieren sind.[538] Irrtumskosten werden relevant, wenn das Recht auf neue ökonomische Zusammenhänge zwischen Marktgegebenheiten, unternehmerischem Verhalten und Wettbewerbswirkungen zu reagieren hat, obwohl noch Unsicherheit über die zugrundliegenden Kausalbeziehungen besteht[539] – da eine solche Unsicherheit über die Bewertung digitaler Fallkonstellationen das hier diskutierte Konsultationsverfahren ursächlich motivierte (vgl. C.I), liegt ein berechtigter Anwendungsfall vor. Die Kosten

---

Rn. 73, 79–89. In der jüngsten Entscheidung über die Facebook-Abhilfemaßnahmen hat das OLG Düsseldorf entschieden, dass angebliche Vorurteile oder Gleichgültigkeit der Verbraucher keine Rolle spielen sollten, solange ihre Entscheidungen letztlich frei, unbeeinflusst und autonom getroffen werden. Für diese Kritik: *De Pablo*, CPI Antitrust Chronicle 2019, S. 1, 7.

536 EuGH, Rs. C-23/14, ECLI:EU:C:2015:651 – *Post Danmark II*, Rn. 65. Allerdings weist der Expertenbericht darauf hin, dass der Nachweis, dass eine solche Praxis potenziell Wettbewerber ausschließt oder dazu neigt, den Wettbewerb einzuschränken, ausreiche. *Expertenbericht*, S. 42. Unter Verweis auf: EuGH, Rs. C-23/14, ECLI:EU:C:2015:651 – *Post Danmark II*, Rn. 66.

537 Grundlegend: *Joskow/Klevorick*, A Framework for Analyzing Predatory Pricing Policy, Yale L.J 1979, S. 213, 231ff.; *Easterbrook*, The Limits of Antitrust, Tex. L. Rev. 1984, S. 1, 15–16. Für die europarechtliche Bedeutung: *Mestmäcker/Schweitzer*, Europäisches Wettbewerbsrecht, § 3 Wettbewerb der Unternehmen Rn. 42, 60.

538 *Expertenbericht*, S. 3f., 15, 39, 42, 50–52, 69, 122f., 125.

539 *Mestmäcker/Schweitzer*, Europäisches Wettbewerbsrecht, § 3 Wettbewerb der Unternehmen Rn. 42. Dies wird auch von den Sonderberatern, *Expertenbericht*, S. 15, 50f., festgehalten. Um die geeigneten Normen zu identifizieren, die die Verbraucherwohlfahrt maximieren, berücksichtigt Irrtumskosten die Wahrscheinlichkeit, dass das beanstandete Verhalten wettbewerbswidrig ist, die Kosten, die mit etwaigen Fehlern bei der Beurteilung der Haftung verbunden sind, sowie die Verwaltungsvorschriften, die mit der Wahl zwischen verschiedenen gesetzlichen Vorschriften verbunden sind. *Wright*, Antitrust L.J. 2011, S. 241, 248f., 251.

des fälschlichen Nicht-Eingreifens („false negatives") umfassen die Wirkungen, die wettbewerbswidriges Verhalten bei Dritten verursacht. Die Kosten des unberechtigten Eingreifens („false positives") entsprechen der wettbewerblichen Bedeutung des richtigen Verhaltens, das verhindert wird.

Angesichts der hohen Konzentration, starker Netzwerkeffekte und schwer abzubauender Marktzutrittsschranken auf digitalen Märkten empfiehlt der Expertenbericht auf der Seite der „false positives" zu irren, indem die Beweislast zulasten marktmächtiger Unternehmen verlagert werde.[540] Diese sollen nachweisen, dass ihr Eintritt in benachbarte Märkte die Konsumentenwohlfahrt erhöhe[541] und dass ihre Selbstbegünstigung nicht zur Verdrängung von Wettbewerbern führe.[542] Diese Abwägung zugunsten von „false positives" gelte insbesondere, wenn Plattformen digitale Ökosysteme erschaffen, die schwer zu verlassen sind.[543] Solche Vermutungen sollen auch bezüglich der Herstellung von Interoperabilität mit Wettbewerberangeboten sowie beim Zugang zu nicht replizierbaren Daten wirksam werden.[544]

Im Gegensatz zu der Betonung der Verhaltensökonomie liegt hier kein Alleinstellungsmerkmal des Expertenberichts vor. Die gegenwärtige Diskussion über das Wettbewerbsrecht im digitalen Zeitalter hat auf das Konzept der Irrtumskosten vermehrt zurückgegriffen,[545] beispielsweise bei der wettbewerbsrechtlichen Bewertung von Preisfindungsalgorithmen.[546] Hervorzuheben ist die argumentative Parallele zu den deutschen Berichten der Kommission *Wettbewerbsrecht 4.0* und des Bundeswirtschaftsministeriums, die ebenfalls mit dem Konzept der Irrtumskosten arbeiteten und eine Überwachung von

---

540 *Expertenbericht*, S. 51.

541 *Expertenbericht*, S. 71.

542 *Expertenbericht*, S. 66.

543 *Expertenbericht*, S. 51.

544 *Expertenbericht*, S. 4, 51f., 71, 86ff.

545 Der *Furman-Report* schlägt beispielsweise vor, die britische Gesetzgebung zu ändern, um der CMA einen „balance of harm"-Ansatz zu ermöglichen. Die belgische, niederländische und luxemburgische Wettbewerbsbehörden beziehen sich v.a. auf die „Schadensbilanz" bei Zusammenkünften: anstatt wie bislang nur die Wahrscheinlichkeit eines Schadens bei einer bestimmten Fusion zu berücksichtigen, solle auch das Ausmaß des potenziellen Wettbewerbsschadens der Transaktion berücksichtigen werden, d.h. die Fusionskontrolle wäre bei Zusammenschlüssen strenger, in denen marktbeherrschende Plattformen, die erhebliche Netzeffekte und Marktzutrittsschranken aufweisen, (potenzielle) Wettbewerber erwerben. *BMA/ACM/CDLCL*, S. 2.

546 *Mehra*, Minnesota Law Review 2016, S. 1323, 1343.

Interoperabilitätsvorgaben forderten,[547] da Sonderberaterin *Schweitzer* an diesen Berichten ebenfalls mitwirkte (vgl. F.I). Während amerikanische Befürworter des Irrtumskosten-Ansatzes eine passive Durchsetzung des Kartellrechts in den schnelllebigen digitalen Industrien ableiten,[548] weisen andere Stimmen auf die vergleichsweise höheren sozialen Kosten im Falle einer Unterregulierung der digitalen Ökonomie hin.[549] Bemerkenswert ist, dass das Irrtumskosten-Konzept in der Interpretation des Expertenberichtes zu genau gegenläufigen Aussagen im Vergleich zu seiner ursprünglichen Formulierung durch die *Post-Chicago Schule* gelangt.[550]

Gleichwohl ist der Vorschlag einer Beweislastumkehr für ausgewählte digitale Tatbestände aus europarechtlicher Sicht problematisch. Gerichte wenden Vermutungen an, um unnötige Analysen zu vermeiden, wenn ein Verhalten offensichtlich und von Natur aus wettbewerbswidrig ist,[551] so wie im Falle klassischer Hardcore-Kartelle.[552] Im Falle von komplexen ökonomischen Sachverhalten, deren Auswirkungen mit Unsicherheit behaftet sind, ist hingegen zu prüfen, wie wahrscheinlich es ist, dass das Verhalten auf eine Wettbewerbsbeschränkung hinausläuft.[553] In solchen Kontexten besteht die Rechtsprechung darauf, dass die Kommission die Abhängigkeit von Vermutungen lockert, sämtliche relevante Umstände des Einzelfalls bewertet und die korrekte Zuweisung der Beweislast respektiert.[554] Angesichts der Ambiguität der zu erwartenden

547 Schweitzer/Haucap/Kerber/Welker, S. 45, 47f., 95, 166f. (Irrtumskosten), 142ff. (Interoperationalität); Deutscher Bericht, S. 39ff., 54ff. (Interoperationalität), 24f. (Irrtumskosten).

548 So plädieren *Manne/Wright* für eine vorsichtige Anwendung des Kartellrechts gegen Google, da ein "false positive" Innovation und Wettbewerb abschrecken könnte. *Manne/Wright*, Harvard J L Public Policy 2011, S. 171, 178, 213–44.

549 *Shelanski*, U. Penn. L. Rev. 2013, S. 1663, 1667f. Siehe auch: *Gal/Rubinfeld*, Antitrust Law Journal 2016, S. 521, 553.

550 Da „false negatives" auf lange Sicht der Selbstkorrektur der Märkte unterliegen, folgert die *Post-Chicago Schule*, dass Verhalten nur als wettbewerbsverletzend zu klassifizieren sei, wenn es zweifelsfrei der Konsumentenwohlfahrt schadet. *Wright/Dorsey/Rybnicek/Klick*, Ariz. St. L.J., S. 293, 305f.

551 *OECD*, Safe Harbours, Rn. 62.

552 Vgl. i.d.S. EuGH, Rs. 123/83, ECLI:EU:C:1985:33 – *Clair*, Rn. 22.

553 EuGH, Rs. C-67/13, ECLI:EU:C:2014:2204 – *CB*, Rn. 57–58; EuGH, Rs. C-413/14, ECLI:EU:C:2017:632 – *Intel*, Rn. 138f.

554 Für diese Argumentation, siehe: *Bethell/Baird/Waksman*, Journal of Antitrust Enforcement 2020, S. 44; siehe auch: *van der Woude*, Journal of European Competition Law and Practice 2019, S. 415.

Effekte in der digitalen Ökonomie (vgl. B.III.3) ist eine solche Einzelfallprüfung unerlässlich. Darüber hinaus betrifft die vorgeschlagene Beweislastumkehr die Unschuldsvermutung und steht somit in Widerspruch zu Art. 2 VO 1/2003.[555] Entsprechend kritisch hat die Literatur auf die vorgeschlagene Beweislastumkehr, zumal in einem quasi-strafrechtlichen Kontext, reagiert.[556] Im Ergebnis könnten die diesbezüglichen Vorschläge nur durch eine Änderung der Rechtsprechung wirksam werden.[557] Ähnliches wurde im Übrigen auch für den neuen § 19a Abs. 2 S. 3 GWB angemerkt, der eine gleich gelagerte Beweislastumkehr vorsieht (vgl. F.I).[558]

4. Offene Märkte und Verfahrensrecht

Wie *Mundt* betont, besteht eine zentrale Aufgabe der Wettbewerbsbehörden im digitalen Zeitalter darin, Märkte gegenüber marktbeherrschenden Unternehmen offen zu halten, um neuen oder kleineren Wettbewerbern eine Chance auf Erfolg zu geben.[559] Aus den Stakeholder-Beiträgen wird ersichtlich, dass für die Durchsetzung offener digitaler Märkte nicht nur eine verstärkte regulatorische Reaktion auf eventuelle Bedrohungen, sondern auch eine schnellere verfahrensrechtliche Lösung gefordert wird.[560] Es ist daher erstaunlich, dass unter den zahlreichen in der Einleitung aufgelisteten Berichten der Expertenbericht eine Ausnahme bildet, indem er keine Maßnahmen zur Erhöhung der prozessualen Geschwindigkeit empfiehlt.[561] Stattdessen fokussiert er auf Abhilfemaßnahmen und „ex-ante guidance".

---

555 Art. 2 VO 1/2003: "In allen einzelstaatlichen und gemeinschaftlichen Verfahren zur Anwendung der Artikel 81 und 82 des Vertrags obliegt die Beweislast für eine Zuwiderhandlung gegen Artikel 81 Absatz 1 oder Artikel 82 des Vertrags der Partei oder der Behörde, die diesen Vorwurf erhebt."; EuGH, Rs. C-457/10, ECLI:EU:C:2012:770 – *Astrazeneca*, Rn. 199.

556 *De Pablo*, CPI Antitrust Chronicle 2019, S. 1, 6f.; *WEF*, Competition Policy, S. 14f.

557 *De Pablo*, CPI Antitrust Chronicle 2019, S. 1, 5.

558 *Grünwald*, MMR 2020, S. 822, 824f.

559 *Mundt*, Journal of Antitrust Enforcement 2018, S. 1. Ähnlich: *Shapiro*, Int'l J Indus Org 2018, S. 714, 745.

560 Z. B. *Telefonica*, S. 12; *Vodafone*, S. 6f.; *DPA*; Submission to Panel 2, S. 3. Siehe für diesen Punkt auch: *Bartos*, Common L. Rev. 2020, S. 36, 36.

561 Dies wird explizit notiert: *Expertenbericht*, S. 17. Andere Berichte weisen mehr verfahrensrechtliche Vorschläge auf, für eine Übersicht: *Dolmans/Pesch*, CLPD 2019, S. 1, 11.

Art. 7 VO Nr. 1/2003 erlaubt es der Kommission, verhaltensbezogene oder strukturelle Abhilfemaßnahmen zu ergreifen, die die Zuwiderhandlung wirksam beenden und gleichzeitig in einem angemessenen Verhältnis zu der Zuwiderhandlung stehen.[562] Angesichts dieses rechtlichen Rahmens stellen missbräuchliche Praktiken der Selbstbegünstigung durch digitale Plattformen eine besondere Herausforderung dar.[563] So wurden beispielsweise die in der *Google Shopping*-Entscheidung[564] mandatierten Abhilfemaßnahmen angesichts der Bedenken konkurrierender vertikaler Suchmaschinen als „zu wenig" und „zu spät" kritisiert.[565] Der Expertenbericht fordert daher, dass Abhilfemaßnahmen, die eine Gleichbehandlung der Wettbewerber-Dienste i.S.v. *Google Shopping* vorschreiben, durch wirksame Instrumente der Ergebniskontrolle von der Kommission ex-post zu überprüfen sind.[566] In Fällen, in denen Selbstbegünstigung bereits einen erheblichen Vorteil gegenüber Wettbewerbern hervorgebracht habe, sollen solche Abhilfemaßnahmen ein „restoratives Element" zur Wiederherstellung des ex-ante Wettbewerbszustands enthalten, beispielsweise durch Zugang zu wettbewerbsrelevanten Datenressourcen der dominanten Plattform.[567] Angesichts höchst dynamischer Märkte im digitalen Zeitalter erscheint es aber plausibel, dass sich manche Wettbewerbsverletzungen kaum durch ex-post Abhilfemaßnahmen korrigieren lassen.

Aufgrund dieser Problematik favorisiert die Kommission aktuell die Wiederbelebung der einstweiligen Maßnahme zum Schutz des Wettbewerbes in digitalen Märkten.[568] Mit der einstweiligen Anordnung gegen *Broadcom* im Oktober 2019 nutzte sie dieses Instrument zum ersten Mal seit 18 Jahren.[569] Art. 8 Abs. 1 VO 1/2003 ermächtigt die Kommission ausdrücklich zum Erlass einstweiliger Maßnahmen.[570] Die Rechtsprechung hat geklärt,

---

562 Verordnung (EG) Nr. 1/2003 des Rates vom 16. Dezember 2002 zur Durchführung der in den Artikeln 81 und 82 des Vertrags niedergelegten Wettbewerbsregeln, ABl. L 1 vom 4.1.2003.

563 *Expertenbericht*, S. 67.

564 Kommission v. 27.06.2017, AT.39740 – *Google Search (Shopping).*

565 *Bartos*, Common L. Rev. 2020, S. 36, 36

566 *Expertenbericht*, S. 68.

567 *Expertenbericht*, S. 68.

568 *Völcker/Benditz*, EuZW 2020, S. 259, 269.

569 Pressemitteilung: https://ec.europa.eu/commission/presscorner/detail/en/ip_20_755 (letzter Abruf: 15.05.2020).

570 Verordnung (EG) Nr. 1/2003 des Rates vom 16. Dezember 2002 zur Durchführung der in den Artikeln 81 und 82 des Vertrags niedergelegten Wettbewerbsregeln, ABl. L 1 vom 4.1.2003.

dass solche Maßnahmen unerlässlich, dringend, vorübergehender und konservatorischer Art und gerichtlich überprüfbar sein müssen.[571] Obwohl in bestimmten Fällen einstweilige Maßnahmen innerhalb eines relativ kurzen Zeitraumes erlassen wurden (zehn Wochen in *ECS/AKZO*), variiert die durchschnittliche Verfahrensdauer zwischen drei und acht Monaten.[572] Es bleibt demnach fraglich, ob diese Geschwindigkeit den dynamischen digitalen Märkten gerecht wird.[573] Während die französische Wettbewerbsbehörde den Trend schnell aufgegriffen hat,[574] erwähnt der Expertenbericht dieses Instrument überraschenderweise nicht. Stattdessen verweisen die Sonderberater auf das Bedürfnis nach mehr Leitlinien und ex-ante Beratung[575] sowie Datenmobilität,[576] womit sie insbesondere Forderungen in Unternehmensbeiträgen reflektieren.[577] Ein konzeptioneller Fokus auf ex-ante Regulierung und schnellere verfahrensrechtliche Lösungen findet sich schließlich im DMA-Entwurf wieder (vgl. F.II).

5. Technisches Know-How

Für eine Wettbewerbsbehörde ist es essentiell, durch strukturierte Fallauswahl und ex-post Reflektion die Bereiche zu identifizieren, in denen sie

---

571 EuGH; Rs. C-792/79, ECLI:EU:C:1980:18 – *Camera Care*, Rn. 119; EuGH; Rs. T-44/90, ECLI:EU:T:1992:5 – *La Cinq*, Rn. 32.

572 *GD COMP*, Antitrust Manual of Procedures, S. 194.

573 Diese Sorge kann dadurch verringert werden, dass die einstweilige Maßnahme auf eine enge Frage und einen spezifischen Missbrauchsfall konzentriert wird und die Möglichkeit offen bleibt, das Verfahren ggf. einzustellen. *Dolmans/Pesch*, CLPD 2019, S. 1, 11f.

574 In der Entscheidung wurde Google beauftragt, einen Rahmen für Verhandlungen mit Presseverlegern und deren Vergütung zu schaffen. *Autorité de la Concurrence*, Décision n° 20-MC-01 du 9 avril 2020 relative à des demandes de mesures conservatoires présentées par le Syndicat des éditeurs de la presse magazine, l'Alliance de la presse d'information générale e.a. et l'Agence France-Presse, https://www.autoritedelaconcurrence.fr/sites/default/files/integral_texts/2020-04/20mc01.pdf (letzter Abruf: 15.05.2020).

575 *Expertenbericht*, S. 126.

576 *Vestager*, Chillin' Competition Conference 2019.

577 Z.B. „Ex ante remedies: urgent need for a simple set of sector-specific rules to be applied throughout the digital playing field“ (*Mediaset*, S. 9). Googles Kartellrechtsexperten vermerken die Vorteile von Datenmobilität für etablierte Plattformen: *Bethell/Baird/Waksman*, Journal of Antitrust Enforcement 2020, S. 52.

ihre Fähigkeiten erweitern muss.[578] Durch die Digitalisierung der Ökonomie werden neuartige wettbewerbsrechtliche Problemkreise aufgeworfen (vgl. B), die umfangreiches technisches Hintergrundwissen in GD COMP unersetzlich machen – eine Beobachtung, die zahlreiche Stakeholder in ihren Beiträgen[579] sowie die einschlägige Literatur[580] teilen. Die technologische Expertise von Unternehmen stellt schließlich auch die zentrale Motivation hinter dem von *Tirole* vertretenen PK-Ansatz dar (vgl. D.II.2). Insofern ist es erstaunlich, dass der Expertenbericht keinen Vorschlag zur Schaffung einer speziellen Einheit für digitale Märkte oder einer separaten digitalen Behörde enthält, im starken Gegensatz zu den anderen einleitend zitierten Expertenberichten.[581]

Die Integration des technologischen Wissens könnte analog zur Integration des ökonomischen Wissens in die Praxis der Kommission ablaufen, d.h. über personelle Erweiterung. Das Amt des Chefökonomen wurde 2003 geschaffen, hauptsächlich als Reaktion auf eine Reihe von Urteilen,[582] mit denen Fusionsentscheidungen der Kommission für nichtig erklärt wurden und die die Kommission davon überzeugten, dass ihre Entscheidungen intern

---

578 *Kovacic*, Competition Law Review 2018, S. 9, 22f.

579 Z.B. „It is also critical to create a direct interaction between developers and algorithmicians – the antitrust professionals of the 21st century“ (*Masmi-Dazi*, S. 8). Ähnlich: *Mediaset*, S. 1f.; *ProSiebenSat.1*, S. 11; *Telefonica*, S. 12; *DPA*; Submission to Panel 2, S. 4; *Stiftung Neue Verantwortung*, S. 10.; *Oxera*, Algorithmic Competition, S. 8.

580 *Autorité de la concurrence/Bundeskartellamt*, Algorithms and Competition, S. 74, fordern u.a. eine Analyse des Quellcodes, einen Vergleich realer Input- und Output-Paare, eine Simulation des algorithmischen Verhaltens an generierten Inputs und einen Vergleich des Algorithmus mit anderen Algorithmen. Ähnliche Forderungen: *Bernhardt/Dewenter*, European Competition Journal 2020, S. 1, 20f.; *Schwalbe*, Journal of Competition Law & Economics 2018, S. 568. Technologisches Know-How wird auch benötigt, um zu untersuchen, ob ein zu Verkäufer die Konsumentenpreise über ein wettbewerbsfähiges Niveau angehoben hat, da sich die durch algorithmische Preisgestaltung ermöglichten individualisierten und hoch fluktuierenden Preise mit bisher üblichen Methoden nur schwerlich mit einem konkurrenzfähigen Grundpreis vergleichen lassen. *Mehra*, Minnesota Law Review 2016, S. 1323, 1370.

581 *Furman-Report*, S. 5–6; *ACCC*, S. 13–14; *Stigler-Report*, S. 9.

582 EuGH, Rs. T-342/99, ECLI:EU:T:2004:192 – *Airtours*; EuGH, Rs. T-310/01, ECLI:EU:T:2002:254 – *Schneider Electric*; EuGH, Rs. T-5/02, ECLI:EU:T:2002:264 – *Tetra Laval*.

strenger ökonomisch überprüft werden sollten.[583] Analog hierzu könnte ein zukünftiger Chefinformatiker bzw. eine zukünftige Chefinformatikerin bei der Anwendung der Wettbewerbsregeln auf Unternehmen in digitalen Märkten technische Fragen beantworten, bei der Analyse von Datensätzen, „White-Box“ Algorithmen (vgl. B.II.2) und algorithmisch festgesetzten Preisen Orientierungshilfe geben und zur Entwicklung neuer regulatorischer Instrumente, allen voran in Bezug auf ein datenschutzsensibles Regime für mandatierte Datenzugänge, beitragen. Ihm oder ihr könnte auch eine Rolle bei der zukünftig strengeren Überprüfung von Startup-Übernahmen zugewiesen werden.[584] Schließlich bestünde die Möglichkeit, Algorithmen für den eigenen Einsatz in der Wettbewerbsbehörde zu entwickeln.[585] Der Bedarf an mehr Informatik-Kompetenz auf Seiten der GD COMP wird durch den jüngst vorgeschlagenen DMA noch vergrößert (vgl. F.II), der der Kommission Zugang zu allen Datenbanken und Algorithmen von großen Plattformen gewähren soll, die für die Durchführung von Untersuchungen und die Überwachung der im Entwurf festgelegten Verpflichtungen erforderlich sind (ErwG. 69 DMA-E).

III. Bewertung

Ist der Ansatz des „Partizipatives Kartellrechts“ tatsächlich eine Möglichkeit, „Bessere Rechtsetzung“ bei der Reform und Anwendung des EU-Wettbewerbsrechts auf digitale Märkte zu betreiben, wie von seinen Anhängern suggeriert? Zur Beantwortung dieser Frage ist es notwendig, den Einfluss der Stakeholder auf den Expertenbericht anhand der drei oben entwickelten Kriterien Repräsentativität (1), Wirksamkeit (2) und Transparenz (3) zu bewerten, um die Funktionsfähigkeit des Konsultationsverfahrens einschätzen zu können. Für

583 *Jones/Sufrin*, S. 59, 98f.

584 *BMA/ACM/CDLCL*, S. 4.

585 Diese Algorithmen könnten eingesetzt werden, um Märkte zu überwachen und ungewöhnliches Preisverhalten und Anomalien zu erkennen und nach Wettbewerbsproblemen zu suchen. *Schwalbe*, Journal of Competition Law & Economics 2018, S. 568. Im Mai 2018 betonte *Vestager*, dass Regulierungsbehörden ihren kartellrechtlichen „Werkzeugkasten“ anpassen müssten und kündigte eine Untersuchung zur Entwicklung von sogenannten Störungsalgorithmen an, die dabei helfen könnten, kollusive Gleichgewichte zu stören. Zitiert nach: *Bernhardt/Dewenter*, European Competition Journal 2020, S. 1, 23. Wenn man weiter in die Zukunft blickt, müssen Regulierungsbehörden möglicherweise die Fähigkeit zur „algorithmischen Durchsetzung“ ihrer Entscheidungen gewinnen. *Mehra*, Minnesota Law Review 2016, S. 1323, 1331, 1372f.

eine wirksame Konsultation im Sinne dieses auf Grundlage der BR und PK Literatur entwickelten, aber rechtlich unverbindlichen Bewertungsmaßstabes ist notwendig, dass die untersuchten Beiträge von Interessenträger repräsentativ rezipiert, angemessen gewichtet und schließlich in transparenter Weise in Reformvorschläge umgesetzt werden (vgl. D.III).

1. Repräsentativität

Die Literatur weist darauf hin, dass in bisherigen Konsultationsformaten der Kommission überwiegend Industrieverbände, von der EU finanzierte transnationale NGOs und weitere etablierte Akteure mit privilegiertem Zugang beteiligt waren.[586] Zudem bietet sie grobe Richtwerte für eine Evaluierung des Merkmals der Repräsentativität: *Denardis/Raymond* argumentieren, dass eine Form von „Multistakeholder-Governance" nur erfüllt sei, wenn mindestens zwei verschiedene Klassen an Stakeholdern miteinbezogen würden.[587] *Almeida et al.* verlangen die Einbindung von mindestens drei Interessengruppen.[588]

Die Aufschlüsselung der eingereichten Beiträge nach institutionellem Hintergrund hat eine breite, repräsentative Auswahl an Stakeholdern festgestellt (B.II.2). Vor diesem Hintergrund hat der Expertenbericht die Kernanliegen verschiedener Stakeholder gleichermaßen reflektiert. Verhaltensökonomische und datenschutzrechtliche Aspekte, die NGOs wichtig waren, wurden erwähnt (D.II.2; D.I.2.ii). Gleiches gilt für die Bemühungen europäischer Unternehmen: so wurde anerkannt, dass etablierte digitale Anbieter nur sehr schwer zu verdrängen sind (E.I.1), dass Plattformen eine marktschaffende, regulierende Funktion ausüben, mit wichtigen Folgen für die wettbewerbsrechtliche Beurteilung von „Leveraging" und Selbstbegünstigung (E.I.1.a), und dass die Gefahr besteht, dass Marktmacht auf einen Sekundärmarkt übertragen (E.I.1.a) oder dieser durch exklusive Datennutzung abgeschottet wird (E.I.1.b). Amerikanische Literatur wurde in gleichem Maße wie die europäische rezipiert (D.I.3). Selbst die Argumentationen einiger dominanter amerikanischer Plattformen wurden implizit aufgegriffen, indem auf ex-ante Beratung und Datenmobilität anstatt auf einstweilige Maßnahmen fokussiert wurde (D.II.4).

---

586 *Dawson*, CMLRev 2016, S. 1209, 1219. *Van den Abeele* unternimmt sieben Fallstudien mit dem Ergebnis, dass der durch die BR angestrebte Vereinfachungsprozess „zur Geisel bestimmter Interessen geworden ist" (eigene Übersetzung). *Van den Abeele*, ETUI 2015, S. 1, 5.

587 *DeNardis/Raymond*, Governance, S. 9. Zitiert nach: *Savary*, S. 81, Fn. 552.

588 *Almeida et al.*, Multistakeholder, S. 74. Zitiert nach: *Savary*, S. 81, Fn. 552.

Insgesamt handelt es sich dabei durchaus um „privilegierte" Akteure im Sinne der Literatur – ein Einfluss von Individuen oder kleineren institutionellen Akteuren wie Arbeitnehmerorganisation konnte nicht nachgewiesen werden. Im Ergebnis ist das Merkmal der Repräsentativität angesichts der o.g. Richtwerte dennoch als erfüllt anzusehen. Es ist auch festzuhalten, dass der Expertenbericht über eine reine Auswertung der Beiträge weit hinaus geht: die Diskussion von MFNs (E.I.1.a), das Ablehnen der Essential-Facility-Doktrin zur Legitimierung eines Datenzugangs zu KI-Trainingszwecken (E.I.1.b) sowie das Beibehalten der FKVO-Schwellenwerte (E.I.1.c) sind wichtige Elemente, die von den Stakeholdern gegenteilig beurteilt oder nicht vorrangig behandelt wurden.

2. Wirksamkeit

Im Vergleich der beiden in Teil B diskutierten „Inputs" der digitalen Ökonomie legt der Expertenbericht einen eindeutigen Schwerpunkt auf Daten (vgl. E.I.2), nicht zuletzt, indem er ihnen ein gesondertes Kapitel widmet. Damit positioniert er sich implizit in der größeren wettbewerbsrechtlichen Debatte darüber, ob eine marktbeherrschende Stellung auf digitalen Märkten tendenziell durch mehr Daten oder durch einen besseren Algorithmus induziert wird.[589] Ein signifikanter Anteil der Literatur argumentiert, dass hochwirksame Algorithmen ohne allzu große Datensätze entwickelt werden können, wodurch technische Innovation, und nicht die Menge der zugrundeliegenden Daten, zum zentralen Wettbewerbsparameter wird.[590] Hierbei wird oftmals auf die „nicht-rivale" Natur von Big Data verwiesen,[591] die sich auf zwei Annahmen stützt: Zum einen können dieselben Daten von verschiedenen Unternehmen gleichzeitig verwendet werden.[592] Zum anderen besteht der Wert der Daten nicht in den gesammelten Informationen selbst, sondern in dem Wissen, das daraus gewonnen werden kann.[593] Folglich könnten verschiedene Unternehmen das gleiche Wissen durch die Auswertung unterschiedlicher Datensätze

---

589 *Lambrecht/Tucker*, Competition Policy International 2017.

590 *Nazzini*, Journal of European Competition Law & Practice 2015, S. 301, 306. Ebenfalls skeptisch bezüglich der kumulierenden Vorteile von Big Data: *Chiou/Tucker*, MIT Sloan School Working Paper 2014; *Manne/Wright*, Harvard J L Public Policy 2011, S. 171, 212; *Bork/Sidak*, J Competition L & Econ 2011, S. 663, 688–91; aA *Grunes/Stucke*, Antitrust Source 2015, S. 1, 7f.; *Stucke/Grunes*, S. 42–47, 288–301.

591 *Lambrecht/Tucker*, Competition Policy International 2017, S. 1, 5.

592 *Tucker/Wellford*, Antitrust Source 2014, S. 1, 3; *LeVine*, Axios 2018.

593 *Manne/Sperry*, CPI Antitrust Chronicle 2015, S. 1, 9.

erreichen.[594] Auf die Nicht-Rivalität von Daten wird auch in den Konsultationsbeiträgen dominanter Plattformen verwiesen.[595]

Dieser Ansicht stehen Aussagen von Informatikern,[596] Industrie-Insidern[597] und empirischen Studien[598] gegenüber, die die Menge an Daten als *den* essentiellen kompetitiven Faktor im digitalen Zeitalter beschreiben – nicht nur aufgrund ihrer kumulativen Bedeutung zur Optimierung von Algorithmen und der auf diesen beruhenden Produkte und Dienstleistungen, sondern auch wegen ihrer Rolle bei der Bewahrung von Monopolrenten.[599] Zudem lässt sich argumentieren, dass Daten, selbst wenn sie nicht-rivaler Natur sind, nicht notwendigerweise von allen Wettbewerbern gleichermaßen gesammelt und verwendet werden können.[600] Für dominante Unternehmen stellt das Abschotten von Big Data somit eine effiziente Strategie dar, um sich von potentiellen Wettbewerbern auf den nachgeordneten Märkten für diverse datenbasierte Produkte und Dienstleistungen abzuheben.[601]

Es ist daher zu begrüßen, dass sich der Expertenbericht in dieser Debatte eindeutig positioniert[602] und dabei die Position der Informatiker und Industrie-Insider bezieht, die über das notwendige Fachwissen für eine angemessene Bewertung verfügen. Insofern liegt eine wirksame Gewichtung i.S.d. hier zu untersuchenden Kriteriums vor. Diese Gewichtung führt implizit dazu, dass der Expertenbericht den in zahlreichen unternehmerischen Beiträgen betonten algorithmisch-induzierten Fallkonstruktionen weniger Bedeutung zumisst. Angesichts der identifizierten theoretischen und empirischen Probleme von algorithmischen Schadenstheorien wie der algorithmischen Kollusion (vgl. B.II.3.b) ist das eine zu begrüßende Gewichtung. Wie noch zu zeigen sein

594 *Graef*, World Competition 2015, S. 473, 479.

595 *Facebook*, S. 7; *Microsoft*, S. 3.

596 *Russell/Norvig*, S. 28; *Banko/Brill*, 39th Annual Meeting on Association for Computational Linguistics 2001, S. 26, 27; *Fischbach*, Berliner Debatte Initial 2020, S. 136, 141f.

597 *Halevy/Norvig/Pereira*, The Unreasonable Effectiveness of Data, Intelligent Systems, IEEE 2009, S. 8; *Asay*, CNET 2010.

598 *De Cnudde/Martens/Evgeniou/Provost*, Dept. of Engineering (University of Antwerp) Research Paper 2017.

599 *Zuboff*, S. 95, 161, 170, 187.

600 *Autorité de la concurrence/Bundeskartellamt*, Competition Law and Data, S. 42.

601 *Küsters*, Berliner Debatte Initial 2020, S. 110, 117ff.

602 „Daten sind heute der wichtigste limitierende Faktor für die Entwicklung von Anwendungen" (*Expertenbericht*, S. 103); sowie die dort zitierte Literatur.

wird, spiegelt sich diese wirksame Priorisierung der Datenfrage auch in den jüngsten Reformvorhaben (vgl. Teil F).

Eine zweite bedeutsame inhaltliche Gewichtung gegenüber den Konsultationsbeiträgen nimmt der Expertenbericht in Bezug auf die pro-kompetitiven, innovativen und effizienten Auswirkungen digitaler Geschäftsmodelle ein, die im Rahmen einer „efficiency defense" verwendet werden können. Während diese einen signifikanten Anteil der Beiträge beanspruchen (vgl. Abbildung 8), enthält der Bericht keine Diskussion darüber, wie Plattformen den Wettbewerb auf und zwischen Märkten fördern können (vgl. D.I.1.iii).[603] Die Sonderberater folgern mit Bezugnahme auf das Konzept der Irrtumskosten, dass Plattformen die Beweislast für ihr pro-kompetitives Verhalten tragen sollten.[604] Dies widerspricht der gängigen Vorstellung, dass vertikale Integration wettbewerbsfördernd ist, wie auch *Colomo* in seinem Konferenzbeitrag betont.[605] Zudem entstehen Konsumentenvorteile, wenn Plattformen Suchkosten reduzieren, Preis- und Produktvergleiche erleichtern, den Ferneinkauf ermöglichen und durch „kreative Zerstörung" im Sinne *Schumpeters* neue Arbeitsbereiche wie Ride-Hailing schaffen.[606] Der beträchtliche wirtschaftliche Wert für die Konsumenten „kostenloser" Plattformdienste ist schwer zu beziffern,[607] aber jüngste Studien suggerieren einen sehr hohen Konsumentennutzen.[608]

Die Digitalisierung der Ökonomie ist ein äußerst wirksames Instrument zur Förderung des grenzüberschreitenden Handels. Überlegungen zur Marktintegration sind für das Verständnis des EU-Wettbewerbsrechts unerlässlich.[609]

---

603 Dies wird auch bemängelt durch: *De Pablo*, CPI Antitrust Chronicle 2019, S. 1, 8.

604 *Expertenbericht*, S. 7, 68.

605 *Colomo*, S. 9.

606 *WEF*, Competition Policy, S. 6; *Bethell/Baird/Waksman*, Journal of Antitrust Enforcement 2020, S. 37.

607 Und wird bei traditionellen Maßen wie dem BIP vernachlässigt. *OECD*, An Introduction to Online Platforms, S. 31; *Brynjolfsson/Collis/Eggers*, PNAS 2019, S. 7250.

608 Demnach beträgt der durchschnittliche Betrag, der einem US-Konsument bezahlt werden müsste, um ein Jahr lang auf die Internetsuche zu verzichten, mehr als 17.500 Dollar. *Brynjolfsson/Eggers/Gannamaneni*, NBER Working Paper 2018. Eine Schätzung des aggregierten Wohlfahrtszuwachses durch kostenlose digitale Online-Dienste, bezogen auf die USA, liegt bei etwa 106 Mrd. Dollar pro Jahr. *Brynjolfsson/Oh*, Proceedings of the 33rd International Conference on Information Systems 2012.

609 In *Consten-Grundig* äußerte sich der Gerichtshof besorgt über die Gefahr, dass Unternehmen genau die Schranken wieder aufbauen, die mit dem Vertrag beseitigt werden sollten. EuGH, Rs. 56 und 58–64, ECLI:EU:C:1966:41 – *Consten-Grundig*, S. 388.

Sobald eine plausible wettbewerbsfördernde Begründung für eine Vereinbarung gefunden ist, so die ständige Rechtsprechung, kann nicht mehr pauschal über eine bezweckte Wettbewerbsverletzung geurteilt werden – vielmehr ist eine Effektanalyse notwendig, die eine genaue Kenntnis über die verschiedenen pro-kompetitiven und wohlfahrtssteigernden Folgen der wettbewerblichen Handlung voraussetzt.[610] Auch *Walker* betont, dass der enorme Konsumentennutzen digitaler Dienste bei der Anwendung des Wettbewerbsrechts auf Plattformen mehr berücksichtigt werden sollte.[611] Im Sinne des hier zu untersuchenden Kriteriums der Wirksamkeit erscheint die Gewichtung der diesbezüglichen Argumente im Expertenbericht daher als unzureichend – eine wirksamere Konsultation hätte die unternehmerischen Effizienz- und Wohlfahrtsargumente umfassender rezipiert. Auch dieses konzeptionelle Defizit begleitet die aktuellen Reformvorhaben (vgl. F.III).

3. Transparenz

Alle eingegangenen Beiträge wurden auf der Website von GD COMP veröffentlicht. Eine ähnliche Transparenz ist im Expertenbericht nicht gegeben. Wie oben gezeigt, wurden viele Themen der Beiträge aufgenommen (D.I.1) und die inhaltliche Fokussierung war größtenteils ähnlich gelagert (D.I.2). Aber diese Einflüsse wurden weder durch direkte Erwähnung der betreffenden Beiträge im Haupttext noch durch den Fußnotenapparat verdeutlicht (D.I.3), sodass das Kriterium der Transparenz als unzureichend erfüllt zu werten ist. Auch wenn die Stakeholder-Beiträge nur als grobe Orientierung und als zusätzliche Informationsquelle für den Expertenbericht fungierten und ihre Einbeziehung rechtlich nicht notwendig war, wäre eine explizite und individuelle Bezugnahme auf genutzte Beiträge, nicht zuletzt vor dem Hintergrund der geschilderten Lobbyismus-Debatte, für die spätere Auswertung hilfreich gewesen.

---

610 *Budapest Bank* fasst diese Rechtsprechung zusammen und stellt klar, dass „indications sérieuses“ (ernsthafte Indizien; eigene Übersetzung) für die wettbewerbsfördernden Auswirkungen der Vereinbarung notwendig sind. EuGH, C-228/18 – *Budapest Bank*, Rn 83. Bislang nur auf Französisch einsehbar: http://curia.europa.eu/juris/document/document_print.jsf?docid=224884&text=&dir=&doclang=FR&part=1&occ=first&mode=lst&pageIndex=0&cid=377714 (letzter Abruf: 15.05.2020).

611 *Walker*, European Competition Journal 2020, S. 1, 2.

IV. Zwischenergebnis

Der Expertenbericht stellt eine repräsentative und in Teilen wirksame, wenn auch zu wenig transparente Auswertung der Konsultationsbeiträge dar. Insbesondere die prominente Darstellung von Daten als zentralem Wettbewerbsparameter zur Erlangung von Marktmacht im digitalen Zeitalter ist hervorzuheben, weil sie sich implizit zu einem bedeutsamen Meinungsstreit positioniert. Zugleich wäre eine vermehrte Rezeption von Effizienz- und Innovationsaspekten von Plattformen wünschenswert gewesen. Angesichts dieses Ergebnisses ist zu betonen, dass Wissen über die neuen Technologien insbesondere durch die Interaktion der Wettbewerbsbehörde mit den zahlreichen Stakeholdern gewonnen werden kann.[612] Dies ist nicht zuletzt die Hauptforderung des PK-Ansatzes. Die vorangegangene Analyse hat dessen Potenzial im digitalen Zeitalter exemplarisch vermessen, aber auch potentielle Probleme betont, die sich aus der zunehmend schwieriger zu ziehenden Grenze zwischen akademischen und Lobbyismus-getriebenen Beiträgen ergeben. Abschließend soll nun darauf eingegangen werden, inwieweit sich die Empfehlungen in aktuellen Reformvorhaben spiegeln, die im Anschluss an Konsultation und Expertenbericht auf deutscher und europäischer Ebene entworfen wurden.

612 Darauf weist *Mehra*, Minnesota Law Review 2016, S. 1323, 1369, 1371, in Bezug auf Preissetzungsalgorithmen hin. Auch *Autorité de la concurrence/Bundeskartellamt*, Algorithms and Competition, S. 77, betonen, dass wachsende Komplexität der Algorithmen die Interaktion mit Unternehmen, Wissenschaftlern und anderen Regulierungsbehörden unerlässlich mache.

F. Ausblick auf jüngste Reformvorhaben

Der oben untersuchte Expertenbericht hat den Aussagen der Kommission zufolge laufende Reformvorhaben betreffend die digitalisierte Wirtschaft wesentlich beeinflusst. Die aktuelle Welle der „Big Tech"-Regulierung wird dabei v.a. von der GWB-Novelle und dem Digital Markets Act (DMA) bestimmt.[613] Zunächst ist daher auf die 10. GWB-Novelle einzugehen, die im Anschluss an den Expertenbericht entwickelt wurde und Deutschland zu der ersten Jurisdiktion machte, die die theoretischen Reformdiskussionen in konkrete Gesetzesvorschläge ummünzte (I).[614] Im Anschluss wird der Blick auf den DMA-Entwurf der Kommission gerichtet, der im Licht der eingangs entwickelten Fragestellung und der hier verfolgten Protagonisten besonders relevant erscheint (II). Methodisch analog zu der vorangegangenen Untersuchung der Konsultation und des Expertenberichts werden beide Reformvorhaben sowohl qualitativ als auch quantitativ analysiert. Abschließend werden sie mit den oben gewonnenen Resultaten in Verbindung gesetzt und bewertet (III).

I. 10. GWB-Novelle

Die 10. GWB-Novelle, bekannt als „GWB-Digitalisierungsgesetz", wurde parallel zu den hier vorrangig diskutierten europarechtlichen Reformbemühungen auf Ebene des deutschen Bundesgesetzgebers zur Anpassung der Missbrauchsaufsicht an das digitale Zeitalter entwickelt.[615] Der entsprechende Referentenentwurf war bereits wenige Monate nach Veröffentlichung des europäischen Expertenberichts im Umlauf (ab Oktober 2019) und wurde im Januar des darauffolgenden Jahres offiziell veröffentlicht;[616] das darauf basierende

---

613 Weitere wichtige Elemente sind der DSA, der weiter unten erwähnt wird, sowie das von der Kommission im November 2020 vorgeschlagene Daten-Governance-Gesetz. Siehe: *Leistner*, GRUR Int. 2021, S. 515.

614 So die Einschätzung von: *Grünwald*, MMR 2020, S. 822, 822.

615 Hierzu hat sich bereits ein großes Schrifttum angesammelt, verwiesen sei insbesondere auf die ausführliche Darstellung zu Genese und Inhalt bei *Bien/Käseberg/Klumpe/Körber/Ost*; außerdem: *Paal/Kumkar*, NJW 2021, S. 809; *Körber*, MMR 2020, S. 290; *von Wallenberg*, ZRP 2020, S. 238; *Podszun/Brauckmann*, GWR 2019, S. 436. Eine laufend aktualisierte Literaturübersicht wird geboten auf: https://www.d-kart.de/das-gwb-digitalisierungsgesetz/ (letzter Abruf: 24.08.2021).

616 Zum Referentenentwurf: *Schaper*, Newsdienst Compliance 2019, 210019.

GWB-Digitalisierungsgesetz wurde schließlich am 14. Januar 2021 vom Bundestag beschlossen und trat am 19. Januar 2021 in Kraft.[617] Die Novelle beabsichtigte nicht nur die Umsetzung europarechtlicher Vorgaben der sog. „ECN+ "-Richtlinie in nationales Recht,[618] sondern zudem die Schaffung eines „digitalen Ordnungsrahmen", um die Marktmacht und den Einfluss der in der Einleitung beschriebenen GAFAM Unternehmen zu adressieren, womit nahe liegt, dass sich an den Ratschlägen des europäischen Expertenberichts orientiert wurde. Zumindest indirekt ist dieser Einfluss auf jeden Fall gegeben, da *Schweitzer* nicht nur als Sonderberaterin der Kommission fungierte, sondern auch den nationalen Expertenbericht mitverfasste, der vom Bundeswirtschaftsministerium zur Vorbereitung der Novelle in Auftrag gegeben worden war,[619] und in der ebenfalls zuständigen Kommission *Wettbewerbsrecht 4.0* mitarbeitete.[620]

„Kernstück" der Novelle ist der neue § 19a GWB, der weitreichende Eingriffsbefugnisse des Bundeskartellamtes gegenüber „Unternehmen mit überragender marktübergreifender Bedeutung für den Wettbewerb" vorsieht.[621] Durch die Einführung dieses neuen Tatbestands rückt das Bundeskartellamt in die Nähe einer „Regulierungsbehörde für die Digitalwirtschaft".[622] Die Norm basiert auf einem zweistufigen Verfahren, das sich in Abs. 1 und 2 widerspiegelt. Zunächst kann einem Unternehmen vom Bundeskartellamt eine „überragende marktübergreifende Bedeutung für den Wettbewerb" bescheinigt werden,

617 Gesetz vom 18.01.2021, BGBl. I 2021, Nr. 1, 18.01.2021, S. 2.

618 Diese regelt v.a. den Informationsaustausch mit Wettbewerbsbehörden anderer Mitgliedstaaten und die Amtshilfe, etwa bei Ermittlungsmaßnahmen. Richtlinie (EU) 2019/1 des Europäischen Parlaments und des Rates vom 11. Dezember 2018 zur Stärkung der Wettbewerbsbehörden der Mitgliedstaaten im Hinblick auf eine wirksamere Durchsetzung der Wettbewerbsvorschriften und zur Gewährleistung des reibungslosen Funktionierens des Binnenmarkts, ABl. L 11 vom 14.1.2019, S. 3–33.

619 *Schweitzer/Haucap/Kerber/Welker.*

620 Deutscher Bericht.

621 So: *Käseberg*, NZKart 2019, S. 569. Kritisch: *Mischau*, GRUR Int. 2020, S. 233, 246f. Weitere Änderungen betreffen die Fusionskontrolle, die Beschleunigung von Verwaltungsverfahren, den Kartellschadensersatz sowie Bußgeldsachen. Für einen konzisen Überblick, siehe: *Paal/Kumkar*, NJW 2021, S. 809; *von Wallenberg*, ZRP 2020, S. 238. Siehe auch: *Kahlenberg/Rahlmeyer/Giese*, BB 2021, S. 579, 583f. (insb. zur Fusionskontrolle). Für eine ausführliche Analyse: *Bien/Käseberg/Klumpe/Körber/Ost*, Rn. 173–217.

622 So *Körber*, MMR 2020, S. 290.

wenn es auf einem Plattformmarkt i.S.d. § 18 Abs. 3a GWB unternehmerisch tätig ist und bestimmte, nicht-kumulative Kriterien wie Finanzkraft oder den bereits oben erwähnten Zugang zu wettbewerbsrelevanten Daten (vgl. B.I.1) erfüllt (§ 19a Abs. 2 GWB). Nach erfolgter Feststellungsverfügung können dem betroffenen Unternehmen vom Bundeskartellamt bestimmte Verhaltensweisen untersagt werden, die vom Verbot der Selbstbegünstigung, des „Aufrollens" von Märkten und der missbräuchlichen Datennutzung bis hin zum Erschweren von Interoperabilität und Portabilität und unzureichender Transparenz reichen (§ 19a Abs. 2 GWB). Auffallend bei Durchsicht dieser Tatbestände ist, dass sie oftmals wettbewerblich ambivalentes Verhalten eindeutig normieren und dabei von der Dominanz des Digitalunternehmens auf die Wettbewerbsschädlichkeit seines Verhaltens in diesen Bereichen schließen.[623] Zudem ist zu vermuten, dass die Aufnahme vergleichsweise vieler Regelbeispiele und deren Konkretisierung in Anlehnung an den Expertenbericht und vor allem den DMA erfolgt ist.[624]

Diese als „revolutionär"[625] und „Paradigmenwechsel"[626] bezeichneten Änderungen in der Missbrauchsaufsicht haben nicht zuletzt Konsequenzen für den Zugang zum entscheidenden Rohstoff der Digitalwirtschaft, den Daten.[627] Wie in früheren Teilen dieser Arbeit dargelegt, handelt es sich bei dem Anspruch auf Datenzugang um eine rechtlich umstrittene Frage, die einen wichtigen Teil des akademischen Diskurses über die Digitalisierung des Wettbewerbs ausmacht. Sie besitzt zudem hohe praktische Relevanz für Unternehmen.[628] Es ist somit nicht verwunderlich, dass sie sowohl von den Stakeholdern (vgl. C.IV) als auch den Experten der Kommission (vgl. E.I.1.b) explizit angesprochen wurde. Vor dem Hintergrund der weithin diskutierten Folgeprobleme eines solchen Anspruchs, wie beispielsweise der erhöhten Rechtsunsicherheit durch ungeklärte Datenschutzaspekte (vgl. B.I.1.3.a), sowie der unterschiedlichen Positionierung der diversen Stakeholder ist allerdings erstaunlich, dass sich nicht

623 Diese Kritik findet sich bei *Körber*, MMR 2020, S. 290, 294f.

624 Diese Vermutung wird geäußert von: *Gleiss Lutz*, Know-How Beitrag 2021.

625 *Podszun/Brauckmann*, GWR 2019, S. 436, 437.

626 *Polley/Kaup*, NZKart 2020, S. 113.

627 Eine weitere Konsequenz aus dem expliziten Fokus auf große Digitalkonzerne ist, dass sich die Normen von dem klassischen Verständnis des Wettbewerbsrechts entfernen und einem regulatorischen oder sektor-spezifischen Recht annähern, so *Mischau*, GRUR Int. 2020, S. 233, 247.

628 So weisen *Podszun/Brauckmann*, GWR 2019, S. 436, 437 darauf hin, dass die erhofften Innovationen in Bezug auf Industrie 4.0 oft nur bei umfassendem Datenzugang verwirklicht werden können.

nur der Expertenbericht in dieser Frage eindeutig positionierte (vgl. E.I.1.b), sondern eine solche eindeutige Positionierung auch in die 10. GWB-Novelle Eingang gefunden hat. Denn diese sieht erleichterte Datenzugangsrechte gegenüber marktbeherrschenden Unternehmen oder Unternehmen, von denen andere abhängig sind, vor.[629]

So klassifiziert die einschlägige Neufassung von § 19 Abs. 2 Nr. 4 GWB die Weigerung eines marktmächtigen Unternehmens, einem anderen Unternehmen gegen angemessenes Entgelt Datenzugang zu gewähren, wenn dies objektiv für die Tätigkeit auf einem vor- oder nachgelagerten Markt notwendig ist, als missbräuchliches Verhalten. Damit wird die Anwendung der Essential-Facility-Doktrin explizit auf Daten ausgeweitet.[630] Auch die Feststellung, wonach einem bestimmten Unternehmen im Rahmen des neuen § 19a eine „überragende marktübergreifende Bedeutung für den Wettbewerb" zukommt und damit eine besondere Verantwortung für den Erhalt des Wettbewerbs, richtet sich insbesondere nach dessen Besitz von wettbewerbsrelevanten Daten (§ 19a Abs. 1 Nr. 4 GWB). Eine solche Feststellung führt dazu, dass dem betroffenen Unternehmen untersagt wird, durch die Nutzung oder Verknüpfung von vorhandenen Daten Marktzutrittsschranken auf bislang noch nicht beherrschten Märkten zu errichten oder zu erhöhen (§ 19a Abs. 2 Nr. 4 GWB). Nicht zuletzt wird die Möglichkeit des Zugriffs auf Daten durch die Änderung in § 20 erleichtert, die Ansprüche schon bei relativer oder überlegener Marktmacht gewährt.[631] Eine solche Abhängigkeit kann sich nun auch daraus ergeben, dass ein Unternehmen für die eigene Tätigkeit auf den Zugang zu Daten angewiesen ist, die von einem anderen Unternehmen kontrolliert werden (§ 20 Abs. 1a GWB). Dies bietet Anknüpfungspunkte für Unterlassungsklagen oder Zugangsansprüche in der privaten Rechtsdurchsetzung,[632] erhöht aber die Rechtsunsicherheit in anderen Bereichen.[633]

Bei einer Bewertung ist zunächst zu betonen, dass die hier beschriebenen Neuregelungen einen effizienten Wettbewerb auf nachgelagerten Märkten zu ermöglichen suchen und somit kein allgemeines Teilhaberecht an Daten

629 *Mischau*, GRUR Int. 2020, S. 233, 247f.
630 Zum Datenzugang nach § 19 Abs. 2 Nr. 4 GWB, § 20 Abs. 1a GWB, siehe *Bien/Käseberg/Klumpe/Körber/Ost*, Rn. 59–172.
631 Das bedeutet, dass eine Marktbeherrschung nicht erforderlich ist.
632 *Podszun/Brauckmann*, GWR 2019, S. 436, 437.
633 Für eine Kritik, siehe: *Körber*, MMR 2020, S. 290, 292.

vorschreiben.[634] Gleichwohl kann der in § 19a Abs. 2 Nr. 4 GWB normierte Tatbestand unter bestimmten Voraussetzungen auf ein Datennutzungsverbot für Unternehmen, die eine überragend marktübergreifende Bedeutung für den Wettbewerb besitzen, hinauslaufen.[635] Bemerkenswert ist, dass die neu normierten Datenzugangsansprüche keine Marktbeherrschung, sondern nur relative Marktmacht voraussetzen. Insofern folgen die Regelungen der Stoßrichtung des Expertenberichts (vgl. E.I.1.b) und der weiter oben herausgearbeiteten Erkenntnis, wonach die zugrundeliegende Datenmenge der wichtigste Wettbewerbsparameter im digitalen Zeitalter ist, aber zugleich ausreichend differenziert betrachtet werden muss (vgl. B.I.2). Allerdings ist offen, ob oder inwiefern personenbezogene Daten als Zugangsobjekte in Betracht kommen,[636] womit eine Kernfrage für Unternehmen, die auch im Konsultationsprozess eine erhebliche Rolle gespielt hat (vgl. C.IV), vorerst unbeantwortet ist. Es bleibt zudem abzuwarten, inwieweit sich das hier implizite Verständnis von Daten als Wettbewerbsparameter mit der bisherigen entscheidungsrechtlichen Charakterisierung von Daten durch die Kommission vereinbaren lässt.[637] Zuletzt sei noch angemerkt, dass sich bei den deutschen Reformen keine Regelung zu den sog. „Killer-Akquisitionen" findet,[638] die nicht nur im akademischen Diskurs und europäischen Konsultationsverfahren, sondern auch in den diversen Expertenberichten eine Rolle gespielt hatten.[639]

Die hier identifizierten konzeptionellen Schwerpunkte lassen sich semantisch-quantitativ untermauern. Dafür wurden sämtliche das Gesetzgebungsverfahren zum GWB-Digitalisierungsgesetz begleitenden Drucksachen

---

634 Es kann nicht zwangsläufig von einer großen Datensammlung auf eine „wirksame Einrichtung" i.S.d. der in § 19 Abs. 2 Nr. 4 GWB normierten Essential-Facility-Doktrin geschlossen werden. *Körber*, MMR 2020, S. 290, 291f.

635 *Gleiss Lutz*, Know-How Beitrag 2021.

636 *Uphues*, MMR-Aktuell 2021, 435438.

637 So hatte die Kommission in mehreren wichtigen Fusionskontrollentscheidungen vor der jüngsten Reformperiode klargestellt, dass eine große Sammlung an nicht-exklusiven und nicht-rivalen Nutzerdaten, wie sie einem GAFAM Unternehmen zur Verfügung steht, nicht zwangsläufig eine „wesentliche Einrichtung" i.S.d. der Essential-Facility-Doktrin darstellt. Vgl. Kommission v. 11.3.2008, M.4731 – *Google/DoubleClick*, Rn. 364 ff.; Kommission v. 3.10.2014, M.7217 – *Facebook/WhatsApp*, Rn. 184.

638 Allerdings kann nun eine Anmeldepflicht für kleinere Zusammenschlüsse nach Sektoruntersuchung in bestimmten, besonders gelagerten Wirtschaftszweigen angeordnet werden.

639 Dies wird auch angemerkt von: *Schaper*, Newsdienst Compliance 2019, 210019.

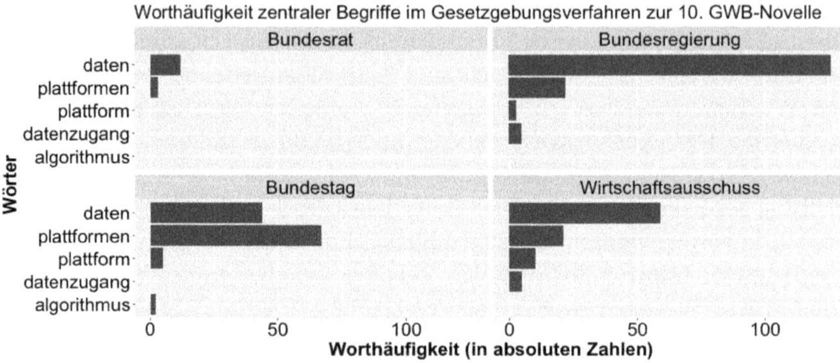

Abbildung 15: Worthäufigkeit zentraler Begriffe im Diskurs zur 10. GWB-Novelle

von der Website der Bundesregierung heruntergeladen und, analog zur Vorbereitung der quantitativen Analyse des Konsultationsverfahrens, mittels OCR maschinenlesbar gemacht und in die Programmierumgebung „R" geladen.[640] Im Einzelnen handelt es sich dabei um den Gesetzentwurf der Bundesregierung, die Beschlussempfehlung und den Bericht des Ausschusses für Wirtschaft und Energie sowie die anschließenden Plenumsdebatten in Bundestag und Bundesrat.[641] Für jeden Textabschnitt wurde das zuständige Organ festgehalten (*Bundesregierung*, *Wirtschaftsausschuss*, *Bundesrat* und *Bundestag*). Auf dieser Basis lassen sich, analog zu der bisherigen Methodik, deskriptive Statistiken zur Worthäufigkeit ermitteln.

Wie aus Abbildung 15 ersichtlich wird, konzentriert sich die 10. GWB-Novelle auf die Einführung neuer Bestimmungen für dominante Unternehmen auf Plattformmärkten, die über einen priviligierten Zugang zu Daten verfügen. Während die Bundesregierung, der Bundesrat und der Ausschuss

640 https://dip.bundestag.de/vorgang/.../267785 (letzter Abruf: 19.08.2021).

641 Das resultierende Korpus hat einen Umfang von rund 800 Seiten und entspricht damit in etwa der Textmenge, die im Rahmen des europäischen Konsultationsverfahrens eingebracht und analysiert wurde. Da bei den Plenumsdebatten auch andere Gesetzesvorhaben abseits der GWB-Novelle besprochen wurden, beschränke ich mich hier auf die Ermittlung von Worthäufigkeiten von Begriffen, die distinktiv dem Digitalisierungsgesetz zugeordnet werden können, und lasse die Schätzung eines STM außen vor. Für letzteres wäre die semantische Basis, hätte man die spezifischen GWB-Debattenbeiträge aus den Drucksachen isoliert, zu gering gewesen.

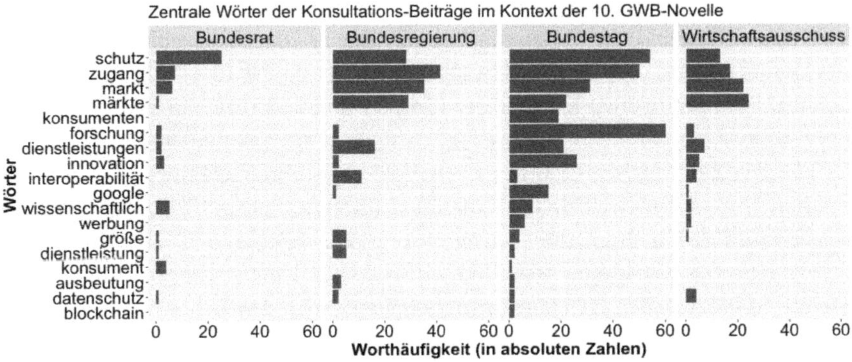

Abbildung 16: Worthäufigkeit zentraler Begriffe aus der Konsultation im Diskurs zur 10. GWB-Novelle

für Wirtschaft und Energie vor allem auf Daten als Wettbewerbsparameter abzielten, war im Bundestag ein leichtes quantitatives Übergewicht von „Plattform"-Aspekten zu erkennen. Die missbräuchliche Nutzung von Algorithmen war dagegen, wie ebenfalls aus Abbildung 15 ersichtlich wird, keine Priorität des Gesetzgebers; nur in der Debatte des Bundestages wurde der Begriff einige Male im Singular verwendet (im Plural taucht er kein einziges Mal im Korpus auf). Diese grundlegende konzeptionelle Stoßrichtung entspricht den oben beschriebenen rechtlichen Änderungen in §§ 19, 19a und 20 GWB.

Abbildung 16 sucht, analog zur obigen Analyse des Expertenberichts, nach Begriffen, die eine zentrale Rolle in den Beiträgen der Stakeholder während des Konsultationsprozesses gespielt hatten.[642] Obwohl es sich bei letzterem um eine europäische Debatte gehandelt hat, ist ersichtlich, dass die gleichen Bedenken und Reformabsichten den parallel stattfindenden nationalen Diskurs zum GWB-Digitalisierungsgesetz in der Bundesrepublik begleitet haben. So suggeriert die in Abbildung 16 dargestellte Wortverteilung, dass insbesondere der Schutz vor dominanten Unternehmen wie GAFAM durch verbesserten Zugang zu Märkten und Daten eine herausragende Rolle in der zugrundeliegenden Motivation spielte. Im Vergleich dazu wurden Konsumentenausbeutung und Datenschutz weniger häufiger von den verschiedenen Organen adressiert. Dies

642 Dafür wurden die englischsprachigen Begriffe aus den Konsultations-Beiträgen ins Deutsche übersetzt.

mag erklären, warum sich mit den in der Literatur diskutierten Folgeproblemen eines mandatierten Datenzugangs nur unzureichend beschäftigt wurde.

Die hier identifizierte konzeptionelle Fokussierung der 10. GWB-Novelle lässt sich mit dem politischen Kontext der jüngsten Reformvorhaben erklären.[643] Die Begründung der Bundesregierung legt nahe, dass sie nicht zuletzt auf eine Verminderung der Machtfülle der als GAFAM zusammengefassten US-amerikanischen Unternehmen abzielte,[644] die eben überwiegend auf Plattformmärkten agieren und durch ihren dort schon viele Jahre andauernden wirtschaftlichen Erfolg eine für markteintrittswillige europäische Unternehmen uneinholbare Menge an spezifischen Daten gesammelt haben. Noch deutlicher wird dies in der Kommentierung einiger Abgeordneter: Ein oppositioneller MdB kommentierte die Novelle zustimmend mit den Worten, dass „unsere kleinen digitalen Unternehmen" Unterstützung im Wettbewerb bräuchten, da sie zunehmend „von der Marktmacht der großen Big-Data-Konzerne" erdrückt würden.[645] Der Abgeordnete Hansjörg Durz (CDU/CSU) zitierte gar den Beginn der Geschichte „David gegen Goliath", wobei er die „Tech-Giganten des Internets" als „Goliaths unserer Tage" charakterisierte. Der Wettbewerb mit diesen amerikanischen Unternehmen, so Durz, sei „noch viel ungleicher" als das biblische Vorbild, da „der Gegner [...] mit einem nahezu unerschöpflichen Datenschatz" bewaffnet sei.[646]

II. Digital Markets Act

Die 10. GWB-Novelle nimmt teilweise Reformvorhaben voraus, die zum Zeitpunkt des Abschlusses dieser Arbeit (August 2021) auf europäischer Ebene im Rahmen des Gesetzes für digitale Dienste (Digital Services Act, DSA)[647] und

643 Der „politische Kontext" wird auch hervorgehoben von: *Podszun/Brauckmann*, GWR 2019, S. 436, 436. Siehe ebenso *Körber*, MMR 2020, S. 290, 290, der auf die industriepolitischen Ziele im Koalitionsvertrag als „Grundlage" der 10. GWB-Novelle verweist.

644 Gesetzentwurf der Bundesregierung vom 9.9.2020, BT-Drs. 19/23492, S. 73 (es gehe um die Kontrolle der „großen Digitalkonzerne").

645 1. Beratung vom 29.10.2020, BT-Plenarprotokoll 19/186, S. 23402.

646 1. Beratung vom 29.10.2020, BT-Plenarprotokoll 19/186, S. 23408.

647 Kommission, Vorschlag für eine Verordnung des europäischen Parlaments und des Rates über einen Binnenmarkt für digitale Dienste (Gesetz über digitale Dienste) und zur Änderung der Richtlinie 2000/31/EG, COM/2020/825. Siehe auch: https://ec.europa.eu/info/strategy/priorities-2019-2024/europe-fit-digital-age/digital-services-act-ensuring-safe-and-accountable-online-environment_en (letzter Abruf: 18.08.2021).

neuer wettbewerbsrechtlicher Eingriffsbefugnisse im Rahmen des Gesetzes über digitale Märkte (Digital Markets Act, DMA)[648] diskutiert werden. Diese Vorhaben werfen Fragen nach der Vereinbarkeit des deutschen Ansatzes mit den geplanten und bereits bestehenden Vorgaben des Unionsrechts[649] sowie nach der Vereinbarkeit mit dem Grundrecht auf ein faires Verfahren (Art. 6 EMRK) auf.[650] Die folgende Analyse beschränkt sich auf die inhaltliche Konzeptionierung des DMA, da dieser aufgrund seines wettbewerbsrechtlichen Fokus in einer eindeutigeren Beziehung zum hier untersuchten Konsultationsvorhaben und Expertenbericht steht als der DSA.[651] Es ist allerdings zu betonen, dass beide Reformen unter dem einheitlichen Leitbild stehen, ein angemessenes Gegengewicht zu der Macht großer Digitalkonzerne zu schaffen, um damit ein ausgewogeneres Wettbewerbsumfeld zu ermöglichen.[652]

Das erklärte Ziel des am 11. Januar 2021 erstmals öffentlich von der Kommission vorgestellten DMA-Entwurfs (DMA-E) ist es, ein bestreitbares und faires Wettbewerbsumfeld für das digitale Zeitalter zu gewährleisten (ErwG. 79, Art. 1 Abs. 1 DMA-E).[653] Um dies zu erreichen, werden große Online-Plattformdienste als sog. „Gatekeeper“ eingestuft, wenn sie drei Kriterien kumulativ erfüllen: ein Unternehmen muss eine starke wirtschaftliche Position mit erheblichen Auswirkungen auf den Binnenmarkt innehaben und in mehreren EU-Ländern aktiv sein; über eine starke Vermittlungsposition verfügen, d.h. eine große Nutzerbasis mit einer Vielzahl an Unternehmen verbinden; sowie

648 Kommission, Vorschlag für eine Verordnung des europäischen Parlaments und des Rates über bestreitbare und faire Märkte im digitalen Sektor (Gesetz über digitale Märkte), COM/2020/842 (im Folgenden „DMA“). Siehe auch: https://ec.europa.eu/info/strategy/priorities-2019-2024/europe-fit-digital-age/digital-markets-act-ensuring-fair-and-open-digital-markets_de (letzter Abruf: 18.08.2021).

649 Siehe dazu: *Grünwald*, MMR 2020, S. 822, 824ff.

650 *Van Cleynenbreugel*, European Law Blog 2021.

651 Der DMA lässt sich konzeptionell mit dem von der GD COMP im Juni 2020 erstmals skizzierten „New Competition Tool“ in Verbindung bringen, während die Regeln für große Onlineplattformen im DSA auf eine von GD CNECT und GD GROW durchgeführte Konsultation zurückgehen. So weist der DSA v.a. Parallelen zum deutschen Netzwerkdurchsetzungsgesetz auf. Siehe dafür: *Grünwald/Nüßing, MMR 2021*, S. 283, 286ff. Der DMA hingegen ergänzt insbesondere die bestehenden Wettbewerbsvorschriften der EU. Vgl. DMA-E, S. 4. Ob der DMA als Regulierung oder Wettbewerbsrecht einzuordnen ist, ist noch strittig: *Gielen/Uphues*, EuZW 2021, S. 627, 628.

652 *Gielen/Uphues*, EuZW 2021, S. 627.

653 Siehe auch DMA-E, S. 3. Für eine Übersicht: *Seip/Berberich*, GRUR-Prax 2021, S. 44.

eine langfristig stabile Marktstellung haben oder bald erreichen (Art. 3 Abs. 1 DMA-E).[654] Bei der Aufstellung dieser Merkmale wurde sich, so ist explizit vermerkt, auch an den aktuellen „Sachverständigengutachten und Studien" orientiert.[655] Die oben angeregte Differenzierung nach dem zugrundeliegenden Geschäftsmodell der betroffenen Plattform (vgl. B.III.2) wurde dagegen mit der ausschließlichen Orientierung an der Anzahl monatlich aktiver Nutzer nicht befolgt.[656]

Aus einer Benennung als Gatekeeper folgt, dass sich das betroffene Unternehmen in seinem Geschäftsgebaren an eine Liste mit Ver- und Geboten zu halten hat, die bestimmte unfaire oder die Bestreitbarkeit digitaler Märkte beschränkende Praktiken im Sinne einer ex-ante Regulierung untersagt (Art. 5, 6 DMA-E). Zahlreiche dieser recht detailliert beschriebenen Verhaltensweisen sind auf vergangene oder laufende Verfahren zurückzuführen; eine Generalklausel fehlt.[657] Somit war die zugrundeliegende Inspiration hier eher die bereits gesammelte entscheidungsrechtliche Erfahrungspraxis und weniger die theoretischen Debatten in den diversen Expertenberichten. Bei Verstößen können Geldbußen (Art. 26 DMA-E), Zwangsgelder (Art. 27 DMA-E) und, nach Feststellung der systematischen Nichteinhaltung, verhaltensorientierte oder strukturelle Abhilfemaßnahmen durch die Kommission auferlegt werden (Art. 14 I i.V.m. Art. 16 DMA-E). Dieses zweistufige Verfahren, bei dem aus der Identifikation als zentraler Wettbewerbsakteur besondere Pflichten für die Aufrechterhaltung des Wettbewerbs folgen, erinnert, zum einen, an die wettbewerbsrechtliche Doktrin der „besonderen Verantwortung"[658] dominanter Unternehmen i.S.d. Art. 102 AEUV und, zum anderen, an die Struktur des neu eingeführten § 19a GWB (vgl. F.I).[659]

---

654 Diese Kriterien werden in Art. 3 Abs. 2 DMA-E durch quantitative Vermutungsregelungen konkretisiert.

655 DMA-E, S. 2.

656 So fragen *Gielen/Uphues*, EuZW 2021, S. 627, 629 zurecht, ob die reine Nutzerzahl für alle Plattformarten den maßgeblichen Schwellenwert darstellen sollte, und notieren, dass für spezielle Suchmaschinen die Anzahl der Suchanfragen ein relevantes Kriterium sei.

657 *Gielen/Uphues*, EuZW 2021, S. 627, 630. Für eine Kritik an dieser Konzeption: *Podszun/Bongartz/Langenstein*, EuCML 2021, S. 60, 65.

658 EuGH, Rs. 322/81, ECLI:EU:C:1983:313 – *Michelin I*, Rn. 57.

659 Für einen Vergleich zu § 19a GWB, siehe: *Gerpott*, NZKart 2021, S. 273, 273ff. (die Unterschiede betonend).

Bemerkenswert im Rahmen der hier verfolgten Fragestellung ist die Rolle, die datenspezifischen Verpflichtungen im neuen DMA-Regulierungsregime zugedacht werden. Bereits die Erwägungsgründe nennen die „Datenvorteile" der zentralen Plattformdienste (ErwG. 2 DMA-E) und beschreiben die wirtschaftliche Macht, die sich aus ihrem „Zugang zu großen Datenmengen" (ErwG. 2, 54 DMA-E) ergibt. Kritisch gesehen wird, dass potenzielle Markteinsteiger oder Startups nicht im gleichen Umfang, mit der gleichen Tiefe und in ähnlicher Größenordnung auf Daten zugreifen können (ErwG. 61 DMA-E). Entsprechend zielen die Verpflichtungen darauf ab, den unterschiedlichen Zugang von Online-Suchmaschinen zu den für den Wettbewerb wichtigen Daten auszugleichen (Art. 6 Abs. 1 Buchst. j DMA-E) und sehen einen obligatorischen Zugang zu Informationen und Daten des Gatekeepers im Bereich der digitalen Werbung vor (Art. 5 Buchst. g, Art. 6 Abs. 1 Buchst. g DMA-E). Neben diesen Verpflichtungen zum Datenzugang führt der DMA-Entwurf ein wichtiges Mandat zur unternehmensinternen Datentrennung für Gatekeeper ein, das nur durch Einwilligung des Endnutzers umgangen werden kann (Art. 5 Buchst. a DMA-E).[660] Wenn nicht öffentlich zugängliche Daten durch Aktivitäten von geschäftlichen Nutzern auf den Kernplattformdiensten eines Gatekeepers generiert oder bereitgestellt wurden, so kann der Gatekeeper diese Daten nicht im Wettbewerb mit eben jenen geschäftlichen Nutzern verwenden (Art. 6 Abs. 1 Buchst. a DMA-E).

Die dem DMA zugrundliegende Klassifizierung von Daten schließt an die Definition von „personenbezogene Daten" i.S.d. DSGVO (Art. 4 Nr. 1 DSGVO) an und entspricht teilweise der in der Literatur üblichen und vom Expertenbericht aufgegriffenen Differenzierung.[661] Noch unklar ist bei den aktuellen Formulierungen, ob das Rechtssystem für geistiges Eigentum, die Vorschriften zum Geschäftsgeheimnis oder die DSGVO den durch den

660 Für die Frage, wann eine Einwilligung wirksam erteilt wurde, ist die DSGVO maßgeblich.

661 Art. 6 Abs. 1 Buchst. a DMA-E spricht allgemein von nicht öffentlichen Daten, d. h. aggregierten oder nicht aggregierten Daten, die aus den über den zentralen Plattformdienst des Gatekeepers ausgeübten kommerziellen Tätigkeiten gewerblicher Nutzer oder ihrer Kunden abgeleitet oder dabei erhoben werden können (Art. 6 Abs. 2 DMA-E). Damit scheint der Entwurf das Konzept der „abgeleiteten" Daten (ErwG. 55 DMA-E) sowie der Beobachtungsdaten aufzugreifen. Allerdings gehören zu den nicht öffentlichen Daten auch anonymisierte und personenbezogene Daten. Zudem differenziert ErwG. 61 DMA-E zwischen personenbezogene Daten und Daten aus Nutzeraktivitäten. Für die unterschiedlichen Kategorien, siehe B.I.2.

DMA-E beschriebenen Zugang zu Daten und deren Wiederverwendung und Übertragbarkeit letztlich *de facto* verhindern könnten.[662] Zudem bezweifeln manche Stimmen in der Literatur, ob „kleinteilige, geschäfts- und technikbezogene Einzelvorgaben" wie im DMA eine schnelle Regulierung des Wettbewerbs ermöglichen können und wirklich im Interesse der Verbraucher sind.[663] Angesichts der oben beschriebenen wettbewerblich entscheidenden Rolle von großen Datenbanken sind diese Regelungen dennoch zu begrüßen (vgl. E.III.2). Umfang und Tiefe der datenspezifischen Verpflichtungen zeugen, so *Vezzoso*, von einem „zunehmend ausgefeilten Verständnis" der umfangreichen Datenverwaltungs- und Regulierungsmaßnahmen, die notwendig seien, um Märkte im digitalen Zeitalter bestreitbar und fair zu halten.[664]

Innerhalb der insgesamt achtzehn im DMA-Entwurf gelisteten Verpflichtungen für Gatekeeper besteht eine entscheidende Binnendifferenzierung. Die in Art. 5 DMA-E aufgeführten Verpflichtungen sind unmittelbar anwendbar (Blacklist), während die in Art. 6 DMA-E gelisteten Verbote und Gebote, die die Verpflichtung zur Gewährleistung einer effektiven Übertragbarkeit der Daten beinhalten, „noch näher auszuführen" sind (Greylist). Diese noch zu leistende Spezifizierung soll auf der Grundlage eines Regulierungsdialogs mit den Gatekeepern erfolgen (Art. 7 Abs. 2 DMA-E),[665] in der Hoffnung, dass dies ihre wirksame Umsetzung erleichtert (ErwG. 33, 58 DMA-E). Zudem beabsichtigt die Kommission, durch weitere Konsultationen mit Stakeholdern im Rahmen der BR-Grundsätze Schwellenwerte und Verpflichtungen des DMA regelmäßig zu aktualisieren (ErwG. 77 DMA-E). Beides kann im Sinne eines „Partizipativen Kartellrechts"-Ansatzes verstanden werden, der bei der vorbereitenden Konferenz der Kommission von *Tirole* präsentiert (vgl. C.I) und dessen theoretische Verbindung mit dem Konsultationsverfahren oben dargelegt

---

662 *Lundqvist*, IIC 2021, S. 239, 240.

663 *Seip/Berberich*, GRUR-Prax 2021, S. 44, 47.

664 *Vezzoso*, European Competition Journal 2021, S. 391, 394, siehe auch: 395ff. Ebenfalls zustimmend: *Leistner*, GRUR Int. 2021, S. 515, 515.

665 Der vom DMA vorgeschlagene Dialog mit den Gatekeepern wird eingeleitet, wenn die Kommission feststellt, dass die Maßnahmen, die der Gatekeeper beabsichtigt, nicht die tatsächliche Einhaltung der in Art. 6 normierten Verpflichtungen gewährleistet (Art. 7 Abs. 2 DMA-E). Innerhalb von sechs Monaten legt die Kommission dann in einer Entscheidung fest, welche Maßnahmen durchzuführen sind. Der Gatekeeper kann gemäß Art. 7 Abs. 7 DMA-E die Kommission ersuchen, eine Wirksamkeitsprüfung vorzunehmen.

(vgl. D.I) wurde.[666] Angesichts offener technischer Fragen und etwaiger Folgeprobleme von datenspezifischen Verpflichtungen (vgl. B.I.1.3.a) und der wohl noch unzureichenden personellen Ausstattung mit Informatik-Spezialisten auf Seiten der Kommission (vgl. E.II.5) ist der angestrebte „regulatorischer Dialog" im Sinne des PK zu begrüßen. Dies betrifft insbesondere das Design der notwendigen API, die einen Echtzeitzugang zu den relevanten Daten des Gatekeepers bei gleichzeitiger Gewährleistung des Schutzes persönlicher Daten bieten soll (ErwG. 54ff. DMA-E).[667] Gleichwohl hat die vorangegangene exemplarische Vermessung des Potenzials eines solchen PK-Ansatzes auch auf mögliche Gefahren hingewiesen, die sich aus der stark asymmetrischen Finanzkraft der Stakeholder und der zunehmend undurchsichtigen Grenze zwischen akademischen Analysen und Lobbyismus-getriebenen Beiträgen ergeben (vgl. C.IV). Diese Gefahren sind nicht zuletzt akut, weil Google in seiner im Oktober 2020 bekannt gewordenen Strategie für die geplante Lobbyarbeit zum DMA die Zusammenarbeit mit gewogenen Akademikern als eines der Hauptziele hervorhob.[668]

Erneut lassen sich die ermittelten inhaltlichen Schwerpunkte durch deskriptive Statistiken betreffend die Worthäufigkeit zentraler Begriffe im DMA-Entwurf der Kommission ergänzen.[669] Semantische Grundlage ist der Entwurf mit Stand vom 15.12.2020, der ebenfalls mittels OCR in „R" überführt wurde. Abbildung 17 zeigt, dass Daten und Plattformen die vorrangig betrachteten wettbewerbsrechtlichen Parameter sind – wie im Falle der 10. GWB-Novelle scheint die Rolle von Algorithmen in der digitalen Ökonomie somit unterbeleuchtet. Bemerkenswert ist auch, dass der „Zugang" von Daten, zumindest quantitativ betrachtet, erheblicher erscheint als die im Zusammenhang mit

666 A.A. *Podszun/Bongartz/Langenstein*, EuCML 2021, S. 60, 64, die hier kein Potenzial für einen „bilateralen Ansatz" erkennen.

667 Hier wird der DMA-Entwurf wenig konkret, indem er nur auf die „Hochwertigkeit" dieser einzurichtenden Programmierschnittstelle, „geeignete Mittel" und „entsprechende Technik" abhebt. Art. 6 Abs. 1 Buchst. j und Art. 11 Abs. 2 DMA-E legen nahe, dass v.a. an eine Anonymisierung aller personenbezogenen Daten gedacht wurde.

668 *Clarke/Williams/Swindells*, New Statesman 2021.

669 Wie im obigen Falle der 10. GWB-Novelle reichen die 89 Seiten des DMA-Entwurfes nicht aus, um genügend semantische Daten für die Schätzung eines kohärenten STMs zu liefern. Zukünftige Text Mining-basierte Forschung könnte die notwendige Schwelle erreichen, indem sie weitere Dokumente wie die ebenfalls online zugänglichen Reden der Wettbewerbskommissarin zur Thematik des DMA in das Korpus integriert.

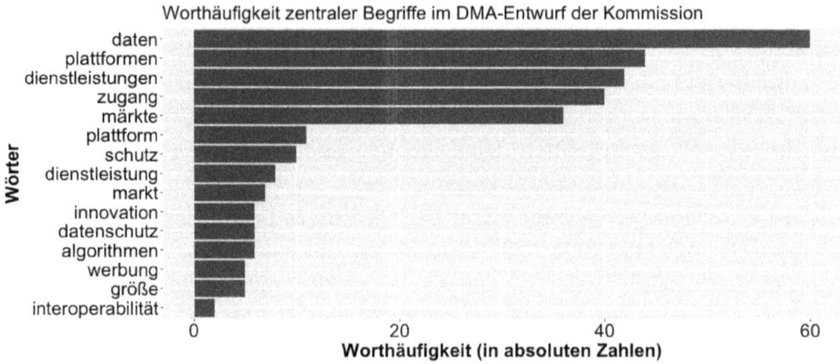

Abbildung 17: Worthäufigkeit zentraler Begriffe im DMA-Entwurf der Kommission.

dem DMA oft diskutierten Aspekte der „Interoperationalität" und des „Datenschutzes";[670] Begriffe, die sich im Worthäufigkeits-Ranking um einiges tiefer finden. In der Hinsicht ähnelt die Grafik Abbildung 16, die ebenfalls „Zugang" als eines der häufigsten relevanten Wörter in der Plenumsdiskussion zur 10. GWB-Novelle identifiziert hatte.

Insgesamt zielen die Regelungen des DMA auf eine durch überwiegend datenspezifische Verpflichtungen vergrößerte Bestreitbarkeit von Märkten im digitalen Sektor ab und greifen somit die essenzielle Stoßrichtung des hier vorrangig diskutierten europäischen Expertenberichts,[671] aber auch die Empfehlungen anderer Expertengremien[672] sowie großer europäischer Unternehmen und NGOs auf. In der Tat beschreibt eine längere Sektion des DMA-Entwurfs den Einfluss der konsultierten Stakeholder und hebt die von der Kommission organisierte Konferenz „Shaping competition policy in the era of digitalisation" explizit hervor.[673] Bemerkenswert ist die Kombination von Art. 6 Abs. 1 Buchst. (a), (h) und (i), die eine obligatorische Zugangs- und Nutzungsregelung

670 Z.B. *Leistner*, GRUR Int. 2021, S. 515.
671 Expertenbericht, S. 14.
672 Z.B. Deutscher Bericht, S. 39ff.; *Schweitzer/Haucap/Kerber/Welker*, S. 118. Der Einfluss dieser Berichte wird auch hervorgehoben von: *Vezzoso*, European Competition Journal 2021, S. 391, 392, Fn. 5.
673 DMA, S. 7–10, insb. S. 8, Fn. 15. So notieren *Seip/Berberich*, GRUR-Prax 2021, S.44, 44, dass sich die Kommission insbesondere „auf Stellungnahmen betroffener Marktakteure (darunter auch Online-Unternehmen) sowie von NGOs und Verbraucherorganisationen" berufe.

von Gatekeeper-Daten zugunsten von geschäftlichen Nutzern formuliert und damit wohl einen „Wendepunkt“ in der „Big-Tech“-Regulierung darstellt.[674] Wie schon oben in Bezug auf die 10. GWB-Novelle kritisiert, wurde allerdings auch im DMA die von Experten und Stakeholdern beschriebene Rolle von „Killer-Akquisitionen“ im Kontext der digitale Wirtschaft nicht ausreichend berücksichtigt: Zwar sieht Art. 12 DMA-E eine Verpflichtung von Gatekeepern zur Unterrichtung über Zusammenschlüsse vor, schafft aber keine spezielle Anmeldepflicht.[675]

Zum Zeitpunkt der finalen Niederschrift dieser Arbeit (August 2021) wird der Vorschlag der Kommission von dem Europäischen Parlament und den Mitgliedstaaten i.R.d. ordentlichen Gesetzgebungsverfahrens beratschlagt. Mit einem Inkrafttreten wird frühestens 2022 gerechnet.[676] In diesem Rahmen könnten sich Verschärfungen ergeben. So hat der zuständige Berichterstatter des Ausschusses für Binnenmarkt und Verbraucherschutz des Parlaments, *Schwab*, in seinem Bericht zusätzliche monetäre und strukturelle Kriterien für die Definition von Gatekeepern vorgeschlagen, die prinzipiell fast nur noch von den GAFAM-Unternehmen erfüllt werden können[677] und somit den Eindruck verstärken, dass der DMA auf die durch große Datensammlungen etablierte Marktmacht der dominanten US-amerikanischen Plattformen abzielt.[678] Dieser politische Kontext ist eine weitere Parallele zur 10. GWB-Novelle.

---

674 *Lundqvist*, IIC 2021, S. 239, 240. *Lundqvist* weist auf die noch bestehenden, o.g. Unklarheiten hin.

675 Bislang basiert der DMA nur auf der Ermächtigungsgrundlage des Art. 114 AEUV, was die Implementierung einer Kontrollmöglichkeit für Unternehmen ausschließt. *Gielen/Uphues*, EuZW 2021, S. 627, 631 bieten einen geeigneten Formulierungsvorschlag, wie sich dieser Aspekt durch eine Anpassung der FKVO integrieren ließe.

676 *Paal/Kumkar*, NJW 2021, S. 809, 815; *Schomberg*, ZD-Aktuell 2021, 05042.

677 Konkret geht es um die Erhöhung des erforderlichen Jahresumsatzes im europäischen Wirtschaftsraum auf 10 Milliarden Euro, die Erhöhung der Marktkapitalisierungsschwelle auf 100 Milliarden Euro und die neue Voraussetzung, dass mindestens zwei „zentrale Plattformdienste“ mit je 45 Millionen aktiven monatlichen Nutzern betrieben werden müssen. Siehe die Diskussion bei: *Offergeld*, D-Kart Blog 2021.

678 Die ursprünglichen Kriterien hätten wohl zu der Identifikation von 10 bis 15 Gatekeepern geführt, inkl. europäischer Plattformunternehmen. Für eine Diskussion, welche Schwellenwerte zur Inklusion welcher Plattformen führen, siehe *Podszun/Bongartz/Langenstein*, EuCML 2021, S. 60, 64.

III. Bewertung

Mit ihrer Fokussierung auf dominante Digitalkonzerne und deren privilegierten Datenzugang verfolgen sowohl die 10. GWB-Novelle („Unternehmen mit überragender marktübergreifender Bedeutung“, „Intermediäre“) als auch der DMA („Gatekeeper“) die gleiche inhaltliche Priorisierung wie der Expertenbericht, der sich intensiv mit Plattformen und Daten beschäftigte (vgl. E.I.1.a), und die europäischen Stakeholder, die im Zuge des Konsultationsverfahrens über den Machtmissbrauch der GAFAM-Unternehmen geklagt hatten (vgl. C.IV.1). Im Falle des DMA-Entwurfes wurde der konzeptionelle Einfluss der Expertenberichte, der Stakeholder und der durchgeführten Konferenz zur Digitalisierung des Wettbewerbsrechts explizit anerkannt. Die Reformvorschläge beschäftigen sich somit, in der in Teil B eingeführten betriebswirtschaftlichen Terminologie, überwiegend mit Plattformen als „Output“ und Daten als wichtigstem „Rohstoff“ der Digitalwirtschaft, während Algorithmen, als zweiter wichtiger „Input“, tendenziell weniger beachtet werden.[679] Diese konzeptionelle Fokussierung wurde mit dem politischen Kontext der jüngsten Reformvorhaben erklärt. So ging es dem deutschen Bundesgesetzgeber wie auch der Kommission vorrangig darum, die Marktmacht der GAFAM Unternehmen zu schwächen, die auf Plattformmärkten eine für europäische Konkurrenten mittlerweile uneinholbare Datenmenge gesammelt haben. Ein anderer, ernüchternder Grund mag in der *Black-Box*-Eigenschaft moderner Algorithmen liegen, die deren wettbewerblichen Effekte selbst für Experten schwierig einschätzbar macht (vgl. B.II.2).

Obgleich einige der eingeführten Rechtsbegriffe[680] und mandatierten Lösungen[681] noch einer genaueren Auslotung bedürfen, ist diese grundsätzliche Stoßrichtung der jüngsten Reformvorhaben aus wettbewerbsrechtlicher

---

679 Ausnahmen bestätigen die Regel: So beschäftigt sich der neue § 20 Abs. 3a GWB mit Netzwerkeffekten, um das „Kippen“ des betreffenden Marktes zu verhindern, allerdings nur im Rahmen einer weiten Generalklausel.

680 So stimmt der Begriff des „Gatekeeper“ nicht notwendigerweise mit einem wettbewerblichen Verständnis von Marktmacht überein. *Grünwald*, MMR 2020, S. 822, 826. Auch „Fairness“ und „Bestreitbarkeit“ von Märkten seien nicht eindeutig genug, um „konkretisiert“ zu werden, so: *Podszun/Bongartz/Langenstein*, EuCML 2021, S. 60, 65. Zudem sind die mehrseitigen Märkte oder Netzwerke, die in den Reformvorhaben als theoretische Grundlage zur Identifizierung dieser Plattformen dienen (bsp. i.S.d. § 18 Abs. 3a GWB), nach wie vor schwierig zu definieren (vgl. B.III).

681 Es ist noch zu klären, ob die DMA Regeln tatsächlich in der Lage sind, Zugang und Übertragbarkeit von Daten einseitig oder in Kombination mit anderen rechtlichen

Perspektive zu begrüßen. Wie oben ausführlicher dargelegt (E.III.2), ist die Menge an inhaltlich relevanten und technisch „sauberen" Daten für den Markterfolg um einiges wichtiger als die Selektion und Qualität eines bestimmten Algorithmus, der auf diesem Datensatz trainiert wird.[682] Insofern lässt sich am Beispiel der hier untersuchten Konsultation, Expertenberichten und Reformvorhaben nachvollziehen, wie im Laufe der Zeit ein willkommener „Filterprozess" vonstatten ging: Während sich die frühe akademische und wettbewerbsbehördliche Auseinandersetzung mit der Digitalisierung ausgiebig mit Algorithmen und insbesondere der von *Ezrachi* und *Stucke* popularisierten, aber aktuell noch recht theoretischen[683] Gefahr einer algorithmischen Kollusion beschäftigte (vgl. C.III.3) und dabei die Rolle von Daten vernachlässigte oder zumindest uneinheitlich bewertete, fokussierten viele Stakeholder (vgl. C.IV.1) und der Expertenbericht (vgl. E.I.1.b, E.III.2) auf die praktisch viel relevantere Frage nach einem Datenzugang und positionierten sich hier eindeutig im Sinne zusätzlicher Verpflichtungen für große Digitalkonzerne; diese Fokussierung spiegelt sich schließlich in der 10. GWB-Novelle und dem DMA wider. Gleichwohl ist zu betonen, dass langfristig auch Algorithmen als gänzlich neue Wettbewerbsparameter mit informationstechnologischen Spezifika in gleichem Maße in den Blick zu nehmen sind, da sich aus dem typischen, einer digitalen Kreislaufwirtschaft entsprechenden Geschäftsmodell der Plattformen eine spezifische Interdependenz zwischen Daten, Algorithmen und Plattformen ergibt,[684] die letztlich eine holistische Prüfung und Regulierung erforderlich macht. In diesem Sinne haben die Stakeholder ein umfassenderes Bild der digitalen Ökonomie gezeichnet als dies die jüngsten Reformvorhaben konzeptionell abbilden konnten, da sie in ihren Konsultations-Beiträgen auch Effizienz- und Innovationsvorteile der Digitalisierung (Topic 5), Ausbeutungsmissbrauch

Instrumenten zu ermöglichen. *Lundqvist*, IIC 2021, S. 239, 241. Klärungsbedarf im Bereich der Rechtsdurchsetzung sieht: *Leistner*, GRUR Int. 2021, S. 515, 516.

682 Das ist auch das zentrale Argument des Autors in: *Küsters*, Berliner Debatte Initial 2020, S. 110, 117f.

683 Wie in Teil B.II.3.b dargelegt, argumentiert die relevante Informatik und Economics Literatur, dass ein solches stillschweigendes kollusives Verhalten nur unter schwierigen Bedingungen zu erreichen ist.

684 Diese Interdependenz wird eindrucksvoll von *Zuboff* beschrieben. Siehe auch Teil B.III.2 oben. Im Vergleich zum DMA-E, bei dem der Faktor „Ökosystem" bislang nicht ausdrücklich vorgesehen ist, zielt § 19a GWB immerhin auf eben jene Ökosysteme ab. *Gielen/Uphues*, EuZW 2021, S. 627, 629.

(Topic 1), Datenschutz (Topic 4) und nicht zuletzt Algorithmen (Topic 10) diskutierten (Abbildung 8).

Die konzeptionelle Fokussierung auf marktmächtige Plattformen mit großen Datenvorräten ist ebenfalls vor dem Hintergrund der oben erörterten Frage nach dem relevanten Wettbewerbsleitbild von Interesse (vgl. E.II.1). Gemeinhin wird angenommen, dass die Kommission, insbesondere in den ersten Jahrzehnten des europäischen Wettbewerbsrechts, auf Marktintegration als leitendes Motiv bei der Anwendung der Wettbewerbsnormen abgezielt habe.[685] Seit dem Beginn des MEA Anfang der 2000er Jahre wird zudem, wie oben erwähnt, ein größerer Fokus auf ökonomische Effizienz gelegt, was sich konzeptionell in dem Leitbild der Konsumentenwohlfahrt niedergeschlagen hat.[686] Die neuen Reformvorhaben wie § 19a GWB, DMA und DSA weichen von dieser bisherigen Stoßrichtung ab, in dem sie weniger auf Konsumentenwohlfahrt[687] oder Marktintegration verweisen[688] und stattdessen direkter auf die Verhinderung oder zumindest Abschwächung wirtschaftlicher Vermachtung abzielen. So führt bereits die bloße Feststellung einer zentralen Position in einem bestimmten Plattformmarkt zu der Annahme einer besonders wettbewerbsschädlichen Qualität des Verhaltens der betroffenen Plattform.[689] Die Kommission braucht

685 Z.B. *Sauter*.

686 *Körber/Schweitzer/Zimmer*, in: Immenga/Mestmäcker, Einleitung, Rn. 13, 14.

687 Konsumentenwohlfahrt wird nur an einer Stelle direkt diskutiert: DMA, S. 11f. (mehr Bestreitbarkeit der Plattformmärkte werde zu einer Konsumentenrente von schätzungsweise 13 Mrd. EUR führen). *Seip/Berberich*, GRUR-Prax 2021, S. 44, 47 merken an, dass die Reformen nicht Konsumenten begünstigen.

688 Durch die Geschwindigkeit und Gleichzeitigkeit, mit der die unterschiedlichen nationalen und europäischen Reformvorhaben vorangetrieben werden, wird die Fragmentierung des digitalen Binnenmarkts zumindest indirekt in Kauf genommen. *Grünwald*, MMR 2020, S. 822, 826. Diese Befürchtung wird auch vom DMA-Entwurf selbst addressiert, vgl. ErwG. 6ff. DMA-E. Für die Forderung, die Vereinbarkeit des DMA mit deutschem Recht genauer zu untersuchen, siehe: *Schomberg*, ZD-Aktuell 2021, 05042. Wenn das Problem mit § 19a GWB und ähnlichen Vorschriften in anderen Mitgliedstaaten nicht angegangen wird, so überlegen *Podszun/Bongartz/Langenstein*, EuCML 2021, S. 60, 67, beeinflusse dies auch die Rechtsgrundlage des DMA in Art.114 AEUV.

689 So argumentiert *Körber*, MMR 2020, S. 290, 294 mit Blick auf den neuen § 19a GWB, dass den dominanten Digitalunternehmen kurzerhand und ohne sachliche Rechtfertigung unterstellt werde, dass ihr Wachstum besonders schädlich für den Wettbewerb sei. Im Falle des DMA wird allein aufgrund des Erreichens der Schwellenwerte eine Regulierungsbedürftigkeit angenommen, so *Gielen/Uphues*, EuZW 2021, S. 627, 629.

keine wirtschaftlichen Bewertungen im Einzelfall vorzunehmen, was eine „efficiency defense“ von vorneherein ausschließt.[690] Dies ist durchaus als kontroverse Festlegung zu bewerten, gibt es doch bislang keinen klaren Maßstab für eine effiziente Marktstruktur auf Plattformmärkten,[691] wie oben ausgeführt (vgl. B.III.b.3). Analog zu der Prioritätensetzung im Expertenbericht (vgl. E.I.1.c)[692] werden somit Effizienz- und Innovationsvorteile der neuen digitalen Technologien ggf. unzureichend berücksichtigt.

Daraus lässt sich folgern, dass ein Wandel im wettbewerbsrechtlichen Leitbild stattgefunden hat. Der konzeptionelle Fokus der jüngsten Reformvorhaben auf wirtschaftliche Ungleichgewichte und „beträchtliche wirtschaftliche Macht“ (ErwG. 3 DMA-E) an sich[693] legt nahe, dass das ordoliberale Wettbewerbsverständnis der *Freiburger Schule* wieder eine verstärkte Rolle spielt, da es sich an den Idealbildern einer atomisierten Marktstruktur und eines fairen Leistungswettbewerbs zwischen dominanten Unternehmen und KMUs orientiert.[694] Eine weitere Parallele zwischen den jüngsten Reformvorhaben, insbesondere dem DMA, und dem sozio-ökonomischen Wettbewerbsbild der Ordoliberalen[695] besteht darin, dass sie nicht nur auf die wirtschaftlichen, sondern auch auf die negativen gesellschaftlichen Auswirkungen der großen Plattformen eingehen[696]

690 *Podszun/Bongartz/Langenstein*, EuCML 2021, S. 60, 61.

691 *Duch-Brown*, European Commission JRC Digital Economic Working Paper 2017, S. 1, 7.

692 Während eine mögliche „efficiency defense“ nur etwa eine halbe Seite im Expertenbericht einnahm, waren Effizienzbetrachtungen in den Stakeholder-Beiträgen so häufig vertreten, dass das STM hierfür ein eigenes „Topic“ schätzte (Topic 5).

693 So macht ErwG. 10 DMA-E ferner klar, dass hier eine zentrale, dominante Stellung in einem digitalen Sektor als Problem an sich angesehen wird – und nicht, wie im Rahmen von Art. 102 AEUV, erst der Missbrauch einer solchen Stellung („ungeachtet der tatsächlichen, wahrscheinlichen oder angenommenen Auswirkungen des unter diese Verordnung fallenden Verhaltens eines Gatekeepers auf einem Markt“).

694 Zum ordoliberalen Wettbewerbsbild: *Möschel*, in: Peacock/Willgerodt, S. 142–159. Zum ordoliberalen Einfluss in den ersten Jahrzehnten des europäischen Wettbewerbsrechts (bis zum MEA), siehe: *Gerber*.

695 Zum sozio-ökonomischen Wettbewerbsbild der Ordoliberalen: *Ptak*, in: Mirowski/Plehwe, S. 98, 106ff.

696 DMA, S. 1, insb. Fn. 2, sowie ErwG. 6 DMA-E. EU-Kommissar Breton merkte entsprechend an: „So wie der 11.9. einen Paradigmenwechsel bei der weltweiten Sicherheitspolitik markiert hat, wurden wir 20 Jahre später Zeuge eines Vorher-Nachher bei der Rolle von digitalen Plattformen in unserer Demokratie.“ Zitiert nach: *Gielen/Uphues*, EuZW 2021, S. 627, 627.

und beabsichtigen, diesen durch erleichterten Markteintritt und schnellere Expansion von KMUs zu begegnen.[697] Zumindest aus den wissenschaftlichen Publikationen von *Schweitzer*, die – wie oben aufgezeigt – in sämtlichen der hier diskutierten Reformvorhaben aktiv involviert war, ist ersichtlich, dass sie sich detailliert und durchaus wohlwollend mit ordoliberalen Empfehlungen für die Kontrolle marktmächtiger Unternehmen beschäftigt hat.[698] Ein Wandel des Leitbildes ist im Einklang mit dem Expertenbericht, der eine alleinige Ausrichtung an einem engen Konsumentenwohlfahrtstandard abgelehnt hatte (vgl. E.II.1). Somit lässt sich die Feststellung von *Podszun/Brauckmann*, wonach es sich bei der 10. GWB-Novelle um ein „ordnungspolitisches Signal" handele,[699] auch auf die im Zusammenspiel von Konsultation und Expertenbericht erarbeiteten Reformvorschläge im europäischen Wettbewerbsrecht übertragen.[700] Inwieweit sich diese implizite theoretische Reorientierung in der wettbewerbsrechtlichen Praxis zeigt und bewährt, wird allerdings nur im Laufe der Zeit absehbar werden.

IV. Zwischenergebnis

Der inhaltliche Fokus der Sonderberater (vgl. E.I.1.a) und Stakeholder (vgl. C.IV.1) auf die dominanten US-amerikanischen Digitalkonzerne und deren privilegierten Zugriff auf große Mengen an Daten spiegelt sich im konzeptionellen Zuschnitt der 10. GWB-Novelle und des DMA-Entwurfes der Kommission. Hervorzuheben sind die in beiden jüngsten Reformvorhaben mandatierten starken Zugangsrechte für tatsächliche und potenzielle Wettbewerber auf relevante Daten der dominanten Plattformen, mit denen sich in der nach wie vor hitzigen akademischen Debatte klar positioniert wurde, und die scheinbare Rückkehr eines ordoliberalen wettbewerbsrechtlichen Leitbildes. Gleichzeitig suggerieren die allgemeinen Hinweise insbesondere im DMA-Entwurf auf die „geeigneten Mittel" und die „entsprechende Technik", mit

697 DMA, S. 11f.

698 *Schweitzer*, EUI LAW Working Paper 2007. Der Artikel „attempts to clarify the frequently misinterpreted concept of ordoliberalism."

699 *Podszun/Brauckmann*, GWR 2019, S. 436, 438.

700 Podszun selber scheint diese Einschätzung nicht zu teilen, argumentiert er doch in Bezug auf den DMA, dass dessen „regulatorische Idee" noch nicht definiert sei. Dem Ansatz fehle es an „sinnvollen Grundsätzen" und seine Regeln wirkten wie eine „willkürliche Auswahl von Theorien aus vergangenen und laufenden Wettbewerbsfällen". *Podszun/Bongartz/Langenstein*, EuCML 2021, S. 60, 61.

denen die Gatekeeper ihren neuen Verpflichtungen nachkommen sollen, dass auf absehbare Zeit ein regulatorischer Dialog zur konkreten Implementierung und damit ein dem PK-Ansatz nahekommendes rechtliches Regime unausweichlich ist – zumindest so lange, bis die Kommission angemessene eigene Informatik-Kompetenzen aufgebaut hat. Insofern gewinnen die Chancen und Gefahren einer zunehmenden Integration von Stakeholdern in die digitale Regulierung, wie sie oben im Kontext des Konsultationsverfahrens und des Expertenberichts exemplarisch vermessen wurden, akute praktische Relevanz.

G. Ergebnis

Diese Arbeit hat den von der Kommission initiierten Konsultationsprozess zur Reform des EU-Wettbewerbsrechts im digitalen Zeitalter quantitativ und qualitativ untersucht. Durch einen Vergleich zwischen den Stakeholder-Beiträgen und dem Expertenbericht wurde exemplarisch das Potenzial eines „Partizipativen Kartellrechts“ für diesen Reformprozess ausgelotet. Die Konsultation verlief repräsentativ, da die Sonderberater Kernanliegen verschiedener Stakeholder aufnahmen, insbesondere verhaltensökonomische und datenschutzrechtliche Aspekte, die Persistenz von Marktmacht auf digitalen Märkten, die regulierende Funktion von Plattformen sowie das „Leveraging“ von Marktmacht und Datenzugang auf Sekundärmärkte. Die Gewichtung dieser Anliegen verlief größtenteils wirksam, da ein im Lichte der einschlägigen Literatur sinnvoller Schwerpunkt auf Daten gelegt wurde. Allerdings wären eine stärkere Berücksichtigung von Gründen für eine „efficiency defense“ und ein transparenterer Umgang mit den Beiträgen wünschenswert gewesen.

Die in dieser Arbeit identifizierten thematischen und argumentativen Differenzen zwischen europäischen Unternehmen, Think Tanks und NGOs auf der einen Seite und dominanten US-amerikanischen Plattformen und von ihnen finanzierten Think Tanks und Akademikern auf der anderen Seite unterstützen die eingangs zitierte These einer zunehmenden „Polarisierung“[701] der Debatte über das europäische Wettbewerbsrecht im digitalen Zeitalter. Eine ähnliche Polarisierung und Binnendifferenzierung innerhalb des Unternehmerlagers hat auch die diskutierte deutsche GWB-Novelle begleitet.[702] Das Phänomen an

701 *Shapiro*, Int'l J Indus Org 2018, S. 714; *Colomo*, Chillin' Competition Blog 2020 (27.03.).

702 So schreibt der digitale Branchenverband *Bitkom*: „Der Entwurf der 10. GWB-Novelle wird von den Bitkom Mitgliedern unterschiedlich bewertet. Einige Unternehmen begrüßen die Novelle, da sie negativen Marktentwicklungen Rechnung trage. Die Entstehung von Marktmacht, Abhängigkeiten und Markteintrittsbarrieren folge gerade auf digitalen Märkten heute neuen Gesetzmäßigkeiten. [...] Andere Teile der Mitgliedschaft bewerten die Novelle kritisch, insbesondere da empirische Belege für die Notwendigkeit neuer Instrumente in der Missbrauchsaufsicht fehlten [...].“ https://www.bmwi.de/Redaktion/DE/Downloads/Stellungnahmen/Stellungnahmen-GWB-Digitalisierungsgesetz/Verbaende-und-Unternehmen/bitkom.pdf?__blob=publicationFile&v=4 (letzter Abruf: 15.05.20).

sich ist nicht neu: bereits die Entstehungsgeschichte des deutschen und europäischen Kartellrechts war geprägt von medialen Auseinandersetzungen zwischen KMUs und Großindustrie.[703] Neu an der untersuchten Debatte ist allerdings das Ausmaß, in dem die Lobbyismus-Bemühungen der dominanten Technologieunternehmen die Grenze zwischen akademischen und interessengeleiteten Debattenbeiträgen zunehmend verschwimmen lassen, wie zahlreiche in dieser Arbeit dokumentierte Verweise auf finanzielle Unterstützung oder in Kooperation mit der Industrie entstandene Studien belegen. Inwiefern dies eine ungewollte Konsequenz des „More Economic Approach" ist, übersteigt den Rahmen dieser Arbeit, bildet aber einen lohnenswerten Ansatzpunkt für zukünftige Forschung. Zugleich sind erste Fortschritte in Bezug auf diese Problematik zu verzeichnen, wie die unter der Leitung von *Lianos* erarbeitete ASCOLA-Ethikerklärung und die strengeren Offenlegungspflichten in manchen Zeitschriften.[704]

In einer solch polarisierten Situation für eine Reform des europäischen Wettbewerbsrechts zu werben, ist anspruchsvoll, dennoch notwendig. Der hier untersuchte Expertenbericht stellt zahlreiche innovative und sinnvolle Vorschläge vor, von denen insbesondere die detailliert ausgeführten Bedingungen für einen Datenzugang im Rahmen von Art. 102 AEUV, die wettbewerbsrechtliche Analyse verhaltensökonomischer Aspekte von digitalen Ökosystemen, die Verlagerung der Beweislast zulasten marktmächtiger Unternehmen sowie die Nutzung von Abhilfemaßnahmen zur Wiederherstellung des ex-ante Wettbewerbszustands hervorzuheben sind. Zusammengenommen können die Vorschläge des Expertenberichts dazu beitragen, die Märkte im digitalen Zeitalter offen zu halten. Dies muss zumindest so lange das Ziel sein, bis Praxis und Forschung robuste Evidenz über die aggregierten Wohlfahrtseffekte besitzen.

Vor diesem Hintergrund ist die Hinzunahme von Text Mining Methoden in dieser Arbeit ambivalent zu bewerten. Auf der einen Seite eignen sich die quantitativen Darstellungen und Wortmetriken gut, um große Mengen an Text thematisch oder nach bestimmten Kategorien gegliedert zu strukturieren. Dies wurde exemplarisch mithilfe einer quantitativen Analyse der Stakeholder-Beiträge, des Expertenberichts, der Plenumsdiskussionen zur 10. GWB-Novelle und dem DMA-Entwurf gezeigt. Die hier verwendeten digitalen korpus-linguistischen Methoden könnten somit zukünftig genutzt werden, um weitere Konsultationen zu begleiten, beispielsweise durch eine Analyse der insgesamt 304 Rückmeldungen, die verschiedene Stakeholder jüngst zum KI-Vorschlag

703 *Kutzner*, S. 117–39.

704 *Colomo*, Chillin' Competition Blog 2020 (29.07.).

der Kommission eingereicht haben. Auf der anderen Seite wurde ebenso ersichtlich, dass die rechtswissenschaftliche Bewertung von Argumenten und des Fußnotenapparats genaue Kenntnisse der Literatur und der biographischen Hintergründe der Autoren erfordert. Quantitative Auswertungen eignen sich somit ausschließlich als komplementäre Methodik, nicht als Eigenzweck.

Der hier analysierte Expertenbericht ist wichtig, aber zugleich auf einem abstrakten Niveau verfasst, so dass die genaue Form der gewünschten Regulierung offengeblieben ist und einer Umsetzung durch Gerichtsentscheidungen[705] und Reformen bedarf. In diesem Zusammenhang sind der konzeptionelle Zuschnitt der 10. GWB-Novelle als auch des DMA-Entwurfes der Kommission hervorzuheben, die den inhaltlichen Fokus der Sonderberater und Stakeholder auf die dominanten US-amerikanischen Digitalkonzerne und deren privilegierten Zugriff auf große Mengen an Daten widerspiegeln. Von besonderer Relevanz sind die in beiden Reformvorhaben mandatierten starken Zugangsrechte für tatsächliche und potenzielle Wettbewerber auf relevante Daten der dominanten Plattformen. Auch die Kritik des Expertenberichts an der üblichen Marktdefinition wurde mittlerweile aufgegriffen, denn die Kommission überarbeitet nun die 1997 erlassene Bekanntmachung über die Definition des relevanten Marktes.[706]

Darüber hinaus können weitergeführte Diskussionen mit Stakeholdern über „best practices" und den aktuellen Stand der Technik dazu beitragen, Analyserahmen und regulatorische Eingriffe weiter zu verfeinern und neuartige Wettbewerbsverletzungen zu beseitigen, bevor sie tatsächlich eintreten[707] – das in dieser Arbeit untersuchte Konsultationsverfahren mit seinem repräsentativen Teilnehmerkreis und seiner breiten thematischen Abdeckung illustriert das diesbezügliche Potential eines „Partizipativen Kartellrechts" zur Förderung der

---

705 Viele der in dem Bericht behandelten Fragen stehen derzeit im Mittelpunkt von vor EU-Gerichten anhängigen Fällen, die eine Gelegenheit bieten, die angesprochenen Änderungen europarechtlich auszuloten. U.a. in Bezug auf die Verteilung der Beweislast, die Schwelle für wettbewerbswidrige Wirkungen, den rechtlichen Status der Selbstbegünstigung, die Bewertung der Marktbeherrschung, die Definition ökosystemspezifischer Anschlussmärkte oder die Annahme von Nutzerbefangenheit im zugrundeliegenden Konsumentenleitbild. *De Pablo*, CPI Antitrust Chronicle 2019, S. 1, 10.

706 *Vestager*, Chillin' Competition Conference 2019.

707 Fragen der algorithmischen Kollusion mit Konkurrenten und der Einhaltung der Verbraucherrechte, einschließlich derer über den Schutz der Privatsphäre, können weitgehend durch Innovationen im Produktdesign gelöst werden. *ACCC*, S. 25, 464.

„Besseren Rechtsetzung" im digitalen Zeitalter. Zwar sind die subjektiven und von Eigeninteressen geprägten Konsultationsbeiträge mit Vorsicht zu genießen. Aber wie *Gal* zu Recht festhält, sind die wettbewerbswidrigen Bedenken und die Wohlfahrtseffekte, die sich aus den technischen Entwicklungen der digitalen Ökonomie ergeben, zu wichtig, um sie zu ignorieren, bis detaillierte und objektivere Erkenntnisse vorliegen.[708] Aus dem gleichen Grund muss GD COMP einen Personalbestand mit Informatik-Fachwissen entwickeln.

Während der Eisenhower-Administration in den 1950er Jahren drängte die amerikanische Kartellbehörde darauf, das neue technologische Wissen besser zu verbreiten, indem sie durch Klagen gegen IBM, AT&T und RCA die Bereiche Datenverarbeitung, Unterhaltungselektronik und Telekommunikation sowohl für amerikanische als auch ausländische Wettbewerber öffnete und dadurch die Entwicklung des „elektronischen Jahrhunderts" prägte.[709] Damit die kommenden Jahre den Beginn eines ebenso wohlfahrtssteigernden „digitalen Jahrhunderts" markieren, ist es notwendig, dass die Kommission digitale Märkte ebenso öffnet und offen hält – dazu ist ein ausreichendes Verständnis der komplexen zugrundeliegenden Technologien unerlässlich, das nicht zuletzt durch eine repräsentative, wirksame und transparente Auswertung der unterschiedlichen Perspektiven relevanter Stakeholder aufgebaut werden kann.

---

708 *Gal*, Algorithms as Illegal Agreements, Berkeley Tech LJ 2019, S. 67, insb. S. 117f.
709 *Stoller*, S. 194f.

Abbildungsverzeichnis

Tabellenverzeichnis

Literaturverzeichnis

Abadi/Andersen, Learning to Protect Communications with Adversarial Neural Cryptography, arXiv 2016, https://arxiv.org/pdf/1610.06918.pdf (letzter Abruf: 08.05.2020).

ACCC, Digital Platforms Inquiry: final report, 2019.

Ahlborn/Evans/Padilla, Competition Policy in the New Economy: Is European Competition Law Up to the Challenge?, ECLR 22, 2001, S. 156.

Akman, A Competition Law Assessment of Platform Most-Favoured-Customer Clauses, Journal of Competition Law and Economics 12(4), 2016, S. 781.

Akman/Sokol, Online RPM and MFN Under Antitrust Law and Economics, Rev. Indust. Org. 50(2), 2017, S. 133.

Alemanno, How Much Better Is Better Regulation? Assessing the Impact of the Better Regulation Package on the European Union – A Research Agenda, European Journal of Risk Regulation 6(3), 2015, S. 344.

Argenton/Prufer, Search Engine Competition with Network Externalities, J Competition L & Econ 8(1), 2011, S. 73.

Armstrong, Competition in Two-Sided Markets, Rand J. Econ. 37(3), 2006, S. 668.

Arndt et al., Indicators of Regulatory Policy and Governance, OECD Regulatory Policy Working Paper No. 1, 2015, http://www.oecd.org/gov/regulatory-policy/WP1_Design-Methodology-Key-Results.pdf (letzter Abruf: 14.05.2020).

Asay, 'Whole Web' is the OS of the future, CNET 2010 (18.3.), https://www.cnet.com/news/tim-oreilly-whole-web-is-the-os-of-the-future/ (letzter Abruf: 27.04.2019).

Autorité de la Concurrence, Avis n° 18-A-03 du 6 mars 2018 portant sur l'exploitation des données dans le secteur de la publicité sur internet, 2018.

Autorité de la concurrence/Bundeskartellamt, Algorithms and Competition, 2019.

Autorité de la concurrence/Bundeskartellamt, Competition Law and Data, 2016.

Ballard/Naik, Algorithms, Artificial Intelligence, and Joint Conduct, CPI Antitrust Chronicle 1(2), 2017, S. 29.

Banko/Brill, Scaling to very very large corpora for natural language disambiguation, Proceedings of the 39th Annual Meeting on Association for Computational Linguistics 1, 2001, S. 26.

Bartos, Competition Law Enforcement in the Age of Digitalization Initial Considerations, Common L. Rev. 16, 2020, S. 36.

Beck, Wirtschaftspolitik und Psychologie: Zum Forschungsprogramm der Behavioral Economics, ORDO 60(1), 2009, S. 119.

Bernhardt/Dewenter, Collusion by code or algorithmic collusion, European Competition Journal 2020, https://www.tandfonline.com/doi/abs/10.1080/17441056.2020.1733344 (letzter Abruf: 14.05.2020), S. 1.

Bethell/Baird/Waksman, Ensuring innovation through participative antitrust, Journal of Antitrust Enforcement 8(1), 2020, S. 30.

Bien/Käseberg/Klumpe/Körber/Ost, Die 10. GWB-Novelle, 1. Aufl. 2021.

Bitton/Dolmans/Mostyn/Pearl, Competition In Display Ad Technology: A Retrospective Look At Google/Doubleclick and Google/Admob, CPI 2019, https://www.competitionpolicyinternational.com/competition-in-display-ad-technology-a-retrospective-look-at-google-doubleclick-and-google-admob/ (letzter Abruf: 08.05.2020).

Blei, Probabilistic Topic Models, Communications of the ACM 55, 2012, S. 77.

Blei/Ng/Jordan, Latent Dirichlet Allocation, Journal of Machine Learning Research 3, 2003, S. 993.

BMA/ACM/CDLCL, Joint memorandum of the Belgian, Dutch and Luxembourg competition authorities on challenges faced by competition authorities in a digital world, 2019, https://www.belgiancompetition.be/sites/default/files/content/download/files/bma_acm_cdlcl.joint_memorandum_191002.pdf (letzter Abruf: 08.05.2020).

Boellstorff/Maurer (Hrsg.), Data, Now Bigger and Better!, 2015.

Bork/Sidak, What Does the Chicago School Teach about Internet Search and the Antitrust Treatment of Google?, J Competition L & Econ 8, 2011, S. 663.

Borocas/Selbst, Big Data's disparate Impact, California Law Review 104, 2016, S. 671.

Borsenberger, The Concentration Phenomenon in E-commerce, in: Crew/Brennan (Hrsg.), Postal and Delivery Innovation in the Digital Economy, 2015, S. 31–41.

Bradford, The Brussels Effect, Nw. U. L. Rev. 107, 2012, S. 1.

BRICS Competition Authorities, BRICS in the Digital Economy: Competition Policy in Practice, 1st Report by the Competition Authorities Working Group on Digital Economy, 2019.

Broemel/Trute, Alles nur Datenschutz?, Berliner Debatte Initial 27(4), 2016, S. 50.

Brouwer, Lobby-Compliance – Wege zu einer besseren und transparenteren Gesetzgebung, CCZ 1, 2019, S. 2.

Bruc, Data as an essential facility in European law: how to define the "target" market and divert the data pipeline?, European Competition Journal 15(2–3), 2019, S. 177.

Brynjolfsson/Collis/Eggers, Using Massive Online Choice Experiments to Measure Changes in Well-Being, PNAS 116(15), 2019, S. 7250.

Brynjolfsson/Eggers/Gannamaneni, Using Massive Online Choice Experiments to Measure Changes in Well-being, NBER Working Paper 2018, https://www.nber.org/papers/w24514.pdf (letzter Abruf: 09.05.2020).

Brynjolfsson/Oh, The Attention Economy: Measuring the Value of Free Digital Services on the Internet, Proceedings of the 33rd International Conference on Information Systems 2012, https://aisel.aisnet.org/cgi/viewcontent.cgi?article=1045&context=icis2012 (letzter Abruf: 09.05.2020).

Bundeskartellamt, Arbeitspapier Marktmacht von Plattformen und Netzwerken B6-113/15, 2016.

Bundesministerium für Wirtschaft und Energie, Ein neuer Wettbewerbsrahmen für die Digitalwirtschaft: Bericht der Kommission Wettbewerbsrecht 4.0, 2019.

Calliess/Ruffert/Cremer, EUV/AEUV, 5. Aufl. 2016.

Chase/Schlosser, Better Regulation – An Ongoing Journey, EJRR 6(3), 2015, S. 378.

Chiou/Tucker, Search Engines and Data Retention: Implications for Privacy and Antitrust, MIT Sloan School Working Paper No. 5094-14, 2014, https://papers.ssrn.com/sol3/papers.cfm?abstract_id=2441333 (letzter Abruf: 09.05.2020).

Chopra/White, A Legal Theory for Autonomous Artificial Agents, 2011.

Clarke/Williams/Swindells, How Google quietly funds Europe's leading tech policy institutes, New Statesman 2021 (30.06.), https://www.newstatesman.com/business/sectors/2021/07/how-google-quietly-funds-europe-s-leading-tech-policy-institutes (letzter Abruf: 24.08.2021).

CMA, Pricing Algorithms: Economic Working Paper on the Use of Algorithms to Facilitate Collusion and Personalised Pricing, 2018.

CMA, The CMA's Digital Markets Strategy, 2019, https://assets.publishing.service.gov.uk/government/uploads/system/uploads/attachment_data/file/814709/cma_digital_strategy_2019.pdf (letzter Abruf: 08.05.2020).

Collyer/Mullan/Timan, Measuring Market Power in Multi-Sided Markets, CPI Antitrust Chronicle 3(44), 2017, S. 1, https://www.competitionpolicyinternational.com/wp-content/uploads/2017/09/CPI-Collyer-Mullan-Timan.pdf (letzter Abruf: 08.05.2020).

Colomo, From a distance, literally and figuratively, Chillin' Competition Blog 2020 (27.03.), https://chillingcompetition.com/2020/03/25/from-a-distance-literally-and-figuratively/ (letzter Abruf: 08.05.2020).

Colomo, On disclosure and conflicts of interests, Chillin' Competition Blog 2020 (29.07.), https://chillingcompetition.com/2020/07/29/on-disclosure-and-conflicts-of-interests-three-years-later-we-are-in-a-better-place/ (letzter Abruf: 25.08.2021).

Costa-Cabral/Lynskey, Family ties: the intersection between data protection and competition in EU Law, CMLRev 54(1), 2017, S. 11.

Coupette, Juristische Netzwerkforschung. Modellierung, Quantifizierung und Visualisierung relationaler Daten im Recht, 2019.

Coupette/Fleckner, Quantitative Rechtswissenschaft. Sammlung, Analyse und Kommunikation juristischer Daten, JZ 73(8), 2018, S. 379.

Crane, Search Neutrality and Referral Dominance, J Competition L & Econ 8(3), 2012, S. 459.

Crémer/de Montjoye/Schweitzer, Competition policy for a digital era, 2019.

Cukier, Data, Data Everywhere, The Economist 2010 (25.02.), www.economist.com/node/15557443 (letzter Abruf: 08.05.2020).

D'Souza, Investopedia 2019 (25.06.), https://www.investopedia.com/tech/what-are-tech-giants-lobbying-trump-era/ (letzter Abruf: 15.04.2020).

Dawson, Better regulation and the future of EU regulatory law and politics, CMLRev 53(5), 2016, S. 1209.

Dayen, Fiona, Apple, and Amazon: How Big Tech Pays to Win the Battle of Ideas, The American Prospect 2020 (20.07.), https://prospect.org/power/fiona-apple-amazon-how-big-tech-pays-to-win-battle-ideas/ (letzter Abruf: 25.08.2021).

De Cnudde/Martens/Evgeniou/Provost, A Benchmarking Study of Classification Techniques for Behavioral Data, Dept. of Engineering (University of Antwerp) Research Paper No. 5, 2017, https://econpapers.repec.org/paper/antwpaper/2017005.htm (letzter Abruf: 09.05.2020).

De Corniere/Taylor, Upstream Bundling and Leverage of Market Power, CEPR Discussion Paper No. DP13083, 2018, https://papers.ssrn.com/sol3/papers.cfm?abstract_id=3222597 (letzter Abruf: 09.05.2020).

De Pablo, Shortcuts and Courts in the Era of Digitization, CPI Antitrust Chronicle 1(2), 2019, S. 1.

Delibašić et al., White-Box or Black-Box Decision Tree Algorithms: Which to Use in Education?, IEEE Trans Educ 56(3), 2012, S. 287.

Deutsches Institut für Vertrauen und Sicherheit im Internet, Braucht Deutschland einen Digitalen Kodex? Verantwortung, Plattformen und soziale Normen im Internet, 2014, https://www.divsi.de/wp-content/uploads/2013/08/DIVSI-Braucht-Deutschland-einen-Digitalen-Kodex.pdf (letzter Abruf: 08.05.2020).

Dolmans/Pesch, Should we disrupt antitrust law?, CLPD 2019, https://www.clearygottlieb.com/-/media/files/should-we-disrupt-antitrust-law-pdf.pdf (letzter Abruf: 08.05.2020), S. 1.

Domingos, The Master Algorithm: How the Quest for the Ultimate Learning Machine Will Remake Our World, 2015.

Duch-Brown, The Competitive Landscape of Online Platforms, European Commission JRC Digital Economic Working Paper No. 04, 2017, S. 1.

Dunlop/Radaelli, Impact Assessment in the European Union: Lessons from a Research Project, European Journal of Risk Regulation 6(1), 2015, S. 27.

Easterbrook, The Limits of Antitrust, Tex. L. Rev. 63(1), 1984, S. 1.

Eckert, Danksagungen gegen den Strich lesen, FAZ 2020 (27.04.).

Eliantonio/Spendzharova, The European Union's New "Better Regulation" Agenda: Between Procedures and Politics, European Journal of Law Reform 19(1–2), 2017, S. 3.

Emmerich/Lange, Kartellrecht: Ein Studienbuch, 15 Aufl. 2021.

Emmert-Streib et al., An Introductory Review of Deep Learning for Prediction Models With Big Data, Front. Artif. Intell. 2020, https://www.frontiersin.org/articles/10.3389/frai.2020.00004/full (letzter Abruf: 08.05.2020).

Evans, Attention Rivalry Among Online Platforms, J. Competition L. & Econ. 9(2), 2013, S. 313.

Evans, Multisided Platforms, Dynamic Competition, and the Assessment of Market Power for Internet-Based Firms, Coase- Sandor Working Paper Series in Law and Economics No. 753, 2016, S. 1.

Evans, The Antitrust Economics of Free, Chicago John M. Olin Law & Economics Working Paper No. 555, 2011, S. 1.

Evans, Why the Dynamics of Competition for Online Platforms Leads to Sleepless Nights, but Not Sleepy Monopolies, SSRN 2017, https://papers.ssrn.com/sol3/papers.cfm?abstract_id=3009438 (letzter Abruf: 09.05.2020).

Evans/Noel, Defining Antitrust Markets When Firms Operate Two-Sided Platforms, Colum. Bus. L. Rev. 3, 2005, S. 667.

Evans/Schmalensee, Matchmakers: The New Economics of Multisided Platforms, 2016.

Ezrachi, EU Competition Law Goals and the Digital Economy, BEUC Discussion Paper 2018, https://www.beuc.eu/publications/beuc-x-2018-071_goals_of_eu_competition_law_and_digital_economy.pdf (letzter Abruf: 09.05.2020).

Ezrachi, The Competitive Effects of Parity Clauses on Online Commerce, Eur. Competition J. 11(2–3), 2015, S. 488.

Ezrachi/Stucke, Artificial Intelligence & Collusion: When Computers Inhibit Competition, University of Illinois Law Review 5, 2017, S. 1775.

Ezrachi/Stucke, Two Artificial Neural Networks Meet in an Online Hub and Change the Future (of Competition, Market Dynamics and Society), Oxford Legal Studies Research Paper No. 24, 2017, https://papers.ssrn.com/sol3/papers.cfm?abstract_id=2949434## (letzter Abruf: 08.05.2020).

Ezrachi/Stucke, Virtual Competition, Journal of European Competition Law & Practice 7(9), 2016, S. 585.

Ezrachi/Stucke, Virtual competition. The Promise and Perils of the Algorithm-Driven Economy, 2016.

Farrel/Saloner, Standardization, Compatibility and Innovation, RAND Journal of Economics 16(1), 1985, S. 70.

Faust/Schäfer, Zivilrechtliche und rechtsökonomische Probleme des Internet und der künstlichen Intelligenz, 15. Travemünder Symposium zur ökonomischen Analyse des Rechts, 2019.

Ferri/Lusiani/Pareschi, Accounting for Accounting History: A Topic modeling Approach (1996–2015), Accounting History 23(1–2), 2018, S. 173.

Filistrucchi et al., Market Definition in Two-Sided Markets: Theory and Practice, JCL&E 10(2), 2014, S. 293.

Fischbach, Big Data – Big Confusion. Weshalb es noch immer keine künstliche Intelligenz gibt, Berliner Debatte Initial 31(1), 2020, S. 136.

Foroohar, Don't Be Evil: The Case Against Big Tech, 2019.

Franzius, Demokratisierung der Europäischen Union, EuR 48, 2013, S. 655.

Franzius/Preuß, Die Zukunft der europäischen Demokratie, 2012.

Freeman, Strategic Management – A Stakeholder Approach, 1984.

Fritsch/Kamkhaji/Radaelli, Explaining the content of Impact Assessments in the United Kingdom: Learning across time, sectors and departments, Regulation and Governance 11, 2017, S. 325.

Furman/Coyle/Fletcher/McAuley/Marsden, Unlocking Digital Competition: Report of the Digital Competition Expert Panel, 2019.

Gal/Elkin-Koren, Algorithmic Consumers, Harv JL & Tech 30, 2016, S. 309.

Gal/Rubinfeld, The Hidden Costs of Free Goods: Implications for Antitrust Enforcement, Antitrust Law Journal 80(3), 2016, S. 521.

Garben, An 'Impact Assessment' of EU Better Regulation, in: Garben/Govaere (Hrsg.), The EU Better Regulation Agenda: A Critical Assessment, 2018, S. 217–42.

Garey/Johnson, Computers and Intractability: A Guide to the Theory of NP Completeness, 1979.

Gassler, Why the introduction of a new transaction-value jurisdictional threshold for the EUMR has been postponed, at least for now, Oxford Competition Law 2019 (28.06.), https://oxcat.ouplaw.com/page/775 (letzter Abruf: 09.05.2020).

Gawande/Krishna/Robbins, Foreign lobbies and U.S. trade policy, Rev. Econ. Stat. 88(3), 2006, S. 563.

GD COMP, Antitrust Manual of Procedures, 2012.

Geradin/Katsifis, "Trust me, I'm fair": analyzing Google's latest practices in ad tech from the perspective of EU competition law, European Competition Journal 16(1) 2020, S. 11.

Geradin/Katsifis, An EU Competition Law Analysis of Online Display Advertising in the Programmatic Age, European Competition Journal 15(1), 2019, S. 55.

Gerber, Law and Competition in Twentieth Century Europe: Protecting Prometheus, 1998.

Geroski, Competition in Markets and Competition for Markets, Journal of Industry, Competition and Trade 3(3), 2003, S. 151.

Gerpott, Neue Pflichten für große Betreiber digitaler Plattformen – Vergleich von § 19a GWB und DMA-Kommissionsvorschlag, NZKart 2021, S. 273.

Gielen/Uphues, Digital Markets Act und Digital Services Act, EuZW 14, 2021, S. 627.

Gitelman (Hrsg.), Raw Data is an Oxymoron, 2013.

Gleiss Lutz, Die 10. GWB-Novelle – GWB-Digitalisierungsgesetz ist in Kraft, Know-How Beitrag 2021 (09.02.), https://www.gleisslutz.com/de/aktuelles/know-how/GWB-Digitalisierungsgesetz_ist_in_Kraft.html (letzter Abruf: 24.08.2021).

Glick/Ruetschlin, Big Tech Acquisitions and the Potential Competition Doctrine: The Case of Facebook, Institute for New Economic Thinking Working

Paper No. 104, 2019, https://www.ineteconomics.org/uploads/papers/WP-104-Glick-and-Reut-Oct-10.pdf (letzter Abruf: 09.05.2020).

Golberg, 'Better Regulation': European Union Style, M-RCBG Associate Working Paper Series No. 98, 2018, https://www.hks.harvard.edu/sites/default/files/centers/mrcbg/files/98_final2.pdf.pdf (letzter Abruf: 09.05.2020), S. 1.

Goodfellow/Bengio/Courville, Deep Learning, 2016.

Graef, EU Competition Law, Data Protection and Online Platforms: Data as Essential Facility, 2016.

Graef, Market Definition and Market Power in Data: the Case of Online Platforms, World Competition 38(4), 2015, S. 473.

Graf/Mostyn, European Union – Access to Online Platforms and Competition Law, GCR 2019 (15.10.), https://globalcompetitionreview.com/insight/e-commerce-competition-enforcement-guide-second-edition/1209647/european-union---access-to-online-platforms-and-competition-law (letzter Abruf: 08.05.2020).

Grimmer/Stewart, Text as Data: The Promise and Pitfalls of Automatic Content Analysis Methods for Political Texts, Political Analysis 21(3), 2013, S. 267.

Grossman/Helpman, Foreign investment with endogenous protection, in: Feenstra/Grossman/Irwin (Hrsg.), The Political Economy of Trade Policy, 1996, S. 199–223.

Grossman/Helpman, Interest Groups and Trade Policy, 2002.

Grunes/Stucke, No Mistake about It: The Important Role of Antitrust in the Era of Big Data, Antitrust Source 2015, https://papers.ssrn.com/sol3/papers.cfm?abstract_id=2600051## (letzter Abruf: 09.05.2020), S. 1.

Grünwald, „Big Tech"-Regulierung zwischen GWB-Novelle und Digital Markets Act, MMR 12, 2020, S. 822.

Grünwald/Nüßing, Vom NetzDG zum DSA: Wachablösung beim Kampf gegen Hate Speech?, MMR 4, 2021, S. 283.

Halevy/Norvig/Pereira, The Unreasonable Effectiveness of Data, Intelligent Systems, IEEE 24, 2009, S. 8.

Hamann, Die Fußnote, das unbekannte Wesen – Potential und Grenzen juristischer Zitationsanalyse, ReWiss 4, 2014, S. 501.

Hamburger/Gold, Google, Once Disdainful of Lobbying, Now a Master of Washington Influence, Washington Post 2014 (12.04.), https://www.washingtonpost.com/politics/how-google-is-transforming-power-and-politicsgoogle-once-disdainful-of-lobbying-now-a-master-of-washington-influence/2014/04/12/51648b92-b4d3-11e3-8cb6-284052554d74_story.html (letzter Abruf: 15.03.2020).

Han et al., Toward Scalable Systems for Big Data Analytics: A Technology Tutorial, IEEE Access 2, 2014, S. 652.

Hansen/Mitchell, Disaggregating and explaining corporate political activity: domestic and foreign corporations in national politics, Am. Polit. Sci. Rev. 94(4), 2000, S. 891.

Harrington Jr, Developing Competition Law for Collusion by Autonomous Price-setting Agents, SSRN 2017, https://papers.ssrn.com/sol3/papers.cfm?abstract_id=3037818 (letzter Abruf: 08.05.2020).

Hauser/Moran/Beaty, Better Policy Ideas Alone Won't Stop Monopolies, Washington Monthly 2020 (18.07.), https://washingtonmonthly.com/2020/07/18/better-policy-ideas-alone-wont-stop-monopolies/ (letzter Abruf: 25.08.2021).

Havenstein, Spring comes to AI winter, Computerworld 39(7), 2015, S. 28.

Hellwig, Effizienz oder Wettbewerbsfreiheit? Zur normativen Grundlegung der Wettbewerbspolitik, in: Engel/Möschel (Hrsg.), Recht und spontane Ordnung, 2006, S. 233–62.

Hemmati, Multi-stakeholder Processes for Governance and Sustainability: Beyond Deadlock and Conflict, 2002.

Héritier, Composite democracy in Europe. The role of transparency and access to information, Journal of European Public Policy 10(5), 2013, S. 814.

Hestness et al., Deep Learning Scaling is Predictable, Empirically, arxiv 2017, https://arxiv.org/abs/1712.00409 (letzter Abruf: 27.04.20), S. 1.

Hillman, The Political Economy of Protection, 1989.

Hillman/Ursprung, Multinational firms, political competition, and international trade policy, Int. Econ. Rev. 34(2), 1993, S. 347.

Hoeren/Sieber/Holznagel, Multimedia Recht, Werkstand: 50. EL Oktober 2019.

Hoffmann-Riem/Schmidt-Aßmann/Voßkuhle (Hrsg.), Grundlagen des Verwaltungsrechts, Methoden – Maßstäbe – Aufgaben – Organisation, Bd. 1, 2. Aufl. 2012.

Hoppner, Defining Markets for Multi-Sided Platforms: The Case of Search Engines, World Competition 38(3), 2015, S. 349.

Hoppner, Google: Friend or Foe of Ad-Financed Content Providers?, J Media L 5(1), 2013, S. 14.

Horstmann, Topic Modeling, forTEXT 2018, https://fortext.net/routinen/methoden/topic-modeling (letzter Zugang: 09.05.2020).

Hsu, Meet the New AI Challenging Human Poker Pros, IEEE Spectrum 2017 (10.01.), https://spectrum.ieee.org/automaton/robotics/artificial-intelligence/meet-the-new-ai-challenging-human-poker-pros (letzter Abruf: 08.05.2020).

Huawei/Oxford Economics, Digital Spillover: Measuring the True Impact of the Digital Economy, 2017, https://www.huawei.com/minisite/gci/en/digital-spillover/files/gci_digital_spillover.pdf (letzter Abruf: 08.05.2020).

Immenga/Mestmäcker, EU-Wettbewerbsrecht, 6. Aufl. 2019.

Impact Assessment Institute, Review of 1½ years of Implementation of the Better Regulation Package, 2017.

Information Commissioner's Office, Big Data and Data Protection, 2014 (28.07.), https://rm.coe.int/big-data-and-data-protection-ico-information-commissioner-s-office/1680591220 (letzter Abruf: 12.10.2016).

Jannidis, Quantitative Analyse literarischer Texte am Beispiel des Topic Modeling, Der Deutschunterricht 68(5), 2016, S. 24.

Japanese Ministry of Economy, Trade and Industry, Fundamental Principles for Rule Making to Address the Rise of Platform Businesses Formulated, 2018.

Jones/Sufrin, EU Competition Law, 2014.

Joskow/Klevorick, A Framework for Analyzing Predatory Pricing Policy, Yale L.J 89(1), 1979, S. 213.

Just, Governing online platforms: Competition policy in times of platformization, Telecommunications Policy 42(5), 2018, S. 386.

Kaeding, In Search of Better Quality of EU Regulations for Prompt Transposition: The Brussels Perspective, European Law Journal 14(5), 2008, S. 583.

Kahlenberg/Rahlmeyer/Giese, Die 10. GWB-Novelle: Mehr als eine Digitalisierungsnovelle, BB 10, 2021, S. 579.

Kalbheim, Der Einfluss der Richter des Europäischen Gerichtshofs auf dessen Rechtsprechung – eine empirisch-statistische Analyse der Rolle des Berichterstatters, ZVglRWiss 115, 2016, S. 431.

Käseberg, Der Referentenentwurf zu einem GWB-Digitalisierungsgesetz, NZKart 11, 2019, S. 569.

Katz/Shapiro, Network Externalities, Competition, and Compatibility, American Economic Review 75(3), 1985, S. 424.

Kerber/Frank, Data Governance Regimes in the Digital Economy: The Example of Connected Cars, SSRN 2017, https://papers.ssrn.com/sol3/papers.cfm?abstract_id=3064794 (letzter Abruf: 30.04.2020).

Khan, Amazon's Antitrust Paradox, Yale L.J. 126, 2017, S. 710.

Khan, The Separation of Platforms and Commerce, Columbia Law Review 199, 2018, S. 973.

Klement, Wettbewerbsfreiheit, 2015.

Kluever, Lobbying as a Collective Enterprise: Winners and Losers of Policy Formulation in the European Union, Journal of European Public Policy 20(1), 2013, S. 59.

Koenecke et al., Racial disparities in automated speech recognition, PNAS 117(14), 2020, S. 7684.

Kokkoris/Valletti, Innovation Considerations in Horizontal Merger Control, Journal of Competition Law & Economics 2020, https://academic.oup.com/jcle/advance-article-abstract/doi/10.1093/joclec/nhaa008/5820042 (letzter Abruf: 08.05.2020), S. 1.

Kommission, Commission Opens Investigation into Possible Anti-Competitive Conduct of Amazon, Pressemitteilung 2019 (17.07.), https://ec.europa.eu/commission/presscorner/detail/en/IP_19_4291 (letzter Abruf: 08.05.2020).

Körber, „Digitalisierung“ der Missbrauchsaufsicht durch die 10. GWB-Novelle, MMR 5, 2020, S. 290.

Kovacic, Deciding What to Do and How to Do It: Prioritization, Project Selection, and Competition Agency Effectiveness, Competition Law Review 13(1), 2018, S. 9.

Kraffert, Should EU competition law move towards a Neo-Brandeis approach?, European Competition Journal 16(1), 2020, S. 55.

Künstner, Preissetzung durch Algorithmen als Herausforderung des Kartellrechts, GRUR 2019, S. 36.

Kuoppamäki/Torstila, Is There a Future for an Efficiency Defence in European Merger Control?, SSRN 2015, https://ssrn.com/abstract=2727171 (letzter Abruf: 09.05.2020).

Küsters, Wasser oder Öl? Big Data in der europäischen Fusionskontrolle, Berliner Debatte Initial 31(3), 2020, S. 110.

Küsters/Volkind/Wagner, Digital Humanities and the State of Legal History. A Text Mining Perspective, Rg 27, 2019, S. 244.

Kutzner, Marktwirtschaft schreiben. Das Wirtschaftsressort der Frankfurter Allgemeinen Zeitung. 1949 bis 1992, 2019.

Lafontaine/Slade, Vertical Integration and Firm Boundaries: The Evidence, J Econ Literature 45(3), 2007, S. 629.

Lambrecht/Tucker, Can big data protect a firm from competition?, Competition Policy International 2017, https://www.competitionpolicyinternational.com/can-big-data-protect-a-firm-from-competition/ (letzter Abruf: 09.05.2020).

Langville/Meyer, Google's PageRank and Beyond: The Science of Search Engine Rankings, 2006.

Lear, Ex-post assessment of merger control decisions in digital markets, 2019, https://www.learlab.com/wp-content/uploads/2019/06/CMA_past_digital_mergers_GOV.UK_version-1.pdf (letzter Abruf: 08.05.2020).

Leistner, The Commission's Digital Markets and Services Package – New Rules for Big Tech and Big Data, GRUR Int. 6, 2021, S. 515.

LeVine, How Old Tech could roar back, Axios 2018 (26.02.), https://www.axios.com/big-tech-newrivals-old-tech-ibm-uber-facebook-1519609801-80daea23-cee2-44bf-ad54-f65336a996c2.html (letzter Abruf: 09.05.2020).

Lianos/Motchenkova, Market Dominance and Search Quality in the Search Engine Market, J Competition L & Econ 9(2), 2013, S. 419.

Listorti et al., The debate on the EU Better Regulation Agenda: a literature review, 2019.

Louven, Datenmacht und Zugang zu Daten, NZKart 5, 2018, S. 217.

Louven, Datenzugangsverhältnis, FRAND und Wettbewerbsrecht, K&R 4, 2018, S. 230.

Luchetta, Is the Google Platform a Two-sided Market?, J Competition L & Econ 10, 2013, S. 185.

Lundqvist, The Proposed Digital Markets Act and Access to Data: A Revolution, or Not?, IIC 3, 2021, S. 239.

Mandrescu, Applying EU Competition Law to Online Platforms: The Road Ahead – Part 2, European Competition Law Review 28(9), 2017, S. 410.

Manne/Sperry, The Problems and Perils of Bootstrapping Privacy and Data into an Antitrust Framework, CPI Antitrust Chronicle 5, 2015, https://papers.ssrn.com/sol3/papers.cfm?abstract_id=2617685 (letzter Abruf: 09.05.2020), S. 1.

Manne/Wright, Google and the Limits of Antitrust: The Case Against the Antitrust Case Against Google, Harvard J L Public Policy 34, 2011, S. 171.

Marsden, Leave, Remain & Common Ground: Pragmatism in Dealing with Tech Giants, CPI Europe Column 2019 (10.04.), https://www.competitionpolicyinternational.com/leave-remain-common-ground-pragmatism-in-dealing-with-tech-giants/ (letzter Abruf: 09.05.2020).

Matzner, Beyond data as representation: The performativity of Big Data in surveillance, Surveillance & Society 14(2), 2016, S. 197.

Maunz/Dürig, Grundgesetz-Kommentar, Werkstand: 88. EL August 2019.

Mehra, Antitrust and the Robo-Seller: Competition in the Time of Algorithms, Minnesota Law Review 100, 2016, S. 1323.

Mestmäcker/Schweitzer, Europäisches Wettbewerbsrecht, 3. Aufl. 2014.

Meyer/Streinz, LFGB – BasisVO, 2. Aufl. 2012.

Mischau, Market Power Assessment in Digital Markets – A German Perspective, GRUR Int. 3, 2020, S. 233.

Mödinger, Bessere Rechtsetzung. Leistungsfähigkeit eines europäischen Konzepts, 2020.

Monopolkommission, Wettbewerbspolitik: Herausforderung digitale Märkte, Sondergutachten No. 68, 2015.

Möschel, Competition Policy from an Ordo Point of View, in: Peacock/Willgerodt (Hrsg.), German Neo-Liberals and the Social Market Economy, 1989, S. 142–59.

Mullins/Nicas, Paying Professors: Inside Google's Academic Influence Campaign, The Wall Street Journal 2017 (11.07.), https://www.wsj.com/articles/paying-professors-inside-googles-academic-influence-campaign-1499785286?mod=e2tw (letzter Abruf: 15.04.2020).

Mundt, Sixty Years and Still Exciting – the Bundeskartellamt in the Digital Era, Journal of Antitrust Enforcement 6(1), 2018, S. 1.

Murray, European Commission conference on 'Shaping competition policy in an era of digitisation': 5 key points and practical implications, Kluwer Competition Law Blog 2019 (24.01.), http://competitionlawblog.kluwercompetitionlaw.com/2019/01/24/european-commission-conference-on-shaping-competition-policy-in-an-era-of-digitisation-5-key-points-and-practical-implications/ (letzter Abruf: 09.05.2020).

Nazzini, Google and the (Ever-stretching) Boundaries of Article 102, Journal of European Competition Law & Practice 6(5), 2015, S. 301.

Nettesheim, Das Recht der Europäischen Union, Werkstand: 68. EL Oktober 2019.

Newman, Antitrust in Zero-price Markets: Foundation, University of Pennsylvania Law Review 164(1), 2015, S. 149.

O'Neil, Weapons of Math Destruction: How Big Data Increases Inequality and Threatens Democracy, 2016.

OECD Working Party on Privacy and Security in the Digital Economy, Summary of the OECD Privacy Expert Roundtable, 2014 (20.05.), www.oecd.org/officialdocuments/publicdisplaydocumentpdf/?cote=dsti/iccp/reg(2014)3&doclanguage=en (letzter Abruf 12.10.2016).

OECD, An Introduction to Online Platforms and their Role in the Digital Transformation, 2019.

OECD, Background Note: Latin American and Caribbean Competition Forum – Session III: Practical Approaches to Assessing Digital Platform Markets for Competition Law Enforcement, 2019.

OECD, Competition Issues In Aftermarkets: Background note by the Secretariat, DAF/COMP 2, 2017, https://one.oecd.org/document/DAF/COMP(2017)2/en/pdf (letzter Abruf: 09.05.2020).

OECD, Regulatory Policy Outlook, 2015.

OECD, Safe Harbours and Legal Presumptions in Competition Law, 2017.

Offergeld, Der DMA nach dem Schwab-Report, D-Kart Blog 2021 (04.06.), https://www.d-kart.de/blog/2021/06/04/der-dma-nach-dem-schwab-report/ (letzter Abruf: 24.08.2021).

Ohlhausen, Should We Fear The Things That Go Beep In the Night? Some Initial Thoughts on the Intersection of Antitrust Law and Algorithmic Pricing, FTC 2017, https://www.ftc.gov/system/files/documents/public_statements/1220893/ohlhausen_-_concurrences_5-23-17.pdf (08.05.2020).

Paal, Missbrauchstatbestand und Algorithmic Pricing, GRUR 2019, S. 43.

Paal/Kumkar, Wettbewerbsschutz in der Digitalwirtschaft, NJW 12, 2021, S. 809.

Pachl, Repercussions of the European Commission's Better Regulation Agenda on Consumer Interests and Policy, EJRR 6(3), 2015, S. 375.

Palfrey/Gasser, Interop: The Promise and Perils of Highly Interconnected Systems, 2012.

Pasquale, The Black Box Society: The Secret Algorithms that Control Money and Information, 2016.

Patterson, Conflicts of Interest in Scientific Expert Testimony, William & Mary L. Rev. 40(4), 1999, S. 1313.

Petit, Antitrust and Artificial Intelligence: A Research Agenda, Journal of European Competition Law & Practice 8(6), 2017, S. 361.

Pischel/Kopp, Compliance für Wirtschaftsverbände, 2017.

Pitofsky, New Definitions of Relevant Market and the Assault on Antitrust, Columbia L Rev 90, 1990, S. 1805.

Podszun, Conference Debriefing (6): Shaping the Future of Competition Policy, D-Kart Blog 2019 (22.01.), https://www.d-kart.de/blog/2019/01/22/conference-debriefing-6-shaping-the-future-of-competition-policy/ (letzter Abruf: 09.05.2020).

Podszun, GWB10: Die Lage (1), D-Kart Blog 2020 (30.01.), https://www.d-kart.de/blog/2020/01/30/gwb10-die-lage-1/ (letzter Abruf: 08.05.2020).

Podszun, Innovation, Variety & Fair Choice – New Rules for the Digital Economy: Expert Opinion for Finanzplatz München Initiative (FPMI), SSRN 2017, https://ssrn.com/abstract=3243403 (letzter Abruf: 09.05.2020).

Podszun, The Arbitrariness of Market Definition and an Evolutionary Concept of Markets, Antitrust Bulletin 61(1), 2016, S. 121.

Podszun/Bongartz/Langenstein, The Digital Markets Act: Moving from Competition Law to Regulation for Large Gatekeepers, EuCML 2, 2021, S. 60.

Podszun/Brauckmann, GWB-Digitalisierungsgesetz: Der Referentenentwurf des BMWi zur 10. GWB-Novelle, GWR 24, 2019, S. 436.

Podszun/Leber, Internetkartellrecht, Kölner Zeitschrift zum Wirtschaftsrecht 6(4), 2015, S. 316.

Pohlmeier, Netzwerkeffekte und Kartellrecht, 2004.

Polk, Die Drehtür der Demokratie, Spiegel Online 2017 (17.09.), https://www.spiegel.de/politik/deutschland/politik-und-lobbyismus-die-drehtuer-der-demokratie-gastbeitrag-andreas-polk-a-1167806.html (letzter Abruf: 14.05.2020).

Polley/Kaup, Paradigmenwechsel in der deutschen Missbrauchsaufsicht – Der Referentenentwurf zur 10. GWB-Novelle, NZKart 2020, S. 113.

Popescu, Repricing Algorithms in E-Commerce, INSEAD Working Paper No. 2015/75/TOM, 2015, https://ssrn.com/abstract=2669997 (letzter Abruf: 08.05.2020).

Potters/Sloof, Interest groups: a survey of empirical models that try to assess their influence, Eur. J. Polit. Econ. 12(3), 1996, S. 403.

Pritzl/Schneider, Korruption, in: Korff (Hrsg.), Handbuch der Wirtschaftsethik, Bd. 4, 1999, S. 310–33.

Ptak, Neoliberalism in Germany: Revisiting the Ordoliberal Foundations of the Social Market Economy, in: Mirowski/Plehwe (Hrsg.), The Road from Mont Pèlerin. The making of the Neoliberal Thought Collective, 2009, S. 98–138.

Rabe, Europäische Gesetzgebung - das unbekannte Wesen, NJW 1993, S. 1.

Radaelli, Whither Better Regulation for the Lisbon Agenda, Journal of European Public Policy 14(2), 2007, S. 190.

Radaelli/Meuwese, Better Regulation in Europe: Between Public Management and Regulatory Reform, Public Administration 87(3), 2009, S. 639.

Ranchordás, Consultations, Citizen Narratives and Evidence-based Regulation: The Strange Case of the Consultation on the Collaborative Economy, European Journal of Law Reform 19(1–2), 2017, S. 52.

Reich/Tingley/Leder-Luis/Roberts/Stewart, Computer-Assisted Reading and Discovery for Student-Generated Text in Massive Open Online Courses, Journal of Learning Analytics 2(1), 2015, S. 156.

Risse, Wie frei muss Mediation sein? – Von Politik, Ideologie, Gesetzgebern und Gerichten, SchiedsVZ 2011, S. 14.

Ritschel/Müller, Big Data als Theorieersatz?, Berliner Debatte Initial 27(4), 2016, S. 4.

Riziotis, Efficiency Defence in Article 82 EC, in: Mackenrodt/Gallego/Enchelmaier (Hrsg.), Abuse of Dominant Position: New Interpretation, New Enforcement Mechanisms?, MPI Studies on Intellectual Property, Competition and Tax Law, Bd. 5, 2008, S. 98–115.

Roberts et al., Structural Topic Models for Open-Ended Survey Responses, American Journal of Political Science 58, 2014, S. 1064.

Roberts/Stewart/Airoldi, A model of text for experimentation in the social sciences, Journal of the American Statistical Association 111(515), 2016, S. 988.

Roberts/Stewart/Tingley, stm: R Package for Structural Topic Models, Journal of Statistical Software 91(2), 2019, S. 1.

Robertson, Delineating Digital Markets under EU Competition Law: Challenging or Futile?, CompLRev 12(2), 2017, S. 131.

Rochet/Tirole, Platform competition in two-sided markets, Journal of the European Economic Association 1(4), 2003, S. 990.

Rochet/Tirole, Two-Sided Markets: A Progress Report, RAND J of Economics 37(3), 2006, S. 645.

Russell/Norvig, Artificial Intelligence. A Modern Approach, 3. Aufl. 2010.

Rysman, The Economics of Two-Sided Markets, J of Economic Perspectives 23(3), 2009, S. 125.

Säcker/Meier-Beck/Bien/Montag, Münchener Kommentar zum Europäischen und Deutschen Kartellrecht, Bd. 1 (Europäisches Wettbewerbsrecht), 3. Aufl. 2020.

Salop, Invigorating Vertical Merger Enforcement, Yale L.J. 127, 2018, S. 1962.

Sarpi, Better for Whom?, European Journal of Risk Regulation 6(3), 2015, S. 372.

Sauter, Competition Law and Industrial Policy in the EU, 1997.

Savary, Regulierung dominanter Internetplattformen. Eigenheiten, Herausforderungen und Lösungsansätze im Licht von Ökonomie, Innovation und Recht, 2017.

Schaper, Der Referentenentwurf zur 10. GWB-Novelle, Newsdienst Compliance 12, 2019, 210019.

Schmidhuber, Deep Learning in Neural Networks: An Overview, Neural Networks 61, 2015, S. 85.

Schmidt, Democracy and Legitimacy in the European Union Revisited: Input, Output and "Throughput", Political Studies 61(1), 2013, S. 2.

Schmidt, Zueignung aus Zuneigung – Vorstudien zu einer juristischen Dedikationslehre, JuristenZeitung 45(23), 1990, S. 1121.

Schneier, Click Here to Kill Everybody: Security and Survival in a Hyper-connected World, 2018.

Schomberg, EU-Kommission: Entwurf eines Digital Markets Act, ZD-Aktuell 2, 2021, 05042.

Schrager, A Nobel-winning economist's guide to taming tech monopolies, CPI 2018 (01.07.), https://www.competitionpolicyinternational.com/a-nobel-winning-economists-guide-to-taming-tech-monopolies/ (letzter Abruf: 08.05.2020).

Schwalbe, Algorithms, Machine Learning, and Collusion, Journal of Competition Law & Economics 14(4), 2018, S. 568.

Schweitzer, Parallels and Differences in the Attitudes Towards Single-Firm Conduct: What are the Reasons? The History, Interpretation and Underlying Principles of Sec. 2 Sherman Act and Art. 82 EC, EUI LAW Working Paper No. 2007/32, 2007, https://papers.ssrn.com/sol3/papers.cfm?abstract_id=1093248 (letzter Abruf: 24.08.2021).

Schweitzer/Fetzer/Peitz, Digitale Plattformen: Bausteine für einen künftigen Ordnungsrahmen, Zentrum für Europäische Wirtschaftsforschung GmbH Discussion Paper No. 16-042, 2016, http://ftp.zew.de/pub/zew-docs/dp/dp16042.pdf (letzter Abruf: 08.05.2020), S. 1.

Schweitzer/Haucap/Kerber/Welker, Modernisierung der Missbrauchsaufsicht für marktmächtige Unternehmen, 2018.

Seaver, Knowing algorithms, in: Media in Transition 8, 2013, https://static1.squarespace.com/static/55eb004ee4b0518639d59d9b/t/55ece1bfe4b030b2e8302e1e/1441587647177/seaverMiT8.pdf (letzter Abruf: 08.05.2020), S. 1.

Seip/Berberich, Der Entwurf des Digital Markets Act, GRUR-Prax 2, 2021, S. 44.

Shapiro, Antitrust in a Time of Populism, Int'l J Indus Org 2018, S. 714.

Sharma, SSNIP Test: A Useful Tool, Not a Panacea, Competition LR 1, 2011, S. 188.

Shelanski, Information, Innovation, and Competition Policy for the Internet, U. Penn. L. Rev. 161(6), 2013, S. 1663.

Shelley, Dark Commerce: How a New Illicit Economy Is Threatening Our Future, 2018.

Siems, Statistische Rechtsvergleichung, RabelsZ 72(2), 2008, S. 354.

Silge/Robinson, Text Mining with R. A Tidy Approach, 2020, https://www.tidytextmining.com (letzter Abruf: 09.05.2020).

Silver et al., Mastering the Game of Go without Human Knowledge, Nature 550(7676), 2017, S. 354.

Singer, As the Revolving Door Swings, The American Prospect 2020 (17.07.), https://prospect.org/power/as-the-revolving-door-swings-big-tech-regulation/ (letzter Abruf: 25.08.2021).

Singer/Brooking, Like War: The Weaponization of Social Media, 2018.

Sivinski/Okuliar/Kjolbye, Is big data a big deal? A competition law approach to big data, European Competition Journal 13(2–3), 2017, S. 199.

Smismans, Policy Evaluation in the EU: The Challenges of Linking Ex Ante and Ex Post Appraisal, EJRR 1, 2015, S. 6.

Smismans, The politicization of ex post policy evaluation in the EU, European Journal of Law Reform 19(1–2), 2017, S. 74.

Soames/Rawnsley/Camesasca, Google: Why the EU and US Positions Are an Ocean Apart, Global Competition Rev 16(3), 2013, S. 35.

Sokol, Vertical Mergers and Entrepreneurial Exit, Florida Law Review 70, 2018, S. 1357.

Speth/Zimmer (Hrsg.), Lobby Work. Interessenvertretung als Politikgestaltung, 2015.

Spindler/Thorun, Die Rolle der Ko-Regulierung in der Informationsgesellschaft. Handlungsempfehlung für eine digitale Ordnungspolitik, MMR-Beil. 2016, S. 1.

SRIW, Positionspapier: Chancen und Voraussetzungen effektiver Selbst- und Ko-Regulierung zur Förderung des Verbraucherschutzes und des Datenschutzes in der digitalen Welt, 2014, https://sriw.de/fileadmin/sriw/files/20140521_Positionspapier_Chancen-und-Voraussetzungen-effektiver-Selbst-und-Ko-Regulierung-zur-Förderung-des-Verbraucherschutzes-und-des-Datenschutzes-in-der-digitalen-Welt_SRIW.pdf (letzter Abruf: 08.05.2020).

Stigler Center for the Study of the Economy and the State, Report of the Committee for the Study of Digital Platforms: Markets Structure and Antitrust Subcommittee, 2019.

Stoller, Goliath: The 100-Year War Between Monopoly Power and Democracy, 2019.

Stucke/Grunes, Big Data and Competition Policy, 2016.

Sukhbaatar/Szlam/Fergus, Learning Multiagent Communication with Backpropagation, NIPS 2016, https://papers.nips.cc/paper/6398-learning-multiagent-communication-with-backpropagation.pdf (08.05.2020).

Telle, Konditionenmissbrauch durch Ausplünderung von Plattform-Nutzerdaten, WRP 7, 2016, S. 814.

Tirole, Competition and the Industrial Challenge for the Digital Age, IFS Deaton Rev. 2020, https://www.tse-fr.eu/sites/default/files/TSE/documents/doc/by/tirole/competition_and_the_industrial_challenge_april_3_2020.pdf (letzter Abruf: 25.08.2021).

Tirole, Economics for the Common Good, 2017.

Tollison, Rent Seeking, Kyklos 35(4), 1982, S. 575.

Tolón, The Dynamics of Platform Business Value Creation, CPI Antitrust Chronicle 2017, https://www.competitionpolicyinternational.com/the-dynamics-of-platform-business-value-creation/ (letzter Abruf: 09.05.2020).

Tombs, Making Better Regulation, Making Regulation Better?, Policy Studies 37(4), 2016, S. 332.

Toonders, Data is the New Oil of the Digital Economy, Wired 2014, https://www.wired.com/insights/2014/07/data-new-oil-digital-economy/ (letzter Abruf: 08.05.2020).

Tucker/Wellford, Big Mistakes Regarding Big Data, Antitrust Source 14(2), 2014, https://papers.ssrn.com/sol3/papers.cfm?abstract_id=2549044 (letzter Abruf: 09.05.2020), S. 1.

Tversky/Kahneman, Judgment under uncertainty: Heuristics and biases, Science 185(4157), 1974, S. 1124.

United Nations Conference on Trade and Development (UNCTAD), Digital Economy Report 2019.

Uphues, Die 10. GWB-Novelle und seine Bedeutung für die Wirtschaft, MMR-Aktuell 1, 2021, 435438.

Van Cleynenbreugel, Digital Markets Act: beware of procedural fairness and judicial review booby-traps!, European Law Blog 2021 (24.06.), https://europeanlawblog.eu/2021/06/24/digital-markets-act-beware-of-procedural-fairness-and-judicial-review-booby-traps/ (letzter Abruf: 24.08.2021).

Van de Geer et al., Dynamic Pricing and Learning with Competition: Insights from the Dynamic Pricing Challenge at the 2017 INFORMS RM & Pricing Conference, Journal of Revenue and Pricing Management 18(3), 2019, S. 185.

Van den Abeele, 'Better Regulation': A Bureaucratic Simplification with a Political Agenda, ETUI Working Paper No. 04, 2015, https://ssrn.com/abstract=2628067.

Van der Woude, Judicial Control in Complex Economic Matters, Journal of European Competition Law and Practice 10(7), 2019, S. 415.

Van Gorp/Batura, Challenges for Competition Policy in a Digitalised Economy, Study for the ECON Committee 2015, https://www.europarl.europa.eu/RegData/etudes/STUD/2015/542235/IPOL_STU(2015)542235_DE.pdf (letzter Abruf: 08.05.2020).

Venturini/Latour/Meunier, Eine unerwartete Reise. Einige Lehren über die Kontinuität aus den Erfahrungen des Sciences Po médialab, in: Süssenguth (Hrsg.): Die Gesellschaft der Daten. Über die digitale Transformation der sozialen Ordnung, 2015, S. 17–39.

Verhaert, The Challenges Involved with the Application of Article 102 TFEU to the New Economy: a Case Study of Google, Eur Competition L Rev 35(6), 2014, S. 265.

Vestager, Defining markets in a new age, Chillin' Competition Conference 2019 (9.12.), https://ec.europa.eu/commission/commissioners/2019-2024/vestager/announcements/defining-markets-new-age_en (letzter Abruf: 09.05.2020).

Vezzoso, The dawn of pro-competition data regulation for gatekeepers in the EU, European Competition Journal 17(2), 2021, S. 391.

Vogel/Hamann/Gauer, Computer-Assisted Legal Linguistics: Corpus Analysis as a New Tool for Legal Studies, Law & Social Inquiry 43(4), 2018, S. 1340.

Völcker/Benditz: Die Entwicklung des europäischen Kartellrechts in den Jahren 2018 und 2019, EuZW 31(7), 2020, S. 259.

Von Wallenberg, 10. GWB-Novelle – Ordnungsrahmen zur Digitalisierung der Wirtschaft, ZRP 8, 2020, S. 238.

Voss, Digitale Dynamik in Gesetzgebungsprozessen, ZRP 52(7), 2019, S. 211.

Walker, Competition policy and digital platforms: six uncontroversial propositions, European Competition Journal 16(1), 2020, S. 1.

Weck, Current Issues of Competition Policy in E Commerce, 2nd CoRe Conference Proceedings: Current Issues of Competition Policy in E-Commerce, https://core.lexxion.eu/data/article/13913/pdf/core_2019_01-016.pdf (letzter Abruf: 08.05.2020).

WEF, Competition Policy in a Globalized, Digitalized Economy, 2019.

WEF, Global Value Chain Policy Series: Competition, 2018.

WEF, Platforms and Ecosystems, 2019.

Wehrheim, Economic history goes digital: topic modeling the Journal of Economic History, Cliometrica 13(1), 2019, S. 83.

Wersig, Gesetzgebung ist nicht geschlechtsneutral, ZRP 2019, S. 244.

Weyl/White, Let the Right 'One' Win: Policy Lessons from the New Economics of Platforms, Competition Policy International 10(2), 2014, S. 29.

Whelan, Trading Negotiations between Retailers and Suppliers: A Fertile Ground for Anti-Competitive Horizontal Information Exchange?, European Competition Journal 5(3), 2009, S. 823.

Whish/Bailey, Competition Law, 9. Aufl. 2018.

Wiedemann, Kartellrecht, 4. Aufl. 2020.

Woodcock, The Bargaining Robot, CPI Antitrust Chronicle 40, 2017, https://ssrn.com/abstract=2972228 (letzter Abruf: 08.05.2020).

Wright, Abandoning Antitrust's Chicago Obsession: The Case for Evidence-Based Antitrust, Antitrust L.J. 78(1), 2011, S. 241.

Wright/Dorsey/Rybnicek/Klick, Requiem for a Paradox: The Dubious Rise and Inevitable Fall of Hipster Antitrust, Ariz. St. L.J. 51, 2019, S. 293.

Wu, The Curse of Bigness: Antitrust in the New Gilded Age, 2018.

Zander-Hayat/Reisch/Steffen, Personalisierte Preise – Eine verbraucherpolitische Einordnung, VuR 2016, S. 403.

Zimmer, Der rechtliche Rahmen für die Implementierung moderner ökonomischer Ansätze, WuW 57, 2007, S. 1198.

Zimmer, Significant Impediment to Effective Competition, ZWeR 2, 2004, S. 250.

Zuboff, The Age of Surveillance Capitalism, 1. Aufl. 2019.

www.ingramcontent.com/pod-product-compliance
Ingram Content Group UK Ltd.
Pitfield, Milton Keynes, MK11 3LW, UK
UKHW022222051026
15624UKWH00002B/306

9 783631 870723